COURS THÉORIQUE ET PRATIQUE

DE LA TAILLE

DES ARBRES FRUITIERS,

AVIS.

Cet ouvrage ayant été contrefait, des mesures rigoureuses ont été prises envers le contrefacteur; justice en a été faite. Je déclare que les mêmes moyens de répression seront employés contre tout détenteur d'exemplaire qui ne serait pas revêtu de ma signature.

IMPRIMERIE BOUCHARD-HUZARD, 7, RUE DE L'ÉPERON.

COURS
THÉORIQUE ET PRATIQUE
DE
LA TAILLE
DES ARBRES FRUITIERS,

PAR D'ALBRET,

MEMBRE DE PLUSIEURS SOCIÉTÉS AGRICOLES,
JARDINIER EN CHEF DE L'ÉCOLE D'AGRICULTURE ET DES ARBRES
FRUITIERS AU JARDIN DU ROI.

QUATRIÈME ÉDITION,
REVUE ET CONSIDÉRABLEMENT AUGMENTÉE ;
avec 32 figures gravées en taille-douce, représentant un très-grand
nombre d'exemples.

PRIX, 5 FR. ET 6 FR. PAR LA POSTE.

PARIS,
CHEZ L. BOUCHARD-HUZARD
(SUCCESSEUR DE Mme VEUVE HUZARD, née VALLAT LA CHAPELLE),
IMPRIMEUR-LIBRAIRE, 7, RUE DE L'ÉPERON,
et chez les principaux libraires de la capitale.

1841

AVERTISSEMENT.

La rapidité avec laquelle se sont successivement épuisées les trois premières éditions de cet ouvrage; les éloges que lui ont adressés divers corps savants et presque tous les recueils d'agriculture; les compilations qui en ont été faites dans des ouvrages qui occupent un rang distingué dans la littérature agricole (*), aussi bien que dans des publications d'un ordre inférieur par leur mérite, où le plagiat, pour se cacher plus complétement, n'a pas toujours été intelligible dans ses emprunts ni dans les mutilations qu'il leur a fait subir; la contrefaçon elle-même, qui, dans l'usurpation de ma propriété, a vu ses projets échouer et même donner suite à une saisie judiciaire : tout, en un mot, n'a servi qu'à augmenter la réputation de ce livre.

C'est aussi une satisfaction bien douce pour moi de voir que, depuis 1829, époque à laquelle parut la première édition de cet ouvrage, les laborieux cultivateurs de ce Montreuil, si renommé depuis deux siècles pour la taille du pêcher, ont considérablement modifié la pratique qu'ils tenaient de leurs aïeux, et qu'une amélioration incontestable a été la conséquence de ces modifications rationnelles qu'ils ont désignées sous le titre de *taille en espalier carré*, prônée par quelques-uns comme une nouveauté acquise chez eux, quoiqu'elle ait été mise en pratique par des mains habiles et

---

(*) Voyez notamment le *Cours complet d'agriculture* publié chez les frères Pourrat.

étrangères à ce pays, et qu'elle date de temps assez reculés, l'usage ayant fait reconnaître que toute bonne culture admise pour cet arbre doit marcher vers ce but, recommandé et adopté par M. Thouin, au jardin du roi, avant 1811, et signalé dans la *Pomone fran-çaise* publiée en 1816, et par moi dans mes leçons semi-publiques, comme on va le voir plus haut, lesquelles ont obtenu de nombreux éloges, et dont le souvenir sera toujours pour moi la plus douce ré-compense.

Mais tant de faveur, de la part du public, n'a fait qu'exciter mon zèle et mon désir de la mériter de plus en plus, en apportant à la publication de cette quatrième édition tout le soin qu'une pratique journalière, une observation continuelle et une ex-périence de plus de trente années m'ont mis à même de recueillir; j'ose espérer que les nombreuses addi-tions qu'y remarqueront mes lecteurs leur en four-niront la preuve.

Les trente-deux figures qui sont jointes à cet ou-vrage ont été gravées par moi, et sont d'une grande utilité pour l'étude, à cause de leur précision et des nombreux détails que je rappelle souvent aux yeux du lecteur; puis une analyse complète des tailles anciennes, décrites par divers auteurs, a été suivie avec soin, ainsi que les tailles *hétéroclites* : ces dernières n'ont pour but que d'amener le lecteur à faire des expériences, lesquelles peuvent, parfois, devenir utiles à la science.

Ce mode de réunir sous un même point de vue tous

les objets qui ont de l'analogie m'a été inspiré par les
leçons du célèbre A. Thoüin, fondateur de l'école
de culture du jardin du roi, et sous les ordres duquel j'ai eu l'honneur d'être reçu d'abord comme
disciple, en 1811, puis préparateur de son cours
pendant les treize dernières années de sa longue et
honorable carrière : c'est par suite de ces travaux,
et d'autres non moins importants, qui m'ont été
confiés depuis par les savants professeurs-adminis-
trateurs de cet établissement, c'est, dis-je, au milieu de toutes ces illustrations et sous de telles inspirations que j'ai puisé les notions dont le mérite
bien reconnu a été remarqué dans la troisième
édition, et soutenu dans celle-ci par une série
d'expériences dont plusieurs datent de plus de
trente années, et toutes basées sur les véritables
principes de la physiologie végétale.

Je conviens qu'il eût été plus profitable aux amateurs d'arbres fruitiers de venir joindre l'observation de ma pratique aux préceptes contenus dans
ce livre, ainsi que cela se faisait autrefois, sous les
yeux du professeur dont nous vénérons la mémoire :
ce digne patriarche, voulant satisfaire aux désirs de
quelques personnes assidues à son cours, m'ordonna
de les admettre aux travaux de la taille pendant son
absence. Dans ces sortes de conférences pratiques,
j'eus à répondre à de nombreuses questions : la
bienveillance des auditeurs, à mon égard, et le désir
d'apprendre, firent accroître leur nombre, *quoique
limité par ce savant*; mais son digne successeur,
le vénérable Bosc, toujours disposé à favoriser les

sciences naturelles et les diverses branches de l'horticulture, voulut ouvrir à celle-ci un champ plus
vaste que ne l'avait fait son prédécesseur, et, en
1826, 1827 et 1828, il fit admettre à mes démonstrations toutes les personnes qui désiraient y assister.
Cette institution prit, à l'instant même, un plus
grand essor, et fut accueillie par un nombreux au-
ditoire; mais elle ne put se continuer au delà de
cette dernière époque, et ces leçons cessèrent
avec la vie du savant qui les avait ordonnées.
Cet événement me fit céder aux sollicitations
de beaucoup de personnes qui, depuis plusieurs
années, me témoignaient le désir de voir mes ins-
tructions réunies en corps d'ouvrage; elles moti-
vaient cette demande sur la nécessité de répandre
davantage les vrais principes de la taille des arbres
fruitiers, trop négligée ou mal entendue alors
chez beaucoup de propriétaires. Le prompt débit
des précédentes éditions a considérablement contribué à l'amélioration de cet art, en ce que les principes que l'on trouve développés dans ce livre sont
aujourd'hui généralement adoptés et reconnus
comme étant les plus propres à guider sûrement
les cultivateurs dans la conduite de ces arbres
(sans en excepter la vigne), relativement à leur
plantation, à leur longévité, au produit successif de
leurs belles récoltes, et enfin dans les divers modes
de taille qui doivent être appliqués à chaque genre
d'arbres, tant à cause des diverses périodes de leur
existence que par rapport aux positions dans lesquelles ils se trouvent placés

COURS

THÉORIQUE ET PRATIQUE

DE

LA TAILLE DES ARBRES FRUITIERS.

PREMIÈRE PARTIE.

CONNAISSANCES THEORIQUES.

— ◦ —

CHAPITRE PREMIER.

NOMENCLATURE ET CLASSIFICATION DES YEUX, BOUTONS, BOURGEONS, RAMEAUX ET BRANCHES.

— ◦ —

SECTION PREMIÈRE. — VÉGÉTATION INERTE.

§ I. — Des Yeux.

OEIL OU GEMMIPARE. — On donne ce nom à des petits corps plus ou moins apparents, que l'on trouve sur les arbres fruitiers et autres; ce sont, en un mot, leurs bourgeons non développés, recouverts de folioles avortées en forme d'écailles, dont la réunion constitue à chacun une enveloppe ou *tégument*, propre à les garantir contre l'intempérie des hivers. A l'époque de la taille, ces yeux, pour la plupart, se reconnaissent au premier aspect; mais pendant la présence des feuilles ils sont peu apparents,

1

parce qu'ils sont recouverts par la base plus ou moins
large du pétiole (dit vulgairement la queue de la feuille);
ce n'est même qu'à l'époque où celles-ci ont acquis toute
leur grandeur que ces yeux peuvent être reconnus à la
première inspection.

FORME DES YEUX. — Les yeux varient dans leur forme,
selon leur nature et la position qu'ils occupent. L'œil qui
se trouve à l'extrémité de chaque rameau a, pour l'ordinaire, une forme conique plus ou moins comprimée.

Les yeux placés le long des rameaux sont ordinairement plus ou moins aplatis sur eux; l'extrémité de ces
yeux est aussi plus ou moins pointue : ceci peut dépendre
de la nature du sujet, et cause parfois de la difficulté
pour les distinguer des boutons. Mais les détails dans lesquels nous allons successivement entrer suffiront pour
faire connaître le caractère qui les fait distinguer l'un de
l'autre; il en sera de même pour les bourgeons, etc.

YEUX SIMPLES. — L'œil simple contient un bourgeon
destiné à devenir successivement *rameau* et *branche*.

On trouve de ces yeux sur toutes les parties des arbres,
à l'exception du vieux bois, dans quelques-uns, où ils sont
très-rares, comme nous le dirons à l'article *rameau*.

YEUX DOUBLES. — Il se trouve de ces yeux sur une assez
grande quantité de rameaux, mais les arbres à fruits à
pepins en sont presque toujours privés. Il existe cependant
pour ceux-ci, comme pour tous les autres, des sous-
yeux, mais ils ne sont que peu ou point apparents. Dans le
pêcher les yeux doubles ne se trouvent jamais sur des rameaux à fruits du premier ordre; ils sont aussi fort rares
sur ceux du second, mais ils sont très-communs sur ceux
du troisième; il y en a souvent un des deux qui prend le
caractère de bouton.

Yeux triples. — Dans cette même série d'arbres, les yeux triples sont en très-grande majorité sur les rameaux à fruits du troisième ordre ; il est presque général que deux d'entre eux se changent en boutons, qui se trouvent aux deux côtés de l'œil. Il n'est pas rare, non plus, d'en rencontrer sur les rameaux à bois et les gourmands, mais beaucoup conservent leur premier caractère. Celui du milieu a toujours de la tendance à pousser avec plus de vigueur que les deux autres ; nous verrons, plus tard, l'emploi que l'on en fait.

Yeux quadruples et quintuples. — Les yeux quadruples et quintuples sont assez rares ; il n'y a que les forts rameaux à fruits et à bois qui en présentent quelques-uns ; trois ou quatre prennent le caractère de boutons, et forment, pour ainsi dire, un petit groupe au milieu duquel se développe un œil capable de former un bourgeon très-vigoureux lorsqu'il y est contraint. Quelques praticiens peu observateurs ont prétendu que *le nombre des feuilles attachées à chaque œil donne le caractère sous lequel la nature nous les représente,* et que j'ai décrit selon l'ordre méthodique qui vient de nous passer sous les yeux. Je réfute l'assertion ci-dessus en ce qu'elle n'est admissible que pour les yeux portés sur des rameaux grêles : quant à ceux qui sont bien constitués, de la grosseur d'une forte paille de seigle et plus, les yeux qu'ils portent sont généralement triples ; mais, si l'on fait l'inspection de ces yeux avant la chute de leurs feuilles, on en trouvera beaucoup qui n'en auront qu'une.

Position des yeux. — On distingue deux sortes d'yeux, les latéraux et les terminaux. Les yeux latéraux sont ceux qui naissent dans toute la longueur des rameaux sur leur circonférence ; on les distingue en *supérieurs* lorsqu'ils se

trouvent placés en dessus des rameaux inclinés; *inférieurs*
lorsqu'ils sont dessous, *devant*, qui sont devant l'arbre
par rapport à l'observateur, et enfin *derrière*, lorsqu'ils
naissent sur la partie des rameaux qui avoisine la muraille.
Nous n'insistons sur ces définitions que parce que chacun
de ces yeux a des destinations particulières.

YEUX TERMINAUX. — Ils sont de deux sortes : celui qui
naît à l'extrémité du rameau a reçu le nom de *terminal
fixe;* et celui au-dessus duquel on taille, que j'appelle
terminal combiné. En général, nous emploierons le mot
combiné pour désigner des yeux, des bourgeons ou toute
autre partie sur laquelle la taille doit exercer une influence
que l'on prévoit d'avance.

YEUX LATENTS. — Ces yeux sont toujours simples, peu
volumineux et placés sur le vieux bois. Ils restent souvent
dans l'inaction pendant plusieurs années, et ne se développent, le plus souvent, que lorsqu'ils y sont excités par
une taille extrêmement courte. Nous verrons l'avantage
que l'on en peut tirer, lorsque nous parlerons des opérations.

YEUX INATTENDUS ET ADVENTIFS. — On leur a donné ce
nom parce qu'ils ne sont aucunement visibles, et qu'ils
percent à travers les écorces du vieux bois sans être pré-
cédés par des écailles apparentes : on peut déterminer leur
développement par des amputations ou par quelques autres
opérations en rapport avec celles dont nous venons de parler, et que j'expliquerai avec plus de détails en parlant du
rapprochement.

YEUX ANNULÉS. — On en trouve assez fréquemment à
la base des rameaux (*); les caractères qui les font recon-

_____

(*) On trouve par hasard quelques faibles rameaux mal constitués

naître sont leur état de décrépitude, leur peu d'embonpoint et leur inaction. Si quelques-uns ne sont pas totalement éteints lorsque les rameaux prennent le caractère de branches, et s'ils s'y conservent sans se développer, ils prennent le nom d'*yeux latents*. Une des causes les plus ordinaires de l'annulation des yeux, du pêcher surtout, est le défaut de temps, ou l'insouciance du cultivateur pour l'ébourgeonnement et le palissage de ces arbres, ce qui occasionne la chute des feuilles, que l'air et la lumière ne peuvent frapper librement.

Plusieurs maladies des arbres, particulièrement celle qui porte son action sur les feuilles, et qui les fait tomber avant qu'elles aient acquis leur accroissement, sont aussi des causes très-fréquentes de l'annulation des yeux ; d'où l'on peut conclure que, si les feuilles ne sont pas indispensables pour la création des yeux, elles sont au moins nécessaires à leur perfection, puisqu'on ne les trouve bien constitués qu'à la base des feuilles qui sont restées sur les arbres jusqu'à la fin de leur végétation annuelle.

Il est vrai que les yeux cachés ne viennent pas à l'appui de cette assertion, puisqu'il en naît sur le vieux bois, à des places auxquelles il semble ne jamais y avoir eu de feuilles ; au reste, ce fait s'explique en supposant que les fluides absorbés par elles et portés immédiatement dans les vieilles branches y sont arrêtés et y forment ces sortes d'yeux. Dans les rameaux, le tissu des vaisseaux étant lâche et spongieux, la sève y circule librement ; mais, par l'accroissement en diamètre, les vaisseaux des bran-

dont les yeux terminaux sont aussi annulés, ce qui fait peu ou point de dérangement pour la taille, comme nous le verrons lorsque nous traiterons cette matière.

ches étant comprimés irrégulièrement par les nouvelles couches formées, le fluide passe difficilement, et quelquefois y est tout à fait retenu, de là, la formation des yeux.

§ II. — Des Boutons.

Les boutons sont les *téguments* ou enveloppes des fleurs; ils sont, ainsi que les yeux, couverts d'écailles qui peuvent être considérées, pour ceux-ci, comme autant de *sépales* avortés, et, pour ceux-là, des *folioles* également avortées. Cette simple explication suffit pour ne plus les confondre avec les yeux, dont ils sont originaires; confusion qui donna lieu à une fausse nomenclature que l'école nouvelle ne put admettre dans ses démonstrations.

Les boutons sont simples ou composés, selon le genre d'arbres sur lesquels ils se trouvent placés. Sur le pêcher, l'abricotier et l'amandier, ils sont le plus ordinairement simples. Ceux qui contiennent deux fleurs ne sont pas estimés, en ce qu'ils sont sujets à l'avortement.

Les boutons des pruniers sont presque généralement doubles et souvent triples; dans cet état, ils sont avantageux à la fructification. Ceux des cerisiers sont presque toujours quadruples et quintuples; ils sont également les indices d'une riche récolte. Les fleurs renfermées dans les boutons des poiriers et pommiers sont en nombre considérable; cependant il est rare qu'ils excèdent dix à douze. Toutes les fleurs ne nouent pas, c'est-à-dire ne donnent point de fruits, à beaucoup près; mais il est assez commun d'en voir quatre à cinq sur chacun des bouquets. Il en est quelques espèces dont les boutons donnent huit à neuf fruits; mais ce fait est assez rare.

Les boutons ont pour caractère extérieur d'être plus

ronds ; plus volumineux que les yeux ; ils semblent avoir les écailles plus larges et moins nombreuses, du moins au moment où la végétation commence ; ils sont généralement plus hâtifs à entrer en végétation. Ceci doit toujours servir de base pour les faire distinguer par les personnes qui ont encore peu l'habitude de la culture des arbres fruitiers.

POSITION DES BOUTONS. — Elle diffère beaucoup, en raison des deux séries d'arbres auxquels ils appartiennent.

Sur les *arbres à fruits à noyau*, ils sont placés exclusivement le long des rameaux ; il n'est pourtant pas rare de voir à leur extrémité quatre à six boutons qui semblent les terminer ; mais il ne faut pas s'y tromper, ils sont toujours pourvus d'yeux terminaux qui jamais ne prennent le caractère de boutons. On trouve souvent de ces yeux annulés par les intempéries des saisons, ou par tout autre accident ; ce qui ferait croire que quelques rameaux en sont privés. On est souvent aussi tenté de croire que tous auraient pris le caractère de boutons ; mais c'est une erreur, de longues observations nous en ont convaincu : ainsi, sauf les accidents, il y a toujours un œil à l'extrémité des rameaux de la série des arbres à fruits à noyau.

Dans les *arbres à fruits à pepins*, la nature semble avoir agi en sens inverse de ce que nous venons de voir ; en effet, dans cette série d'arbres, la position des boutons est toujours à l'extrémité des rameaux ; ce sont des yeux terminaux qui ont pris ce caractère, qu'il n'est pas ordinaire de voir sur des yeux latéraux, à moins, cependant, que les rameaux sur lesquels ils se trouvent ne soient que modérément vigoureux, ou que les arbres qui les produisent aient des facultés fructifères extraordinaires, ce qui se rencontre même sur des espèces vigoureuses.

Ces derniers peuvent donner abondamment des fruits, lorsqu'ils ont une position favorable ; mais, comme ils sont toujours en petit nombre, et généralement placés vers l'extrémité ou le dernier tiers des forts rameaux, la forme que l'on donne aux arbres contraint souvent à en faire le sacrifice ; d'ailleurs, les arbres qui en sont pourvus sont généralement assez chargés de boutons terminaux pour que l'on n'ait pas besoin de ceux qui se trouvent placés latéralement

C'est à tort que quelques auteurs anciens et modernes ont publié *qu'il fallait du bois de deux et trois ans pour obtenir des fruits sur cette série d'arbres.* Cette assertion est dénuée de tout fondement ; nous avons souvent pris des rameaux desquels nous avons levé tous les yeux pour greffer en écusson à œil dormant ; plusieurs de ces yeux ont pris le caractère de boutons après avoir été greffés, et au moment d'étêter ces arbres, pour assurer le développement des yeux placés sur chacun d'eux, nous avons trouvé ces boutons bien constitués en état de donner des fruits. Ce que nous avançons ici est connu de beaucoup de pépiniéristes ; c'est donc une absurdité de prétendre qu'il est nécessaire d'avoir du bois de trois années pour obtenir du fruit. J'ai vu aussi des poires sur des arbres greffés en fente et en écusson, depuis une année seulement.

ÉPOQUE DE LA FORMATION DES BOUTONS. — Les boutons se forment longtemps avant la chute des feuilles ; il y a beaucoup d'arbres sur lesquels ils se font déjà remarquer dans le cours du mois d'août, quelquefois même dans les premiers jours de juillet ; cela dépend de la vigueur des individus. A cette époque, les cultivateurs n'y font aucune attention, parce qu'ils n'ont pas besoin de les reconnaître ; cette nécessité ne se fait sentir qu'au moment de la taille.

SECTION II. — VÉGÉTATION ACTIVE.

§ I. — Développement des yeux, bourgeons et boutons.

YEUX. — Les yeux sont susceptibles de diverses métamorphoses; les uns se transforment en boutons, les autres, et c'est le plus grand nombre, développent des bourgeons. Il arrive cependant quelquefois que plusieurs s'annulent, et que d'autres restent latents.

BOURGEONS. — Les bourgeons ne sont autre chose que le développement des yeux, lorsque leurs écailles sont tombées, et qu'ils laissent apercevoir leurs premières feuilles.

Les *bourgeons* conservent ce nom tant qu'ils continuent à pousser; mais, lorsqu'ils sont terminés par un *œil* ou un *bouton*, ils prennent le nom de *rameaux*.

FAUX BOURGEONS. — Ce sont des productions qui sortent de l'aisselle des feuilles portées sur des bourgeons ordinairement vigoureux. Le pêcher y est très-sujet. Ils conservent ce nom jusqu'à ce qu'ils soient aussi terminés par un œil, et alors on les nomme *faux rameaux*.

§ II. — Caractères des rameaux.

Le *rameau* est, comme nous l'avons dit plus haut, le produit d'un *bourgeon* lorsque celui-ci est terminé par un *œil*. Les rameaux sont munis d'yeux dans toute leur longueur et à de plus ou moins grandes distances, selon leur nature et leur vigueur, qui varient beaucoup puisqu'il s'en trouve qui ont à peine 2 à 3 centimètres, et d'autres qui acquièrent 1 à deux mètres et plus. Puis ceux qui appartiennent aux arbres à fruits à noyau ont des caractères qui diffèrent tellement de ceux à pepin que je n'ai pu me dispenser d'en faire deux séries, dont chacune d'elles a subi les modifications qui m'ont paru les plus propres à faciliter l'étude des divisions qu'elles renferment : cette matière sera traitée après l'examen des branches.

CHANGEMENT D'ÉTAT DES RAMEAUX, OU FORMATION DES BRANCHES. — C'est aux rameaux que l'on doit la forme des arbres, puisque ce sont eux qui produisent les branches. Ils conservent le nom de *rameaux* jusqu'à l'époque de la seconde année de leur formation, où ils donnent naissance à des bourgeons; ils prennent alors le nom de *branches*, qui, selon leur forme, leur position ou leur usage, ont reçu différents noms.

Avant de les faire connaître, nous dirons qu'un ou plusieurs *bourgeons* ou *rameaux*, portés sur du bois d'un an au moins, constituent ce que l'on nomme une branche.

SECTION III. — BRANCHES ET RAMEAUX.

§ I. — Nomenclature des branches et rameaux de la série des arbres à fruits à noyau, taillés en éventail.

A. BRANCHES.

1. — BRANCHES DU PREMIER ORDRE.

Première sorte. — BRANCHES MÈRES. — Ces branches séparent le tronc en deux parties égales; leur fonction est de charrier la sève dans toutes les parties de l'arbre. (Voyez *pl.* 3, *fig*, **A**.)

Deuxième sorte. — BRANCHES SOUS-MÈRES. — Ce sont celles qui partent de la base des mères branches, dont elles ne diffèrent que par leur position. (*Même planche*, *fig. B.*)

Troisième sorte. — BRANCHES SECONDAIRES. — Ce sont celles qui offrent le plus de volume après les mères et les sous-mères; elles sont placées sur chacune d'elles régulièrement à la distance de 1 mètre (3 pieds) ou environ pour le pêcher, 48 cent. (18 pouces) pour les abricotiers et pruniers, ce qui suffit pour la facilité du placement des branches dont elles sont munies.

Ces branches se divisent en deux genres, en raison de leur position, c'est-à-dire que celles qui sont placées sur la partie supérieure des mères branches et des sous-mères portent le nom de secondaires supérieures, et celles qui se trouvent placés en dessous, de secondaires inférieures. (*Pl. 3, fig. C.*)

2. — BRANCHES DU SECOND ORDRE.

Première sorte. — BRANCHES DE RAMIFICATION. — Elles prennent naissance sur les branches secondaires (*même planche, fig. D*); elles ne sont souvent que momentanées. Nous donnerons connaissance de leur emploi, lorsque nous parlerons de leur formation, à l'article *de la taille*.

Deuxième sorte. —BRANCHES INTERMÉDIAIRES.—Les branches intermédiaires ne sont autre chose que des branches coursonnes auxquelles leur position a valu ce nom, car elles sont toujours placées entre les branches secondaires. Elles sont plus ou moins volumineuses, en raison de leur vigueur. Nous entrerons dans des détails plus circonstanciés, en parlant de la création de ces branches, à l'article *de la taille*. (Voyez leur caractère, *Pl. 3, fig. OE.*)

Troisième sorte. — BRANCHES COURSONNES. — Ces branches prennent naissance sur toutes celles dont nous venons de parler. Elles sont ainsi nommées, parce qu'elles ont beaucoup d'affinité avec les branches de même nom placées sur les vignes conduites en cordon et autres ; elles sont également courtes, et, quand elles ont acquis l'âge de 4 ou 5 ans et plus, elles sont aussi noueuses et contournées par l'effet des opérations qu'elles ont subies, et qui ont eu pour but leur rapprochement. Elles ont diverses positions ; les unes sont inclinées vers la terre, et prennent le nom de branches *coursonnes inférieures* ; les autres regardent le ciel, ce sont les branches *coursonnes supérieures*. (Voyez *Pl.* 3, *fig.* 2, 3, 5, etc.)

Quatrième sorte. — BRANCHES-CROCHETS. — Elles sont ainsi nommées, parce qu'elles ressemblent assez aux crochets employés à la cueillette des fruits.

Ces branches sont toujours placées sur les coursonnes ; elles consistent en deux rameaux à fruits du troisième ordre, dont un est taillé assez long pour obtenir du fruit dans des proportions qui varient beaucoup en raison de la position ou de la vigueur des branches sur lesquelles on opère. Le second est taillé aussi court qu'il est possible, afin qu'il puisse reproduire d'autres branches-crochets. Nous donnerons, sur eux, des détails plus circonstanciés, lorsque nous arriverons aux opérations qui les concernent. (Voyez *pl.* 3, *fig.* 13.)

Cinquième sorte. — BRANCHES DE REMPLACEMENT. — On nomme ainsi celles qui sont destinées à remplacer des branches épuisées (*) ou sur le point de le devenir, tant pour celles qui composent la charpente que pour les branches coursonnes. Les branches de ramification et les in-

(*) Voyez leur description.

termédiaires ne se remplacent pas ; ce sont elles, au contraire, qui sont souvent employées pour remplacer des
branches secondaires. Les rameaux à bois, ou les gourmands, sont aussi très-propres à cet usage ; et, par une
préparation soignée, les rameaux à fruits ont aussi cette
faculté, mais ils sont plus particulièrement réservés
pour remplacer les branches coursonnes. Un rameau peut
aussi en remplacer un qui serait dans son voisinage et
que l'on aurait taillé dans cette vue. Nous insisterons davantage sur ces branches en parlant de la taille.

Sixième sorte. — BRANCHES BIFURQUÉES. — On entend,
par ce mot, le point où celles-ci se divisent en deux parties
à peu près égales, ce que l'on obtient facilement par les
opérations de la taille. (Voyez *pl.* 6, *fig.* 4.) On peut aussi
obtenir de semblables bifurcations par l'opération du pincement fait sur des bourgeons vigoureux ; dans ce cas, je les
nomme *bifurcations anticipées.* (Voyez à l'article *Pincement.*)

B. RAMEAUX.

Première sorte. — GOURMANDS. — On nomme gourmands
tous rameaux et branches dont la vigueur extraordinaire
paraît menacer l'existence de leurs voisins, et l'extrémité de ceux qui les ont fait naître. Ce caractère devra
toujours servir pour les faire reconnaître (*). Il est d'ailleurs difficile de s'y méprendre à leur volume, à la couleur
rousse pointillée de leur écorce, qui se fait remarquer
dans les deux premiers tiers de leur longueur, à la petitesse des yeux placés dans cette partie, dont quelques-uns
sont annulés et assez éloignés, tandis que ceux qui sont à

(*) Ceci étant commun pour toutes les séries d'arbres, nous n'en
parlerons plus à l'article *Pommier et Poirier.*

leur extrémité sont gros et très-saillants, et que beaucoup d'entre eux se développent et forment des faux rameaux. Ces caractères sont les plus ordinaires; mais,
comme je le dirai plus haut en parlant des accidents que
les rameaux éprouvent par rapport aux terrains, aux expositions, aux temps, aux insectes, etc., il est des gourmands et d'autres productions analogues, dont les caractères varient considérablement, puisqu'au lieu de trouver
de tout petits yeux à leur base, comme je viens de le dire,
on y rencontre un assez grand nombre de faux rameaux,
ce qui est le contraire de ce qui a été dit plus haut; mais
leur volume et la couleur rousse de leur écorce ne varient
pas.

Deuxième sorte. — RAMEAUX A BOIS.—Ils diffèrent peu
des précédents par leur forme et la couleur de leur écorce.
Ils sont ainsi nommés, parce qu'ils sont, pour l'ordinaire,
privés de boutons à leur base; quoique les yeux qui s'y
rencontrent soient triples pour la plupart, néanmoins les
extrémités de ces rameaux sont abondamment pourvues de
boutons. Les faux rameaux sont aussi très-fréquents sur
cette partie. Les jeunes sujets de la première, deuxième,
troisième et quatrième taille ont beaucoup de ces rameaux;
ils se rencontrent plus rarement sur les arbres plus avancés
en âge, lorsqu'ils sont bien taillés.

Troisième sorte. — RAMEAUX COMBINÉS. — On nomme
ainsi ceux qui, par une taille raisonnée, se sont développés
dans différents sens et sur différents points; les uns sont
latéraux, les autres terminaux. Nous traiterons de leur
création et de l'usage que l'on en doit faire au chapitre
de *la taille.*

Quatrième sorte. — RAMEAUX INATTENDUS OU ADVEN-
TIFS. — Ces sortes de rameaux sont ainsi nommés, en ce

qu'ils se présentent dans des positions véritablement inat-
tendues, qu'ils percent le plus souvent à travers les écorces
des branches de toute nature, comme nous l'avons dit à
l'article des *bourgeons* de ce genre. Ils présentent à leur
base un empâtement assez considérable, ce qui leur donne
la facilité de prendre un très-grand accroissement. Ils sont
assez communs sur les vieux arbres, et il s'en développe
quelquefois dans le voisinage du bourrelet de la greffe de
beaucoup d'arbres du genre pêcher, plantés dans un bon
terrain seulement, car les arbres qui croissent sur un
mauvais en sont assez généralement privés; et, lorsqu'il
s'en trouve, ils semblent inviter les cultivateurs à réformer
de vieilles branches, afin de faire passer leur peu de séve au
profit de ces jeunes rameaux. Cette opération ne doit se
faire qu'avec de très-grandes précautions que nous expli-
querons à la taille. Les rameaux inattendus sont beaucoup
plus fréquents sur les arbres à fruits à pepins que sur
ceux dont nous venons de parler; ils sont souvent le résultat de quelques amputations, ou l'effet d'une taille mal
raisonnée.

L'état de caducité, ou quelques maladies auxquelles ces
arbres sont sujets, nécessitent aussi leur sortie, et l'on en
voit assez souvent sur les tiges des arbres de tout genre.
Nous ferons remarquer l'importance et l'utilité de ces rameaux, lorsque nous traiterons des différentes tailles.

Cinquième sorte. — RAMEAUX A FRUITS et A BOIS, OU RA-
MEAUX MIXTES. — On nomme ainsi ceux qui sont susceptibles de donner du fruit en abondance, et dont les yeux
peuvent se développer avec assez de force pour former des
bourgeons vigoureux, propres à la formation des rameaux
à fruits du troisième ordre pour l'année qui succède; ces
rameaux ont pour caractère principal les écorces rousses

pointillées à leur base, et les yeux de cette partie bien développés et accompagnés de deux et quelquefois trois
boutons, sauf les accidents. Ceux qui sont placés vers l'extrémité sont, pour l'ordinaire, plus saillants, quelquefois
quadruples et quintuples, une partie de ces yeux se changent en boutons : on trouve aussi dans cette partie un plus
ou moins grand nombre de faux rameaux.

Les rameaux à *fruits et à bois* sont assez souvent placés
à l'extrémité des branches qui forment la charpente des
arbres, quoiqu'ils ne soient pas rares sur les branches
coursonnes supérieures ; en général, ils dénotent assez la
vigueur des branches qui les alimentent.

Sixième sorte. — RAMEAUX A FRUITS DU TROISIÈME ORDRE.
— Ces rameaux ressemblent beaucoup aux précédents ;
néanmoins ils sont toujours moins volumineux, moins
propres à donner une grande quantité de fruits, et ne
peuvent développer qu'un ou deux bourgeons capables de
les remplacer. En effet, si la taille est sagement combinée,
les précédents peuvent donner une assez grande quantité
de fruits et un certain nombre de bourgeons, ce qui n'a
jamais lieu pour ceux-ci ; mais leur position les caractérise
plus encore que tout ce qui vient d'être dit ; du reste, les
rameaux à fruits du troisième ordre sont en grande partie
pourvus d'yeux triples, dont deux prennent le caractère
de boutons. (Voyez *pl.* 1, *fig.* 6.) Lorsqu'ils sont bien
constitués, les yeux qui sont à leur base sont, en général,
assez rapprochés, mais sujets à être endommagés par les
gelées printanières ou par quelque défaut du palissage ou
de l'ébourgeonnage dont nous avons déjà parlé.

Ces rameaux ont, pour l'ordinaire, la grosseur d'un
tuyau de plume, terme moyen, et de 27 à 81 centimètres
de longueur(10 à 30 pouces environ). On a quelquefois de la

peine à les reconnaître, surtout lorsque, par les accidents
que je viens d'expliquer plus haut, ils se présentent privés de boutons dans toute leur longueur. On ne sait alors
à quel ordre ils doivent appartenir ; leur longueur
et leur grosseur sont, en pareil cas, les seuls caractères
auxquels il faille s'attacher.

Septième sorte. — RAMEAUX A FRUITS DU SECOND ORDRE.
— Ils tiennent le milieu entre ceux du premier ordre et
ceux du troisième. Ils sont grêles, de la longueur de 8 à
27 centimètres (3 à 10 pouces environ); leur grosseur
ne dépasse jamais la partie la plus volumineuse d'une
paille de seigle à la base, et souvent ils sont infiniment
plus minces. Leur caractère principal est d'avoir la plus
grande partie de leurs yeux latéraux simples, et dont
la plupart ont pris le caractère de boutons (voyez *pl.* 1,
fig. 7). Si cependant ils se trouvaient dans des positions
telles que l'air y parvint difficilement, les yeux seraient
dominants et mal constitués. Ces rameaux peuvent donner des fruits, quoi qu'en disent une foule d'auteurs,
mais rarement des bourgeons assez vigoureux pour les
remplacer , à moins que l'on ne supprime les fleurs en les
taillant sur le premier ou second œil ; encore n'en doit-on
espérer de bons résultats qu'en faisant des réformes assez
nombreuses sur les branches auxquelles ils sont attachés.
Cette réforme forcera la séve à se porter dans les yeux
réservés, qui bientôt formeront des rameaux du troisième
ordre. Mais, sous ce point de vue et celui du produit en
fruits, l'on ne devrait en faire usage qu'à la dernière extrémité, car un arbre taillé avec soin doit avoir assez de
rameaux bien constitués, sans eux ; cependant, à cause
de leur position dans le voisinage des grosses branches ou
du mur leur servant d'abri , on est fort heureux de pou-

2

voir en tirer parti quand les intempéries ont détruit la
plus grande partie des boutons tenant aux rameaux dont
il vient d'être parlé.

Huitième sorte. — RAMEAUX A FRUITS DU PREMIER OR-
DRE. — Ils acquièrent à peine la longueur de 3 à 8 centimètres (1 à 3 pouces); ils sont toujours munis d'un œil
terminal, et les yeux qui se trouvent placés latéralement
prennent, pour la plupart, le caractère de boutons; quatre
à cinq de ces boutons garnissent la base de l'œil terminal,
et semblent se confondre avec lui (voyez *pl.* **1**, *fig.* 8).
On leur a donné divers surnoms : à Montreuil, ils ont
reçu celui de *cochonai* (nom *duquel* les cultivateurs de ce
pays ne peuvent donner aucune définition); ils sont également connus sous celui de branches à bouquet, branches
couronnées, en ce qu'ils offrent cet aspect lors de l'épa-
nouissement de leurs fleurs. Ces petits rameaux sont ceux
sur lesquels les fruits offrent plus de chances de réussite;
ils peuvent, en outre, donner naissance à des bourgeons
très-propres à former des rameaux du troisième ordre,
pour l'année qui suivra cette opération.

FAUX RAMEAUX. — Ces sortes de productions sont placées exclusivement sur tous les rameaux, mais plus com-
munément sur ceux à bois, et les gourmands : ils sont
tout aussi propres à donner des fruits que tous les autres
rameaux : ce que j'ai dit en parlant des faux bourgeons
me dispense d'entrer dans de plus longs détails à leur
sujet.

§ II. — Nomenclature des Branches et Rameaux de la série des arbres à fruits à pepins.

A. A BOIS.

1. *Branches qui composent la charpente des arbres soumis à la taille en éventail.*

Elles ne diffèrent en rien de celles qui composent la charpente des arbres à fruits à noyau, à l'exception des branches secondaires, qui sont beaucoup plus rapprochées l'une de l'autre, leur plus grande distance étant de 30 à 33 centimètres (1 pied) ou environ; de sorte qu'inclinées l'une sur l'autre, cette distance se réduit à peu près à 16 centimètres (6 pouces) (voyez *pl. 4*, *fig.* 1). Les moyens employés pour les obtenir étant les mêmes que ceux indiqués dans la première division, je m'abstiendrai de les répéter.

2. *Branches composant la charpente des arbres soumis à la taille en vase ou gobelet.*

BRANCHES CIRCULAIRES, SIMPLES OU BIFURQUÉES. — Elles sont ainsi nommées, parce qu'elles sont placées circulairement, de manière à former par leur ensemble un vase ou gobelet plus ou moins grand, selon la vigueur des arbres.

Elles sont simples, bifurquées ou trifurquées, selon les besoins et la force de chacune d'elles. Nous indiquerons ces cas en parlant de la taille en vase ou gobelet.

3. *Branches qui composent la charpente des arbres taillés en pyramide et en quenouille.*

Première sorte. — TIGE. — La tige peut être considérée comme la branche mère unique, ou l'axe central des ar-

bres en pyramide et en quenouille. On nomme flèche le
rameau qui doit continuer la tige.

Deuxième sorte. — BRANCHES LATÉRALES. — Toutes les
branches portées immédiatement sur la tige ont reçu ce
nom; leur ensemble forme la charpente des arbres ainsi
taillés.

Troisième sorte. — BRANCHES LATÉRALES BIFURQUÉES. —
Ces branches ne diffèrent des précédentes qu'en ce qu'elles
sont bifurquées et trifurquées (voyez BIFURCATION, *pl.* 6,
fig. 4).

Il est bon d'observer que ce qui vient d'être dit dans
les sous-divisions II et III s'applique également aux arbres
à fruits à noyau, lorsqu'on leur donne les mêmes formes.

B. A FRUITS.

Première sorte. — RAMEAUX COURONNÉS.—Les rameaux
couronnés sont ceux à l'extrémité desquels il se trouve
un bouton; ils ont différentes dimensions, et sont tous
propres à fournir des fruits : lors de la taille, j'expliquerai
leur usage.

Deuxième sorte. — DARDS. — Les dards sont de petits
rameaux, ayant de 5 à 54 millimètres (2 à 24 lignes) de
longueur, dont l'œil terminal est plus ou moins pointu;
on les nomme ainsi, parce qu'ils sont placés ordinairement à angle droit ou à peu près sur les branches auxquelles ils appartiennent (voyez *pl.* 5, *fig.* 1). Les dards
se trouvent sur toutes les parties des arbres, et sont une
des premières ressources pour la production des fruits,
puisque l'œil qui est à l'extrémité de chacun d'eux s'ar-
rondit, et prend à la fois le caractère de bouton. Il est
vrai que l'on ne peut en fixer l'époque; mais une main
habile peut l'avancer d'une manière sensible et presque

à son gré; néanmoins je ferai remarquer un de ces dards (*pl.* 5, *fig.* 1), qui, comme on peut le voir, est de la longueur de 7 centimètres (2 pouces et demi) ou environ de l'âge de sept années, et qui cependant n'est pas encore couronné; cela tient à la nature de l'arbre ou à la position dans laquelle l'un ou l'autre se trouve.

Il est facile de voir que le dard placé à la droite de la fig. 1, pl. 5, n'a que six mois; mais on remarque également qu'il se trouve placé sur une portion de rameau. Si ce dard avait pris plus d'accroissement, il aurait la dénomination de brindille ou de faux rameau, selon son étendue. Indépendamment de la fig. 1, on pourra également en remarquer de différentes dimensions sur les bourses (*fig.* 3, etc.)

Troisième sorte. — DARDS COURONNÉS. — Ils se distinguent des précédents en ce que l'œil qui se trouve placé à l'extrémité de chacun d'eux prend le caractère de bouton (voyez *pl.* 5, *fig.* 2). On peut, en obtenant des fleurs et des fruits, obtenir aussi des rameaux considérables qui puissent être utilisés au besoin.

Quatrième sorte. — BOURSES. — Ce sont les productions des boutons (voyez *pl.* 5, *fig.* 3). Elles se présentent sous cette forme aussitôt que les fleurs paraissent, au point où les pédoncules de celles-ci sont attachés; cette partie renflée se conserve pendant un laps de temps assez considérable, mais qui peut être limité, en raison de la quantité de la séve qu'on y fera passer; par ce moyen, on peut, à volonté, en faire sortir des dards ou des rameaux de la longueur de 30 à 60 centimètres, et plus.

Nous traiterons cette matière plus en détail à l'article de *la Taille.*

Cinquième sorte. — BRINDILLES. — Ce sont de petits

rameaux grêles de la longueur de 10 à 11 centimètres
(4 pouces) terme moyen (voyez *pl.* 5, *fig.* 4). Ils sont
de première nécessité sur les arbres vigoureux, pour
les déterminer à donner des fruits, puisque, partout où ils
se trouvent, ils opèrent, comme les dards, la multiplicité
des boutons. Voyez le résultat (*pl.* 5, *fig.* 5). Lorsque les
brindilles sont dans cet état, elles prennent le nom de
branches à fruits, puisque tous les yeux qu'elles alimentent
peuvent prendre le caractère de boutons.

Elles sont de peu d'importance sur les arbres d'une végétation faible, en ce que les dards et les boutons y sont
pour l'ordinaire très-multipliés et souvent plus que suffisants, comme nous le verrons en parlant de la taille.

Sixième sorte. — Branches a fruits proprement dites.
— Les branches à fruits sont considérées telles, du moment où plusieurs de leurs yeux ont pris le caractère de
boutons, et que la plus grande partie des autres produits
se compose de dards et de bourses (Voyez *pl.* 5, *fig.* 5 et 6);
et, néanmoins, il est des branches à fruits dont les caractères ne sont pas aussi bien prononcés, en ce qu'il se trouve
quelques-uns de leurs dards développés en formant des rameaux. Quand le nombre de ces rameaux ne dépasse pas
celui des dards, elles ne sont pas moins considérées comme
branches à fruits; mais, si ceux-là ont la majorité, elles
ne doivent plus être regardées que comme branches à bois.

A l'article de *la Taille*, nous donnerons les moyens de
les ramener à leur état primitif.

Les branches à fruits ont souvent des dimensions beaucoup plus considérables que celle que nous représente la
fig. 6, *pl.* 5. On voit, par cette figure, que les bourses sont
accumulées les unes sur les autres, ce qui prouve que le
nombre en est illimité par la nature, mais fixé par le jardi-

nier instruit ; leur surabondance peut devenir très-nuisible à la santé des arbres, par l'excès des mauvais petits fruits qui en sont les résultats.

Parmi les différentes branches qui composent la charpente des arbres de cette série, il en est plusieurs qui prennent le caractère des branches à fruits ; ce sont celles qui ne produisent que des dards. On doit, par le déchargement, éviter la présence de ces branches, qui, en peu d'années, feraient perdre la belle régularité des arbres sur lesquels elles seraient trop longtemps tolérées : les exemples que j'en donnerai confirmeront cette vérité.

SECTION IV. — CLASSIFICATION DES BRANCHES ET RAMEAUX SOUS LE RAPPORT DE LEUR VIGUEUR.

J'ai pensé que pour l'étude de ces branches il était important d'en former quatre groupes, afin de pouvoir expliquer clairement les principes généraux qui concernent chacune d'elles, et me dispenser d'augmenter le détail des opérations, lors des démonstrations de la taille. Il m'a paru en même temps nécessaire de donner une idée précise de l'action de la sève sur elles, en indiquant les moyens applicables pour les maintenir en vigueur, ou apaiser leur trop forte végétation.

La première sorte de ces branches est celle que j'ai nommée branches fortes, la seconde, branches faibles, la troisième, branches languissantes, et, enfin, la quatrième, branches épuisées.

BRANCHES ET RAMEAUX FORTS. — Les opérations applicables à ces parties ont été décrites par beaucoup d'auteurs ; mais comme quelques-uns ne partagent pas entièrement mon opinion et que l'expérience m'a convaincu de l'efficacité de mes opérations, je vais en indiquer les règles.-

Je dirai donc que, pour empêcher le développement des branches ou rameaux forts et non chargés de boutons, il faut les tailler très-court, afin de leur laisser peu de canaux conducteurs de la séve; si, au contraire, on veut les développer, il faut tailler très-long : il est même souvent nécessaire de les en dispenser (*), afin que la quantité d'yeux qui s'y trouveront puisse augmenter leur vigueur; car les *yeux bien constitués* sont autant de pompes propres à attirer la séve. Je suis, sur ce point, parfaitement d'accord avec M. Mosard, excepté que cet auteur attribue aux branches la faculté que j'accorde aux *yeux bien constitués*. Pour moi, je crois que les branches ne font que conduire la séve des racines aux bourgeons.

Lors donc qu'une de ces branches paraît prendre plus de développement qu'on ne le désire, il faut faire ce que j'ai dit plus haut, tailler très-court (**), et soutenir ce principe d'opération par l'ébourgeonnage, le pincement, l'effeuillage et autres opérations *sur lesquelles je reviendrai en parlant de l'équilibre de la séve.* Toutes ces opérations devront être faites très-rigoureusement et de bonne heure,

---

(*) A l'appui de ce principe, je citerai M. Sieulle, jardinier de M. le duc de Choiseul, à Vaux-Praslin, près Melun, qui avait pour système de ne jamais tailler les rameaux destinés à prolonger les branches mères de ses superbes pêchers, auxquels il a fait prendre une envergure de 26 mètres (78 pieds). Un pareil fait suffit pour prouver que, pour donner du développement à une branche en bonne santé, il faut lui donner beaucoup d'extension : j'aurai occasion de revenir sur ce principe, lors des opérations.

(**) Cependant cette opération ne doit pas être trop multipliée sur les arbres à fruits à noyau; on les mettrait dans le cas d'avoir des extravasations de séve.

afin de ne laisser à chacune de ces branches que peu d'organes propres à faciliter leur développement.

Tous les cultivateurs de la campagne qui aiment à observer peuvent se pénétrer de cette vérité. Il n'est aucun d'eux qui n'ait vu des arbres couverts de chenilles, en partie ou en totalité. Si donc une branche est attaquée par ces insectes, bientôt ils dévorent les feuilles et l'extrémité des jeunes bourgeons; alors elle diminue de vigueur, et, si l'on ne vient pas à son secours, elle peut périr, fût-elle la plus vigoureuse de toutes, comme on le voit souvent.

Nous devons donc profiter de cette leçon, et employer des moyens analogues pour rétablir l'équilibre, base de l'existence dans ces végétaux.

BRANCHES ET RAMEAUX FAIBLES. — On nomme ainsi toute branche qui, bien constituée, d'ailleurs, et en bon état de santé, se trouve plus petite qu'une ou plusieurs de ses voisines, mais à laquelle une taille longue, peu ou point chargée de boutons, rendra la supériorité.

BRANCHES LANGUISSANTES. — Il faut bien se garder de confondre ces branches avec les précédentes, dont le nom paraît identique, mais dont la constitution diffère essentiellement. On nomme *branches languissantes* toutes celles qui sont dans un état maladif, sur lesquelles les rameaux à bois sont presque nuls ou mal constitués, et ceux à fruit très-multipliés.

Ce que j'ai dit jusqu'à présent s'applique à tous les genres d'arbres; mais ce que je vais dire maintenant est spécialement destiné à ceux de la série des fruits à noyau. Dans cette série, des branches semblables doivent être taillées avec toutes les précautions utiles à leur rétablissement; une partie des rameaux seront totalement réformés, et les

autres taillés assez près de leur base pour qu'il n'y reste
qu'une très-petite quantité de fruit, afin que de telles branches puissent reproduire des rameaux plus vigoureux que
ceux qui sont soumis à la réforme.

BRANCHES ÉPUISÉES. — Ce sont les branches languissantes arrivées à la dernière période de leur existence; quant
à celles qui appartiennent au genre pêcher, on n'y rencontre plus ou presque plus de rameaux à fruit du troisième ordre; si, par hasard, il s'en trouve quelques-uns,
les yeux y sont rares, en ce qu'ils sont généralement
transformés en boutons; les rameaux du second et du
premier ordre y sont en grand nombre; le développement
ou l'adoption d'un gourmand, une ou plusieurs récoltes
trop abondantes, quelques maladies des feuilles, l'infection
de quelques insectes sur les écorces, et enfin le nombre des
années, sont toujours les causes de cet état : une dernière
récolte est souvent inutilement tentée sur de telles branches, en ce qu'elles périssent presque toujours avant la maturité de leurs fruits, qui, du reste, *en cas de réussite*,
sont toujours petits et sans saveur. Nous verrons plus bas
que cet épuisement a souvent lieu volontairement, par
l'effet d'une taille démesurément longue avec charge de
fruit; c'est ce que l'on nomme tailler en toute perte ou
sans réserve.

Dans les arbres à fruits à pepins, les branches épuisées
sont entièrement privées de rameaux, elles sont seulement
munies de dards; et les branches à fruits, que l'on y rencontre en très-grande abondance, sont d'un petit volume
et de mauvaise apparence; les bourses y sont ainsi peu
renflées; enfin les boutons et les yeux offrent également
un caractère de langueur remarquable : au reste, la no-

menclature de ces branches est si simple, qu'elle n'aurait
pas besoin d'explication ; mais elle est d'une telle importance pour les applications, que j'ai cru devoir y ajouter
quelques phrases qui en précisassent le sens et aidassent à
les retenir.

CHAPITRE DEUXIÈME.

Principes généraux.

SECTION PREMIÈRE. — ÉQUILIBRE DE VÉGÉTATION.

§ I. — Moyens de répartir également la séve dans les diverses parties
des arbres taillés en éventail.

J'ai dit plus haut que les mères branches séparent *les
arbres en éventail* en deux parties égales, sous la forme
d'un V ouvert, et donnent lieu à ce que l'on appelle la
charpente de ces arbres. Ces branches, dont le besoin d'inclinaison se fait sentir dès leur naissance, ne conserveront
leur état de santé durable qu'autant qu'elles ne dépasseront point la ligne qui partage un quart de cercle en deux
parties égales, laquelle marque l'angle de 45 degrés (*);

(*) Le degré est l'unité dont on se sert pour diviser un cercle en
360 parties; ces degrés n'ont pas de mesure donnée, en ce qu'ils varient
selon que le cercle est plus ou moins grand. Supposons que l'on veuille
savoir à quel degré d'inclinaison se trouvent placées les branches charpentières d'un arbre taillé en éventail, on devra figurer un demi-cercle
sur le mur, au-dessus de l'arbre que l'on veut observer; pour cet effet,
on se servira d'une corde, dont la longueur sera proportionnée à la
hauteur du mur, dont un bout sera fixé au tronc et aussi près de terre
que possible; l'autre bout servira à faire le tracé dudit cercle, celui-ci
sera divisé en deux parties égales, au moyen de deux lignes, dont l'une
viendra tomber perpendiculairement sur le tronc, et l'autre horizontalement au rez du sol; cela fait, on aura deux quarts de cercle assez
réguliers; il suffira que celui de gauche soit divisé en 90 parties : cette
division marquera autant de degrés dont le premier chiffre sera placé
au niveau du sol, et les autres gradués de cinq en cinq, selon l'ordre

et encore, ne doivent-elles arriver à cette position que
graduellement; car, la première année de leur existence,
elles devront occuper une pente beaucoup plus rapide,
comme de 75 à 70 degrés, et être abaissées successivement
chaque année : du reste, il ne doit y avoir que leur extrême vigueur, ou le besoin de laisser sous le chaperon
la place indispensable aux palissages des bourgeons chargés de prolonger ces branches, qui doit les faire abaisser
à 45. Il est vrai que cet angle est souvent dépassé de
beaucoup par le défaut de hauteur des murailles ou
d'autres circonstances que je développerai plus tard, en
parlant des défauts de quelques arbres que l'on rencontre
dans certains jardins. Ce que je viens de dire plus haut est
tout à fait applicable aux arbres dont la vigueur est égale
dans les deux ailes; mais il arrive quelquefois le contraire
en ce qu'un des côtés prend un très-grand accroissement,
aux dépens de l'autre, qui va toujours en dépérissant; et,
si l'on n'y remédie promptement, l'arbre se trouve défi-
guré en peu de temps, et exposé à perdre une de ces ailes :
c'est ce qu'on appelle un arbre *épaulé*.

Premier moyen. Il faut, dans ce cas, redresser les branches affaiblies, et abaisser autant que possible l'aile la plus
vigoureuse, afin que la séve soit obligée de changer sa
marche, pour passer au profit de la partie faible. Si l'on
joint à cette précaution celle de conserver au-dessus de la
partie forte les auvents décrits plus loin, le succès en sera
plus prompt et plus efficace, puisque des expériences toutes
récentes m'ont prouvé que ce moyen pouvait remplacer la
plupart de ceux que l'on a mis en usage jusqu'à ce jour :

---

numérique, afin que le plus élevé soit près de la ligne perpendiculaire
dont nous venons de parler (voy. pl. 3), mais vu en sens opposé
aux détails ci-dessus, par rapport à l'aile droite qui est représentée.

c'est aussi un excellent procédé à mettre en pratique momentanément, pour diminuer l'extrême vigueur de la
partie supérieure et du centre de quelques arbres qui auraient de la tendance à trop pousser dans cette partie. Il
est encore un moyen que je recommanderai toujours en
pareil cas, c'est de palisser le plus près possible tous les rameaux et bourgeons de la partie forte, en laissant à l'autre
toute aisance et toute liberté : si celle-ci était palissée, il
serait bon de la débarrasser de ses attaches, et de l'éloigner du mur par des bouchons de paille ou autres corps
placés entre les grosses branches et le mur, ou par des
perches sur lesquelles elle serait fixée jusqu'à ce que l'é-
quilibre fût rétabli, ce qui arrive assez généralement
avant la fin de l'été. Il ne serait pas convenable d'employer ce moyen trop tôt, ou, tout au moins, il faudrait
le modifier, parce que, pendant tout le printemps, les
branches et les bourgeons ont besoin de la protection de
la muraille. Du reste, il peut être employé avec un pareil
succès pour une branche ou même un simple bourgeon
dont on voudrait aider le développement.

Deuxième moyen. Si les indications que je viens de
donner étaient insuffisantes, il faudrait pincer sévèrement
les bourgeons les plus forts de la partie vigoureuse, et
même réformer les moins utiles ; puis mutiler un assez
grand nombre de feuilles naissantes sur les plus forts
bourgeons réservés : quant à la partie faible, on la traitera
en sens inverse, c'est-à-dire que tous les plus forts bourgeons devront être conservés intacts ; et, si on est contraint de faire quelques réformes pour éviter la confusion,
elles ne devront être faites que parmi les plus faibles. Cette
simple suppression livre passage à l'air, et la liberté que
l'on a donnée aux branches laissant aux feuilles l'exercice

de leurs fonctions absorbantes, dès lors ces parties ne tardent pas à reprendre la supériorité, ou, au moins, l'égalité de vigueur qu'elles avaient perdue.

Troisième moyen. Si tous ces soins n'ont pas encore donné de résultats satisfaisants, à la taille on supprimera quelques rameaux à bois, les moins utiles, du côté fort, on l'inclinera davantage, et les rameaux vigoureux destinés à prolonger la charpente devront être taillés un peu court. S'il se trouvait sur cette partie des rameaux à fruit, on en laisserait la presque totalité, et on les taillerait un peu plus long que si l'arbre était uniforme dans toutes ses parties (*).

Le côté faible sera traité en sens inverse, c'est-à-dire que les rameaux à bois destinés à prolonger la charpente devront être taillés très-long, et quand quelques-uns d'entre eux seront d'une belle constitution, et que les circonstances le permettront, il y aura avantage de les laisser sans taille : tous les autres, sans en excepter ceux à fruit, devront être taillés aussi court que possible, pour en obtenir plutôt du bois que du fruit. Il en résultera que le petit nombre d'yeux qui y resteront se développeront avec force, et donneront de bons bourgeons qui rétabliront bientôt l'équilibre, en ayant soin pourtant d'y ajouter le palissage, comme je l'ai indiqué plus haut. Enfin on facilitera le développement de ces branches, en les incisant longitudinalement. Ce moyen n'aura de succès qu'autant que leurs fibres seront encore assez élastiques pour se dilater au moment où la séve se mettra en mouvement.

(*) C'est ce que nos anciens auteurs ont nommé *charger* la partie forte et *décharger* la partie faible. La plupart des théoriciens, ayant mal compris cette doctrine, ont donné lieu à de faux préceptes que je me propose de réfuter, en parlant du *chargement* et du *déchargement*.

Quatrième moyen. Si l'on taillait long une branche languissante, comme je l'ai dit pour les branches faibles, on
achèverait de la perdre ; il faut, au contraire, la tailler
très-court, et chercher à n'obtenir que peu ou pas de fruits,
quand bien même elle serait assez vigoureuse ou avancée
en âge pour en donner. La partie opposée, qui est d'une
vigueur démesurée, sera également taillée très-court ; il est
même quelquefois nécessaire de rapprocher sur le vieux
bois, afin de reporter la séve dans une plus petite quantité
d'yeux. Bien que ce procédé ne soit pas infaillible, c'est
cependant ce que l'on peut faire de mieux, au moins pour
de jeunes arbres, en ce que, si la séve ne passe pas dans
la partie languissante, elle se trouve au moins assez comprimée du côté fort pour y faire naître en dessus quelques
bourgeons, dont le plus vigoureux sera choisi, protégé et
incliné du côté languissant, afin de préparer le remplacement de cette partie, ce qui se fait lors de la taille qui suit
cette préparation.

Ce dernier moyen ne doit être mis à exécution qu'à la
dernière extrémité, ce qui est très-rare, ceux indiqués
plus haut suffisant le plus ordinairement ; et comme il n'est
pas sans danger, sur les arbres à fruits à noyau surtout,
on tâche de l'éviter autant que possible. D'abord la suppression que l'on fait du côté fort oblige la séve à se porter vers la partie faible, comme on l'a vu ; mais, n'y trouvant que des branches dont les tissus sont étroits et peu
élastiques, elle les déchire, s'extravase par les plaies, s'y
coagule et forme ce que l'on appelle la gomme. Le même
inconvénient a lieu du côté fort, parce que, les branches
réservées étant taillées, comme on l'a vu, très-court, le
défaut d'yeux propres à recevoir la séve, qui arrive abondamment dans cette partie, fait qu'il s'y établit souvent

des extravasations semblables, et que l'on ne répare que difficilement. Il arrive aussi que les yeux qui s'y trouvent se développent avec force, et forment des bourgeons assez vigoureux pour que leurs propres yeux développent à leur tour des faux bourgeons. Toutes les fois que les arbres vivent sur des terres de nature douce et un peu fraîche, ces inconvénients sont réparables, en donnant à ces arbres les moyens de s'accroître pendant les années suivantes ; mais si, au contraire, cette terre est de nature sèche et brûlante ou forte et humide à l'excès, il en est tout différemment ; il faut alors tâcher, comme je l'ai dit, d'obtenir un rameau vigoureux de l'une des branches placées sur la partie forte sans trop la mutiler.

Quelques auteurs ont indiqué, en pareil cas, des procédés tout différents ; ils disent qu'un arbre dont un des côtés se disposerait à trop prévaloir sur l'autre, et dont on voudrait rétablir l'équilibre, devrait être taillé : 1° la partie forte *très-long* et incliné, afin de l'empêcher d'absorber la sève, et 2° la partie faible *très-court*. Quant à l'inclinaison, ce moyen est incontestable ; mais le reste est contre tout bon succès ; en voici la raison : on supprime les yeux sur la partie *la plus faible* et on les conserve sur *le côté fort ;* or, d'après les fonctions que nous attribuons aux yeux bien constitués comme le sont ceux-ci, il est évident que *la partie faible* doit perdre et perd effectivement bientôt le peu de vigueur qui lui restait : il faut donc bien se pénétrer de ce principe *que plus on laisse d'yeux sur une branche ou sur une aile, plus on lui donne les moyens de s'accroître,* toutes les fois pourtant qu'elle est en bon état de santé, et non chargée de fruit.

3

§ II. — Moyens de répartir également la séve dans les diverses parties
des arbres taillés en pyramide.

Les moyens que l'on peut mettre en usage pour répartir
uniformément la séve dans les arbres taillés en pyramide
ont un peu de rapport avec ceux que je viens d'indiquer,
puisqu'ils sont basés sur les mêmes principes.

Les arbres pyramidaux nous sont envoyés des pépinières
sous le nom de quenouilles, parce qu'à cette époque ils en
ont la forme ; ils sont le plus souvent munis de très-forts
rameaux, à leur partie supérieure, au détriment de celle
inférieure ; la séve y est donc *mal répartie* et demande à
être remise en équilibre.

On ne rencontre le plus souvent, dans la partie inférieure de l'arbre, que des dards plus ou moins longs et de
faibles rameaux disposés à donner des fruits. Si l'art ne
vient pas à son secours, il gardera infailliblement la forme
de quenouille, qui ne peut lui convenir, en ce que les
parties basses sont privées d'air et surtout de l'influence
des pluies ou des rosées qui tombent perpendiculairement
et sont arrêtées par les rameaux supérieurs. Il est donc essentiel de donner à ces arbres la forme d'une pyramide,
cette forme étant beaucoup plus favorable à la conservation
des branches qui se trouvent à leur base. On sent que pour
l'obtenir il est urgent d'avoir des branches latérales, vigoureuses dans toute la longueur de la tige, et que leur
vigueur soit égale ; mais ce n'est qu'à l'aide de principes
sagement raisonnés que l'on peut atteindre ce but.

Pour y parvenir, il faut retrancher toutes les branches
ou rameaux latéraux de la partie supérieure, aussi près
qu'il est possible de leur insertion sur la tige (*), en con-

(*) Voyez pl. 6, fig. 2.

servant seulement à quelques-uns la partie qui les y attache, que nous appelons la *couronne* des branches, afin que de cette partie il puisse se développer quelques yeux cachés qui donneront naissance à des bourgeons, dont les soins du pincement et de l'ébourgeonnage doivent déterminer la quantité, la position et la vigueur.

Indépendamment des branches et rameaux dont je viens de recommander la suppression, le rameau qui se trouve à l'extrémité de cette pyramide, et qui est chargé de la prolonger, doit être taillé très-court. Toutes ces opérations ont pour but de retenir la séve dans la partie inférieure, et de déterminer les faibles productions qui s'y rencontrent à se développer en rameaux à bois, ce qui aura lieu si elles n'ont pas éprouvé d'avaries par l'arrachage et le transport; enfin on taille tous les rameaux qui sont destinés à former sans confusion les branches latérales, de manière à ce qu'ils présentent dans leur ensemble la forme d'un cône très-aigu. Ce moyen suffit, comme je viens de le dire, pour ces sortes d'arbres; mais s'ils sont dépouillés d'yeux et de dards dans les deux premiers tiers de leur longueur, et que toute la séve soit portée dans la partie supérieure, ces opérations doivent être encore plus sévères, et l'on se trouve même souvent contraint de réformer la moitié et souvent les deux tiers de la tige pour faire croître des bourgeons propres à former les branches latérales. Le reste des opérations étant tout à fait du ressort de la taille, nous y renvoyons nos lecteurs. Voilà ce que j'avais à dire sur le moyen de répartir la séve dans les quenouilles venues des pépinières.

Dans les arbres plus avancés en âge et fixés à demeure, il arrive souvent aussi qu'une des parties pousse avec beaucoup plus de vigueur que l'autre; si nous supposons donc

que ce soit la partie inférieure, et que l'on veuille en arrêter la vigueur, on aura soin de tailler très-court en
supprimant la presque totalité des rameaux à bois ; l'on
va même jusqu'à pratiquer le rapprochement, ce qui diminue la longueur des branches charpentières de cette
partie, et leur retire les moyens d'attirer une trop grande
quantité de sève ; le peu de longueur qui leur reste doit,
autant que possible, être chargé de branches à fruits, ou
de rameaux disposés à s'y mettre.

Les gens peu familiarisés avec l'étude des végétaux
pourront s'étonner de voir en même temps supprimer des
rameaux à bois et conserver soigneusement des rameaux
à fruits ; mais ceci ne paraît pas contradictoire lorsqu'on
sait que les rameaux à fruits sont les seuls *épuisants*,
qu'ainsi, en les laissant, on fatigue l'arbre, tandis que
les rameaux à bois servant à son développement, moins
il y en a, moins l'arbre végète bien. Ces deux opérations,
quoique contraires, ont donc le même résultat, celui de
charger, c'est-à-dire fatiguer les branches auxquelles on
les applique. La partie faible de cette pyramide, dans
laquelle la sève circule difficilement, doit être *déchargée*
de branches à fruits, et munie de rameaux à bois, auxquels
on donne beaucoup d'extension et dont on peut même
laisser quelques-uns *entiers,* afin qu'ils attirent davantage
de sève à leur profit ; on a aussi l'attention d'inciser les
écorces des parties faibles, afin de lui donner un libre
cours, et l'on va quelquefois jusqu'à faire des entailles
plus ou moins profondes sur la tige, et au-dessus de ces
branches, afin de leur faire prendre plus de développement
qu'elles n'en auraient pris sans cela. Pour les branches
fortes, ces entailles se pratiquent à l'insertion même de
la branche, ou au-dessous. Dans le premier cas, on arrête

la séve au-dessus de la branche , afin qu'elle se l'approprie;
dans le second , on l'arrête au-dessous , afin qu'elle n'y
puisse pas parvenir.

Ces deux moyens ne s'emploient guère que sur des arbres préalablement mal dirigés, mais le succès en est presque assuré.

SECTION II. — CONDITIONS NÉCESSAIRES A LA PERFECTION DES ARBRES A FRUITS A NOYAU TAILLÉS EN ÉVENTAIL.

§ I. — Influence du sol et du climat sur la végétation.

Quelques cultivateurs prétendent à tort qu'il faut retrancher ou tailler très-court les rameaux à bois, afin que
la séve qu'ils absorberaient passe au profit des rameaux
à fruits , qu'il faut tailler très-long ; mais ce procédé ,
quoique mis en usage chez beaucoup d'excellents cultivateurs , doit plutôt être regardé comme une exception que
comme une règle ; en effet, dans des localités favorisées
et des terres dont la nature convient parfaitement à ces
arbres , on le voit souvent réussir. Je prends en exemple
mon père, dont les arbres faisaient l'admiration de beaucoup d'amateurs , et qui cependant l'employait constamment ; moi-même je l'ai souvent pratiqué dans de semblables localités et toujours avec le même succès ; mais
accident n'est point loi, et des expériences positives m'ont
convaincu que, dans des sols arides et brûlants , de semblables opérations ne pouvaient être que préjudiciables à
la santé des arbres.

Dans ces terres, la végétation est très-active et souvent
impétueuse ; si donc on a supprimé la plus grande partie
des rameaux à bois, ou si on les a taillés très-court, comme

il a été dit , la séve n'a plus d'issue que dans les rameaux à fruits, dont les vaisseaux ne sont propres qu'à en recevoir une petite quantité ; dès lors il y a surabondance de séve , qui souvent se coagule sous les écorces, les déchire et occasionne la gomme, qui est un des plus grands fléaux que ces arbres aient à redouter.

Il est donc de la plus haute importance, pour les cultivateurs, de consulter avec attention la nature du sol qu'ils doivent exploiter, en ayant la plus grande attention à ce que les opérations soient moins rigides sur des terres brûlantes que sur celles de nature fraîche, où les écorces des arbres que l'on y fait croître se conservent beaucoup plus souples , et propres à se dilater dans le cas où la séve les y forcerait.

CARACTÈRES ACCIDENTELS DES RAMEAUX. — Parmi les rameaux, on trouve souvent des caractères particuliers, qui sont dus à la nature des terres dans lesquelles ils croissent.

Dans les terres profondes , légères et brûlantes , dont nous avons parlé plus haut, ils ne ressemblent, pour ainsi dire, pas à ceux des arbres qui croissent dans des terres de bonne nature , un peu fortes et convenablement humides ; et enfin, dans toutes celles que le soleil pénètre plus difficilement , la végétation est plus tardive et les faux rameaux sont beaucoup moins nombreux que sur des rameaux de même nature dans les sols arides.

A l'influence pour le nombre , vient encore se rattacher l'avantage de la position ; dans les bons terrains , ils sont presque toujours à l'extrémité des bourgeons (*). Ce fait mérite quelques détails pour être bien compris et me for-

(*) Je dis presque toujours, parce que des accidents météoriques, la piqûre d'un insecte, etc., suffisent pour faire développer des *faux bourgeons* à la base *des bourgeons*, même dans un très-bon sol.

cera à faire une petite digression. Quelques auteurs, sans
doute uniquement théoriciens, ont prétendu qu'en règle
générale la chaleur atmosphérique était le principal moteur de la végétation ; je ne puis accorder à cet agent une
influence aussi considérable (*). C'est en prenant ces
deux faits pour base que je vais tâcher d'expliquer le développement des faux bourgeons dans des positions différentes. Ainsi j'admets comme moteur si ce n'est unique,
au moins principal de la végétation, la chaleur, quelle
qu'elle soit ; mais j'accorde à la terre la même propriété
celle de mettre la séve en mouvement, lorsqu'elle est suffisamment échauffée : toutefois je reconnais que, sans le
secours de la chaleur terrestre et atmosphérique, il n'y
aurait pas de développement des parties, mais cependant
la séve pourrait être en mouvement. Lorsque ces deux
forces agissent simultanément, la végétation est active et
la croissance rapide, pourvu que l'humidité soit dans des
proportions convenables, ce qui a ordinairement lieu au
printemps. Mais il est des cas où l'une d'elles domine ; or
ces cas sont de deux sortes et leurs effets sont essentiellement différents, selon que c'est l'une ou l'autre qui les a
produits. Dans les terres froides, c'est-à-dire celles que
nous appelons de bonne nature, où l'alumine domine un
peu et qui, par cette raison, retiennent toujours une certaine quantité d'humidité et s'échauffent difficilement, la
chaleur atmosphérique agit presque seule ; mais son action

(*) Ce que j'avance ici est parfaitement connu de tous les cultivateurs, et surtout des jardiniers, qui, depuis un temps immémorial, ont
senti la nécessité des couches de chaleur, même à l'air libre ; maintenant
on les emploie même dans les serres, où cependant des fourneaux sou-
tiennent la température au degré nécessaire. Or, si la chaleur aérienne
suffisait, celle des couches serait donc inutile ?

n'étant pas suffisamment secondée par la terre qui n'est
que peu échauffée, la végétation est très-lente, et pendant
longtemps il monte à peine la quantité de séve nécessaire
au développement des bourgeons. Il est vrai qu'à la longue
cette terre s'échauffe; mais l'humidité qu'elle contient
facilitant l'élaboration de la séve, celle-ci est rarement en
inaction et n'a pas ces mouvements subits et impétueux
que je ferai remarquer à l'égard des terres légères; or ce
sont ces mouvements brusques qui concourent le plus
puissamment au développement des faux bourgeons. Il
arrive cependant aussi une époque où ces trois agents
réunis, l'humidité, l'air et la terre, agissent avec tant de
force, que les bourgeons ne peuvent plus employer à leur
seul développement la séve qui leur est envoyée, et c'est
alors qu'il se forme des faux bourgeons; mais, comme à
cette époque, qui est très-tardive, les bourgeons ont acquis
une grande partie de leur croissance, il n'y a de faux
bourgeons qu'à l'extrémité, et ils sont peu nombreux; cette
circonstance est la plus avantageuse, pour l'application de
la taille. Je vais maintenant indiquer les circonstances
désavantageuses qui pour l'ordinaire ont lieu sur les sols
légers et brûlants dans lesquels le sable et la partie calcaire
dominent. Ces terres s'échauffent promptement et considérablement au printemps, et lors des premiers jours de
chaleur un peu douce, la séve se met en mouvement et les
bourgeons se développent; mais, comme les variations de
température sont très-fréquentes à cette époque, des refroi-
dissements subits de l'atmosphère l'empêchant d'arriver
aux parties herbacées, et la terre, qui est échauffée, en
envoyant toujours, elle parcourt les parties ligneuses, sur
lesquelles l'air a moins d'influence, et elle s'arrête à
leur sommet, où elle s'amasse comme dans un réservoir,

en attendant qu'une élévation de température lui permette
d'en sortir. Quelquefois cette circonstance est longtemps
attendue, et il y a une grande quantité de séve amassée
lorsqu'elle se présente ; alors son mouvement impétueux
et simultané, autant que sa quantité surabondante, fait
développer des faux bourgeons qui, comme je l'ai dit,
sont à la base des bourgeons. Telle est la première cause
de leur développement dans ces sortes de terres ; mais ce
n'est pas la seule. Lorsque l'air, au milieu de l'été, est extrêmement chaud et que l'atmosphère est privée d'humidité, le développement cesse encore, et la séve monte toujours, quoiqu'en moindre quantité ; mais, aussitôt que
cette humidité reparaît, la végétation recommence (c'est
ce que les cultivateurs nomment la séve d'août, la seconde
séve, etc.), et les faux bourgeons se développent encore ;
il en est de même pour toutes les alternatives de pluie et
de beau temps. Telle est mon opinion sur la formation
des faux bourgeons ; et, bien que je sois certain que la
plupart des cultivateurs et des savants la partagent et connaissent ces faits, le nombre de ceux qui sont de l'avis
contraire me paraît assez considérable pour que j'aie cru
nécessaire d'exposer, d'une manière détaillée et aussi précise qu'il m'a été possible, tous les faits qui pouvaient
servir à éclaircir mes idées et appuyer mon opinion.

De toutes les conditions que je regarde comme nécessaires, celles qui dépendent de la nature du sol ne peuvent
être reproduites au gré du cultivateur ; et, lorsqu'on est
assez heureux pour posséder un terrain qui les renferme
toutes, on doit regarder comme très-possible d'obtenir,
en taillant bien, des arbres qui aient une forme aussi
régulière que celui que j'ai figuré planche 3.

Mais, comme la régularité de cet arbre pourrait paraître

extraordinaire, je crois utile de répéter que, si, dans les sols brûlants et impropres dont j'ai parlé plus haut, on ne peut se promettre d'arriver à cette perfection, on peut au moins y parvenir dans les terres privilégiées que j'ai également signalées ci-dessus, surtout si elles sont placées dans un lieu où l'air circule librement, et avec de bonnes murailles crépies en plâtre, bien chaperonnées, et exposées au midi, ou mieux encore, au sud-est. Ces circonstances, quoique agissant ici d'une manière prononcée, seraient nulles ou presque nulles dans les terres brûlantes, où la végétation ne se soutient qu'un instant; mais cette forme étant celle que l'on doit le plus chercher à obtenir, j'ai cru utile de la présenter avec une partie des modifications heureuses que l'on peut éprouver.

Cet arbre nous offre des résultats de la sixième taille et un exemple de la septième : je n'en ai dessiné qu'une aile, pour éviter toute répétition inutile, ainsi que des frais de gravure; au reste, l'analogie devant être parfaite entre les deux côtés, il m'a semblé que l'on en aurait une idée assez exacte par l'inspection de cette figure. Je ferai également observer que cet arbre est palissé sur une muraille qui a 3 mètres 25 cent. (10 pieds) d'élévation sous chaperon, hauteur vraiment convenable aux développements des pêchers, plantés dans des terres de bonne nature. Il serait même très-avantageux de pouvoir les élever davantage; mais, au cas où l'on ne pourrait pas le faire, il faudrait avoir bien soin de prendre cette mesure pour *minimum,* quoique dans beaucoup de jardins on en trouve qui n'ont que 2 mèt. 92 cent. (9 pieds) et quelquefois moins. Cette hauteur a le grave inconvénient de nécessiter l'abaissement des mères branches au-dessous de l'angle de quarante-cinq degrés pour l'aile droite, que je prendrai pour type dorénavant, en me contentant de dire ici, une fois pour toutes, que l'aile gauche devant lui être parallèle, mais en sens inverse, formera nécessairement un angle, dont l'ouverture sera de quatre-vingt-dix degrés. Il est facile de concevoir que, quand les branches mères sont plus rapprochées de terre, il est difficile d'établir de bonnes branches secondaires inférieures, tandis que l'on est presque forcé d'en laisser croître de supérieures, par le nombre et la force des rameaux qui se développent sur cette partie et que l'on ne pourrait supprimer sans craindre des extravasations considérables de séve, qui occasionneraient infailliblement la gomme. Ces faits, d'ailleurs, devant être traités avec plus de détail en parlant de la taille, j'y renvoie le lecteur ; et en traitant cette matière je donnerai quelques notions sur la marche progressive qu'il faut employer pour faire arriver les mères branches à l'angle où elles se trouvent dans ce moment.

§ II. — Des chaperons.

Pour le centre et le nord de la France et tous les pays froids, si les chaperons ne sont point indispensables, ils ont au moins une utilité manifeste. La plupart des bons cultivateurs de pêchers en ont senti l'importance, et déjà ceux de Montreuil, de Bagnolet, etc., les emploient avec succès ; mais, comme toutes les inventions nouvelles, celle des chaperons n'étant pas encore perfectionnée, j'ai cru devoir entrer dans quelques détails sur leur forme et leur largeur ; l'importance du sujet et le peu de raisonnement que l'on a mis jusqu'à présent dans leur exécution semblent le nécessiter.

Les avantages que présentent les larges chaperons sont

1° de préserver les arbres de la gelée, et en en écartant l'humidité surabondante, occasionnée par des pluies, des brouillards, etc., qui séjourne auprès des yeux et boutons, s'y congèle et les fait avorter ; 2° de prévenir le déchirement des écorces, qui a lieu lors du retrait que le froid, occasionné par cette eau gelée, leur fait éprouver ; cet inconvénient, que l'on n'aperçoit qu'à peine lorsqu'un printemps et un été secs viennent cautériser les plaies, à l'ascension de la séve, offre les symptômes les plus alarmants et souvent suivis de maladies graves et quelquefois incurables, quand l'humidité continue à être abondante à cette époque ; la séve s'altère, les écorces se corrodent, et malheur aux arbres qui sont en cet état : les cultivateurs disent qu'ils ont *un vice dans la séve,* et c'est véritablement une espèce de gangrène dont les progrès sont aussi rapides que dans le règne animal et les résultats absolument semblables ; 3° de retenir la séve au centre des individus et de les faire croître plus régulièrement : on sait généralement que c'est par l'influence des rayons solaires que les feuilles décomposent les fluides répandus dans l'atmosphère pour s'en approprier le carbone ; on sait également que cette absorption contribue puissamment au développement des bourgeons ; si donc on empêche certaines parties de l'opérer, leur végétation doit être plus faible, comparativement à celles qui en ont la liberté ; d'un autre côté, les plantes cherchent la lumière, et les parties qui en sont privées croissent moins vigoureusement que les autres : tel est l'avantage des chaperons par rapport aux extrémités des arbres qui, comme tout le monde sait, végètent ordinairement avec beaucoup plus de vigueur que leurs parties centrales et inférieures ; on évitera en partie ce grave inconvénient à l'aide de cet appareil ;

4° enfin l'abondance des produits et la beauté de l'arbre, qui résultent nécessairement des avantages que je viens d'énoncer.

Une utilité aussi véritable ne pouvait manquer d'appréciateurs ; mais malheureusement une espèce de routine vint bientôt s'emparer d'eux, et, satisfaits des résultats qu'ils en obtenaient, ils ne cherchèrent pas à les perfectionner : ainsi, sans égard pour la hauteur des murs non plus que pour leur exposition, on les construisit à Montreuil uniformément et régulièrement de 11 cent. (4 pouces ou environ), et l'on ne tarda pas à proclamer cet usage comme une règle invariable. Je suis loin de partager cette opinion ; je crois, au contraire, que l'on ne peut rien établir de fixe à cet égard, et que les meilleurs sont ceux dont la largeur est la mieux combinée avec *la hauteur et l'exposition des murs*. Mais, comme cette seule définition serait trop vague pour fixer les idées, j'ai donné un tableau approximatif à l'aide duquel on pourra atteindre ce but ; dans tout état de cause, on donnera à ces chaperons 6 centimètres de plus pour les murs qui seront garnis de treillage.

Exposition de l'est ou levant.

Pour des murs de 4 mètres — 0^m 19$^{cent.}$ de saillie ou environ. . . . . (7 pouces).

Pour des murs de 3^m 66^c — 0^m 17^c . . (6 pouces).

Pour des murs de 3^m 33^c — 0^m 14^c . . (5 pouces).

Pour des murs de 3^m — 0^m 11^c . . (4 pouces).

Exposition de l'ouest au couchant.

Pour des murs de 4 mètres — 0^m 24$^{cent.}$ de saillie ou en-
viron. . . . . (9 pouces).
Pour des murs de 3^m 66^c — 0^m 22^c . . (8 pouces).
Pour des murs de 3^m 33^c — 0^m 19^c . . (7 pouces).
Pour des murs de 3^m — 0^m 16^c . . (6 pouces).

On remarque que, toutes choses égales d'ailleurs, je
donne beaucoup plus de largeur aux chaperons placés sur
des murs à l'ouest que sur ceux exposés à l'est, c'est parce
que, les pluies nous arrivant de ce côté, il faut des abris
plus grands ; dans les pays où elles viendraient du côté
opposé, on ferait le contraire. J'ai également regardé
comme inutile de donner les quatre expositions, parce
qu'on expose très-rarement des pêchers au nord, et que
l'on saura bien prendre une dimension moyenne entre
ces deux extrêmes, selon que l'on se rapprochera davantage de l'une ou de l'autre.

Je termine ici ce que j'avais à dire sur les chaperons,
mais toutefois en en recommandant l'emploi à ceux qui
voudront avoir de beaux pêchers.

§ III. — Des auvents ou chaperons mobiles.

Quoique les auvents ne soient pas de nouvelle invention pour garantir, des intempéries de l'hiver et du printemps, les arbres fruitiers en espalier et notamment les
pêchers, on peut dire, avec regret, qu'ils ne sont pas assez
répandus, puisqu'on n'en voit que dans quelques jardins ;
cependant c'est le moyen le plus sûr d'avoir d'abondantes
récoltes. De Combles, dans son *Traité de la culture du*

pêcher, en attribue l'invention à un ancien mousquetaire
de Louis XV, qui possédait à Bagnolet des plantations re-
marquables, et dont il tirait un grand produit, surtout
dans des années de disette. On rapporte, à cette occasion,
que dans une fête donnée par la ville de Paris, à l'époque
des pêches, il se trouva seul en état d'en fournir, et il lui
en fut acheté trois mille, à raison d'un écu la pièce. C'est
une imitation du procédé de ce cultivateur, que les habitants de Montreuil ont mis en pratique. Il avait fait sceller, tout le long de ses murs, à trois ou quatre centimètres
(un peu plus d'un pouce) au-dessous des chaperons, et de
deux mètres en deux mètres, des morceaux de bois de
0,66 centimètres de saillie, sur lesquels il faisait poser des
planches pendant la saison rigoureuse. Cette méthode serait
encore préférable à toute autre; mais il faudrait donner
aux morceaux de bois soutenant l'auvent une inclinaison
favorable à l'écoulement des eaux, et non les sceller horizontalement dans le mur, comme on les voit généralement à Montreuil, et dans quelques jardins. De Combles,
en imitant le procédé de Girardot, l'avait modifié de la
manière suivante. « Au lieu, dit-il, de ces morceaux de
« bois scellés à demeure dans les murs, qui font un
« vilain effet à la vue pendant l'été, j'ai fait faire de
« petites potences, composées de trois morceaux de bois,
« dont le dessus va un peu en talus, pour faciliter l'écou-
« lement des eaux de la couverture qu'elles portent; elles
« s'attachent avec des osiers à la dernière maille du treil-
« lage, de 6 pieds en 6 pieds (1 mèt. 95 cent.), et au lieu de
« planches, j'ai fait, à l'imitation des habitants de Mon-
« treuil, des petits paillassons de deux pieds environ
« (65 centimètres) de lar eur, sur onze pieds (3 mètres
« 57 centimètres) de longueur, et maintenus par deux

« doubles lattes opposées, que j'ai soin de fixer avec du
« fil de fer plutôt qu'avec toute autre substance ; au mois
« de février, je pose mes paillassons sur ces potences, et
« je les y arrête avec des osiers ; ils demeurent en cet état
« jusqu'au mois de mai, que je fais tout délier et reporter
« dans ma serre. » On voit que, pour adopter la méthode
de De Combles, il faut que les murs soient garnis d'un
treillage ; comme il n'en est pas ainsi, il suffit que le
montant de la potence soit percé de deux trous au moins,
pour être fixé avec deux clous sur les murs qui en seront
dépourvus. C'est sur l'exposition autant que sur la
hauteur des murs qu'il convient de déterminer la largeur
de l'auvent ; on peut prendre, pour terme moyen, les dimensions suivantes : 0,38 centimètres pour des murs de
trois mètres d'élévation ou environ, exposés au midi et
dérivant un peu vers l'est ou l'ouest, 0,48 cent. pour les
murs de même hauteur dont la façade regarde l'ouest.
Quant à ceux exposés au levant, ils peuvent être dispensés
de cet appareil toutes les fois que la saillie de leurs chaperons aura été établie comme il a été dit en traitant cette
matière ; si les murs avaient plus d'élévation que celle qui
vient d'être fixée *pour servir de régulateur*, on augmen-
terait la largeur de leurs auvents d'un dixième ; l'opposé
devra avoir lieu pour ceux destinés à des murs dont
la hauteur serait moindre.

L'effet de ces auvents, que l'on doit placer par préférence en janvier, avant qu'aucune végétation ne se soit
fait remarquer, et que l'on retire lorsque les plus forts bourgeons ont acquis de onze à seize centimètres de longueur,
est beaucoup plus important qu'il ne le semble d'abord :
ils s'opposent principalement au rayonnement en cachant
aux arbres l'aspect direct du ciel, ils les préservent d'une

humidité surabondante en interceptant les pluies et les
brouillards , et les rendent, par cela, moins sensibles à la
gelée , bien plus à craindre pour les végétaux mouillés
que pour ceux qui sont secs ; enfin , lors de l'apparition
des feuilles, ils s'opposent au développement excessif que
tendent toujours à prendre les parties les plus élevées d'un
arbre, et maintiennent la séve dans les parties inférieures;
c'est pour cela que je les emploie pour équilibrer la séve.
(Voyez *Équilibre de végétation*.)

Mes propres expériences m'ont fait remarquer que, pour
de jeunes arbres, il est important de fixer les auvents à
11 ou 16 cent. (4 ou 6 pouces) au-dessus de l'endroit
où se terminent les plus forts rameaux, de manière qu'après
les avoir taillés il s'y trouve un espace de 49 à 54 cent.
(18 à 20 pouces ou environ) : beaucoup plus élevés, ils remplissent mal leur but; plus bas, ils exposent les jeunes
pousses à manquer d'air, ce qui les fait étioler.

§ IV. — Des couvertures.

Parmi les divers matériaux employés à la couverture des
arbres à fruits à noyau cultivés le long des murs en espalier, les paillassons jouent un très-grand rôle; on les
fabrique , pour cet usage , de peu d'épaisseur , puis on
devance de quelque temps l'époque de la fleuraison des arbres qu'on veut conserver , pour les fixer à la hauteur
voulue par le besoin ; on les tient roulés à ce point , au
moyen d'une fiche en bois de 16 à 22 cent. (6 à 8 pouces),
enfoncée à travers ce paillasson; à cette fiche est joint un
bout de ficelle de 66 centim. ou environ, dont l'autre
extrémité est fixée à la muraille au moyen d'un clou ou
maille du treillage quand ils en sont garnis ; lorsque le

4

besoin de couvrir se fait sentir, on se sert d'une perche
dont l'une des extrémités est traversée par un fort clou
dont la pointe serve à faire échapper la cheville qui tient
le paillasson, et bientôt il se trouve étendu à la place qui
lui a été désignée à l'avance. Ce travail ne demande que
quelques minutes pour en détacher un assez grand nombre; la difficulté est de les relever, ce qui doit avoir lieu
toutefois que le thermomètre est au-dessus de 0. On a tenté
divers petits moyens mécaniques qui tous ont échoué, ce
qui a contraint, jusqu'à ce jour, de faire ce travail à la
main; quoique ce mode de couverture soit assez bon, il
n'est pas sans faire éprouver quelques petits désagréments
par la perte des fleurs occasionnée par le vacillement que
les vents font éprouver aux paillassons; les propriétaires
qui ne craignent pas trop les dépenses se servent de toile
claire (*) fixée à des perches distantes entre elles d'un
mètre ou environ, puis placées sur une ligne à 34 ou
40 centimètres du mur et inclinées de manière à ce
que leur extrémité puisse être fixée sous le chaperon ; ces
toiles restent à demeure jusqu'à ce que les froids soient
dissipés. Ce moyen est un des plus sûrs, mais aussi des plus
dispendieux ; pour obvier à cet inconvénient, on se sert
de branches d'arbres garnies de leurs feuilles, ce qui doit
être prévu lors du mois d'août ou septembre. A cette époque, on choisit les essences d'arbres dont les feuilles sont
les plus tenaces, ce qui a lieu parmi les diverses variétés

_____

(*) Pour rendre ces toiles plus durables, on aura le soin de les trem-
per pendant vingt-quatre heures dans une lessive de tan ; après quoi,
on les retire sans les tordre pour les faire sécher. Ce travail doit se répéter toutes les années. Cette lessive doit être composée d'une mesure
de tan sur huit d'eau, lesquelles on fera bouillir pendant une heure, et
macérer quelques jours avant d'en faire l'emploi.

de chênes, hêtres et charmes, et la plus grande partie des
arbres verts, résineux ; on fait provision de ces branches,
que l'on coupe aux longueurs fixées par le besoin ; ces
branches devront être mises en presse dans un endroit
bien aéré et garanti des pluies ; on aura soin de les visiter jusqu'à leur parfaite dessiccation , afin d'empêcher
toute fermentation , ce qui ferait tomber les feuilles :
cette opération a pour but de les aplatir de manière à en
former des espèces de palmettes , ce qui en facilite la
pose lorsque les murs sont garnis de treillage ; ce placement est on ne peut plus simple, en ce qu'il suffit de
présenter leurs gros bouts sous ce treillage et de les y
fixer la tête en bas. Lorsque ces treillages n'existent pas,
il est essentiel que ces branches soient beaucoup plus longues et aiguisées par leur gros bout, pour être enfoncées
à peu de distance du mur : cette pratique est fort bonne à
mettre en usage dans le nord et l'ouest de la France et
les pays analogues ; mais le premier moyen doit être préféré, en ce qu'il éloigne l'humidité avec plus de facilité
que ne peut le faire le second. On recommande l'usage de
couvrir les troncs et les grosses branches charpentières des
pêchers, afin de les garantir de l'action du soleil ; les uns
se servent de petites planches réunies en forme de gout-
tières ; les autres préfèrent des écorces d'arbres de diverses
essences, et qui prennent naturellement la forme de ces
branches. De Combles , excellent praticien , conseille
l'usage de la paille de seigle maintenue avec de la brindille d'osier : ces différents moyens , quoique assez
bons à mettre en pratique , ont le défaut de servir de refuge à une foule d'insectes qui s'y multiplient : pour obvier
à cet inconvénient, j'ai souvent fait usage d'un engluage
composé de matière liquide de couleur blanche , pouvant

devenir solide après son application; le blanc de céruse,
auquel on joint la quantité d'huile grasse nécessaire pour
en former un amalgame un peu épais, m'a paru être
la matière la plus convenable, à cause de sa solidité et de
sa couleur blanche propre à éloigner les rayons solaires,
puis à boucher les fendilles des écorces et empêcher l'humidité d'y séjourner; l'huile qui entre dans cette composition
ne peut porter aucun préjudice à ces arbres, puisqu'il m'est
souvent arrivé de l'employer pure pour faire périr plusieurs
insectes. (Voyez *Kermès*.)

§ V. — De la construction et de la couleur des murs propres à aider
la culture des pêchers et autres arbres.

Lorsque les murs seront uniquement établis pour protéger les arbres fruitiers sur lesquels ils doivent être palissés, on devra les placer au moins à 10 mètres les uns
des autres, et les orienter du sud au nord, afin que l'une
des faces regarde le levant et l'autre le couchant : deux
expositions propres à ces cultures, avantage que n'ont pas
les murs de clôture, qui, pour la plupart, n'en offrent
qu'une, dont la plus favorable est celle qui fait face au
soleil de dix heures; aucun de ceux qui sont destinés à
soutenir des terres, et connus sous le nom de *terrasses*,
n'est propre à la culture des pêchers. Les matériaux employés à la construction de ces diverses murailles varient
selon les localités, ce qui est tout à fait indifférent; l'important est de les crépir d'un enduit qui ne permette aucun refuge aux insectes : le *plâtre*, par sa ténacité et sa
couleur, est reconnu comme étant une des matières les
plus propres à remplir cette condition. Les cultivateurs de
Montreuil et de Bagnolet font souvent recrépir leurs murs

pour boucher les trous que les clous y font chaque année,
et qui servent d'asile à des myriades d'insectes qui s'y réfugient dans la mauvaise saison ; mais un des plus grands
avantages qu'ils en retirent et dont quelques-uns se dou-
tent à peine est la couleur blanche qu'ils y entretiennent,
et qui, comme nous allons le voir, est aussi nuisible aux
insectes qu'utile aux végétaux. Des expériences positives
et multipliées ont prouvé que les surfaces brillantes réflé-
chissaient davantage et absorbaient moins la chaleur que
les surfaces ternes ; il a également été démontré que cette
loi d'absorption et de réflexion était en raison directe de
l'intensité de la couleur. Ainsi une surface blanche et po-
lie, par exemple, absorbera cent rayons de calorique dont
elle émettra quatre-vingts, tandis qu'une autre de couleur
noire et terne en absorbera deux cents et n'en réfléchira
que cent ; on conçoit que celle-ci, ayant conservé cent
rayons contre l'autre vingt, doit être beaucoup plus échauffée : or il s'agit maintenant d'examiner comment chacune
de ces deux circonstances peut être utile ou nuisible aux
arbres.

1° Les insectes sont ordinairement de couleur brune,
et ils se logent de préférence dans les murs de cette couleur pour se dérober aux regards ; 2° ils aiment la chaleur
et la cherchent ; 3° leurs œufs en ont besoin pour éclore,
et par cette raison réussissent bien mieux sur du noir que
sur du blanc. Il est évident qu'il y a plus d'insectes sur des
murs noirs que sur ceux où l'air est ravivé par le reflet
que la couleur blanche y produit pendant la présence du
soleil ; il restait à savoir quel était leur effet sur la végétation, et des observations à l'infini m'ont donné des preu-
ves non équivoques que les murailles de couleur blanche
sont celles qui conviennent le mieux aux pêchers cultivés

dans le centre et l'ouest de la France, et que celles de couleur noire ou ternies par l'âge leur sont défavorables, en
ce que les premiers rayons solaires de la fin de l'hiver et
ceux du commencement du printemps sont absorbés par
cette couleur qui se communique presque de suite aux arbres et les excite à une végétation intempestive, qui bientôt est arrêtée subitement par des temps humides et froids
susceptibles d'occasionner la perte de leurs produits. Du
reste, tous les cultivateurs savent que rien n'est plus dangereux aux végétaux que les alternatives du chaud et du
froid : ce changement subit est d'autant plus prompt ici,
que la couleur noire a également la propriété d'absorber
le froid de l'atmosphère dans des proportions qui varient
en raison du plus ou moins de nuages qui s'y trouvent
suspendus, mais que l'on peut évaluer à un treizième (*);
donc les pêchers palissés sur de telles murailles souffriront
davantage de la gelée que s'ils étaient sur des murs blancs.
Il est bon aussi de prévenir le lecteur que, pendant l'été,
cette couleur noire est également nuisible aux pêchers, par
rapport à l'excès de chaleur qu'elle leur communique.
D'après ce qui vient d'être exposé, on peut conclure que

(*) Des expériences répétées, pendant le grand froid de 1838, m'ont
prouvé cette assertion, mais dans des proportions bien plus considérables. Je citerai un fait : le 20 janvier de cette même année, lorsque
la température était à 16° au-dessous de zéro, trois thermomètres bien
gradués avaient été placés, depuis plusieurs jours, sur un même plateau
et aux mêmes rumbs de vent; l'un à l'air libre, et les deux autres sous
des vases de terre cuite, de mêmes diamètre et pesanteur : l'un d'eux
avait été peint en noir et l'autre en blanc, au moment où je faisais
cette observation; le thermomètre placé sous le vase blanc marquait
16°, température à peu près égale avec celui qui était resté à découvert;
celui qui était sous le pot noir marquait 19° : ne voulant laisser aucun
doute sur ce fait, j'opérai vivement sur ces vases *vice versâ*, et je fus
convaincu de son authenticité.

cette couleur n'est vraiment recommandable dans notre pays que pour les cultures primordiales, sur lesquelles on place des vitraux, afin de conserver cette chaleur au bénéfice des végétaux que l'on y cultive.

§ VI. — Des treillages.

Les treillages sont, généralement, confectionnés avec des tringles de bois de chêne ou de châtaignier fabriquées à cet effet ; ce dernier a obtenu la préférence, pourvu que son aubier en soit extrait ; cependant ceux que l'on établit avec ⸱ gros *chênes et acacias* fendus ou sciés sont bien p⸱⸱ ⸱bles, mais trop rares pour l'emploi ordinaire. On est dans l'usage de joindre ces parties en en formant des petits carrés longs de 19 cent. de large sur 22 cent. de haut, terme moyen (*) ; il serait infiniment plus avan-

(*) Ces treillages devront toujours être fabriqués de préférence dans les ateliers et par panneaux, en prenant la précaution de les joindre en sens opposé à la face qui doit représenter sur la muraille, afin que le point de jonction et de torsion des fils de fer ne puisse donner prise à des déchirures aux branches susceptibles de les rencontrer. J'ai vu des treillages de cette nature faits sur place, et on avait évité l'inconvénient que nous venons de signaler en remplaçant ce fil de fer au moyen d'un ou deux clous d'épingle traversant les deux tringles et rivés avec intelligence du côté du mur. Ces clous, et notamment ceux que l'on est obligé d'employer pour faire le palissage à la loque, devront, pour le mieux, être galvanisés pour éviter la rouille, laquelle corrode les écorces des pêchers qui y sont adhérents et aident à l'accroissement de la gomme que les blessures de ces mêmes clous y produisent quelquefois. Quant à la couleur à donner à ces treillages, celle de vert-de-gris devra avoir la préférence par rapport à son aspect et à sa solidité ; le blanc de céruse et l'olive claire sont également en usage ; mais, de telle nature qu'elle puisse être, on recommande de faire l'application des deux premières couches avant l'assemblage de ces parties.

tageux de diviser la masse de ces tringles en deux parties
pour être inclinées à l'angle de 45 degrés ou environ, de
sorte que, par leur ensemble, elles forment des losanges :
cette forme, qui réunit tous les avantages de l'autre mode,
a le précieux privilége de ne pas retenir l'humidité, à laquelle s'attachent souvent de petits corps étrangers susceptibles d'y occasionner la pourriture, chose nuisible à la
conservation des treillages et au bien-être des arbres! On
a voulu tenter de faire des treillages avec de gros fils de fer
très-largement maillés, mais l'expérience a démontré que
ce procédé ne devait être mis en usage que pour la culture
de la vigne ou autres plantes sarmenteuses peu sensibles
aux blessures. Telles sont les connaissances théoriques utiles aux praticiens ; je vais maintenant en faire l'application aux diverses opérations qui font l'objet de la seconde
partie.

SECONDE PARTIE.

CONNAISSANCES PRATIQUES.

CHAPITRE PREMIER.

Opérations préparatoires.

§ I. — De l'éborgnage.

D'après l'ordre que j'ai suivi dans la première partie, c'est ici que j'aurais dû démontrer cette opération ; mais, comme elle se fait au moment même de la taille, je n'ai pas cru devoir l'en séparer, et j'y renvoie le lecteur.

§ II. — Du pincement.

DU PINCEMENT SUR LES ARBRES A FRUITS A NOYAU TAILLÉS EN ÉVENTAIL. — Le pincement est une opération estivale qui a pour but de modérer la vigueur des bourgeons opérés, d'en arrêter le développement et de faire passer l'excédant de leur sève au bénéfice de ceux qui resteront entiers, ce qui leur fait prendre de la force et les rend plus propres à remplir les diverses fonctions qui leur sont assignées lors des opérations de la taille (*). Ainsi, à quelques exceptions près, je le répète, tous les bourgeons né-

(*) J'ai souvent aussi pincé, et toujours avec beaucoup de succès, des bourgeons très-vigoureux destinés à prolonger les branches mères,

cessaires à l'organisation des arbres, mais dont le trop grand développement pourrait être nuisible, doivent être pincés sans égard pour leur position, leur longueur et leur nature ; mais, pour le succès complet d'une grande partie d'entre eux, il faut opérer lorsqu'ils ont de 8 à 16 centimètres (3 à 6 pouces) de longueur environ, et qu'aucune de leurs parties ne soit encore ligneuse. A cette époque, on coupera avec les ongles du pouce et de l'index la partie que l'on veut supprimer, en ne conservant que de 3 à 4 centimètres de sa longueur (un pouce ou un pouce et demi) ; si, par surprise ou manque de temps, ce bourgeon avait pris un grand développement, et que sa partie basse eût pris une consistance ligneuse, il faudrait se servir de la serpette et couper plus court ; malgré cette précaution, l'opération serait beaucoup moins fructueuse que si elle avait été faite à temps (*).

afin d'obtenir de cette partie pincée une bifurcation que j'appelle *an-ticipée*, laquelle ne doit rien changer de la continuation de cette mère branche, en ce qu'une partie de cette bifurcation devra être destinée à so. olongement sans lui occasionner de coude trop apparent ; l'autre moitié aura pour but la création d'une branche secondaire inférieure, qui, comme nous l'avons dit pour ces arbres, doit être espacée entre elles d'environ un mètre ; ainsi, lorsqu'il s'agira de faire naître par cette opération une de ces bifurcations au-dessus d'une qui aurait été obtenue par la taille précédente, dans ce cas il faut attendre que ce bourgeon ait pris l'accroissement nécessaire pour obtenir cette distance ; puis, arrivé à ce point, on en pincera l'extrémité seulement, et on surveillera attentivement cette première opération afin d'en réformer d'aussi bonne heure que possible tous les bourgeons qui se présenteront étrangers à la bifurcation proposée : je reviendrai sur ce mode d'opérer en parlant des premières opérations de la taille moderne en V ouvert.

(*) On ne peut fixer l'époque où l'on doit faire cette opération, puisqu'elle est relative à la végétation des bourgeons, qui est elle-même très-variable.

On devra épier les résultats de cette première opération, afin que, s'il venait à se former quelques nouveaux bourgeons trop vigoureux sur cette partie, on pût les opérer de même; et il est fort rare que l'on soit obligé de recommencer une troisième fois.

Ces opérations donneront, lors de la taille, l'avantage d'avoir beaucoup de petits rameaux à fruit du premier et du second ordre. (Voyez le résultat de ces opérations, planche 3, nᵒˢ 22, 23, etc.)

Il est aussi beaucoup de bourgeons moins vigoureux que ceux dont je viens de parler, qu'on laisse entiers jusqu'à ce qu'ils aient de 27 à 40 cent. (10 ou 15 pouces environ) de longueur, et qui, arrivés à cet état, devront être pincés, afin de diminuer leur vigueur et de concentrer la sève au profit des yeux qu'ils portent, ce qui leur fait prendre du volume et les constitue à l'état double et triple; mais il ne faut pas qu'une telle opération les expose à se développer en faux bourgeons, ce que l'on évitera facilement en ne retranchant que la partie herbacée.

C'est plus particulièrement sur les bourgeons des parties supérieures que le pincement peut être employé avec avantage, il l'est plus rarement sur les parties inférieures; cependant on l'y opère quelquefois, mais c'est pour une autre cause, que je vais indiquer.

Quand les branches à fruit placées sur les coursonnes de la partie inférieure donnent des bourgeons peu propres au développement de ces dernières ou nuisibles à ceux destinés au remplacement, on doit les pincer, mais encore avec moins de rigidité que ceux dont je viens de parler; il suffit de couper leur extrémité pour que la plus grande partie de leur sève les abandonne et passe dans ceux qui sont restés entiers : par ce moyen, on évite la confusion dans les branches sans nuire à leur développement ; la taille en vert et l'ébourgeonnage font le reste. Quant aux branches du même nom placées en dessus, tous les bourgeons, excepté les deux qui se trouvent à leur base, doivent être pincés à la troisième ou quatrième feuille : ce nombre est favorable à l'alimentation des fruits qui se trouvent à la base de chaque bourgeon opéré ; une plus grande quantité serait inutile et souvent nuisible, en ce qu'elle mettrait de la confusion et attirerait une trop grande abondance de sève dans l'extrémité de ces branches, et leur ferait prendre trop de force au détriment des deux bourgeons réservés à leur base. (Voyez de ces branches, planche 3, n°s 9, 10, 12 et 14, etc.)

Du PINCEMENT DES FAUX BOURGEONS. — Ils doivent être pincés en grande partie, lorsqu'ils ont à peine de 11 à 16 centimètres (4 à 6 pouces) de long, un peu au-dessus de la troisième feuille ; si cependant celle-ci se trouvait trop éloignée des deux premiers, qui sont presque toujours opposés, on se contenterait de pincer au-dessus de ces derniers, afin d'éviter un moignon démesurément long. Cette opération concentre la sève dans la partie conservée, assure l'existence des yeux qui s'y rencontrent et leur fait quelquefois prendre un volume très-considérable lorsqu'il ne forme pas de rameaux à fruit du premier ordre. Si des occupations ou toute autre cause ne permettaient pas de faire ces opérations à temps, et que ces faux bourgeons eussent acquis de 32 à 40 cent. (12 ou 15 pouces ou plus), on devra, lors de l'ébourgeonnage ou des divers palissages, réformer tous ceux qui seraient inutiles et qui pourraient former de la confusion (*) ; les autres seront pincés par leur

_____

(*) Ces faux bourgeons devront être coupés avec une serpette, et non

extrémité seulement, à moins qu'ils ne soient destinés à
un usage particulier, comme je vais l'indiquer.

Quoique ce soit une règle générale de pincer les faux
bourgeons réservés, il est quelquefois prudent d'en con -
server quelques-uns entiers, afin, d'une part, d'amuser
la sève, et, de l'autre, de se procurer des ressources pour
le remplacement des bourgeons principaux, dans le cas
où tous leurs yeux auraient développé des faux bourgeons,
car cette circonstance les rend souvent impropres à continuer les branches, fonction à laquelle ils ont été destinés
primitivement ; et, lors de la taille, on se félicitera d'avoir
eu la précaution de conserver quelques faux bourgeons
pour y subvenir. Leur position n'est pas indifférente,
elle doit être en raison du parti que l'on en veut tirer : s'ils
sont destinés à remplacer le bourgeon principal, on doit
choisir un des plus près de la base, des plus vigoureux, et
placé en avant du bourgeon auquel il appartient, sur lequel
on le fixe d'abord au moyen de petites brides, lesquelles
protégent celui-ci pendant toute la montée de la sève, afin
qu'il puisse acquérir au moins le tiers du volume du bourgeon principal, ce qui le rendra propre au but proposé.
Si, malgré ces précautions, il restait maigre et chétif, lors
de la taille il faudrait se servir du rameau principal quel
qu'il fût, dans la crainte de donner à la sève une trop
forte commotion. Quant aux faux bourgeons destinés à
amuser la sève pour empêcher qu'il ne s'en développe
d'autres, on doit préférer ceux qui sont en dessous ; cette
position permet de les utiliser, si besoin est, lors de la

arrachés, comme on le fait trop généralement ; car cette opération détruit souvent la feuille qui est à leur base, ce qui est un inconvénient
grave qu'il faut éviter dans cette suppression.

taille, en cherchant à leur faire produire une grande
quantité de fruits, ce qui arrive en les taillant long. Quant
à ceux qui se développent aux extrémités et qui devront
être réformés par la taille, on est généralement assez indifférent sur leur croissance, toutes les fois, pourtant,
qu'ils ne formeront pas confusion et qu'ils ne seront pas
susceptibles d'attirer une trop grande quantité de sève prise
au détriment de quelques parties utiles ; dans ce cas, leur
réforme est de rigueur.

Du PINCEMENT SUR LES ABRICOTIERS. — Les règles de ce
pincement sont les mêmes que pour le pêcher. Les branches coursonnes exigent seules des opérations un peu différentes ; en effet, on doit seulement pincer à environ
5 cent. (2 pouces) de leur naissance tous les bourgeons
développés par elles et qui paraîtraient disposés à prendre
un accroissement plus considérable. Cette longueur de
5 cent. (2 pouces) contient une assez grande quantité de
feuilles pour que ces branches puissent se conserver en
santé et se préparer à donner beaucoup de fruits l'année
qui suivra cette opération. On voit combien ce pincement est moins assujettissant que celui du pêcher. Celui du
prunier est tout à fait semblable.

Du PINCEMENT SUR LES ARBRES A FRUITS A PEPINS TAILLÉS
EN ÉVENTAIL. — Les règles de ce pincement sont les mêmes
que celles que nous venons d'étudier, et les résultats doivent en être identiques, c'est-à-dire que par cette opération
l'on doit obtenir quelques petits rameaux à bois et un plus
grand nombre de brindilles et de dards, dont nous avons
vu l'importance lorsque j'ai indiqué l'emploi de chaque
branche.

Toutes les fois que les bourgeons placés sur les branches
à fruit paraîtront, par leur vigueur, donner naissance à

des rameaux de plus de 11 à 16 cent. (4 à 6 pouces) de longueur, on devra les pincer très-rigidement, afin d'éviter leur accroissement, qui par cela même ferait prendre trop de développement à leur mère, et la ferait souvent convertir en branche à bois, ce que l'on voit trop souvent arriver par la négligence ou le manque de temps des cultivateurs. Lorsque ces bourgeons ont pris le caractère de rameaux, on peut, à la vérité, les supprimer en les cassant à 3 cent. (1 pouce tout au plus) de leur base ; mais il vaut toujours mieux éviter cette opération, quand faire se peut : du reste, voyez CASSEMENT.

DU PINCEMENT SUR LES ARBRES EN PYRAMIDE. — Ce pincement ne diffère en rien de celui que nous avons indiqué pour les arbres en éventail ; c'est-à-dire que tous les bourgeons de 8 à 16 cent. (3 à 6 pouces), dont on redoute le développement, doivent être pincés. Ils sont presque exclusivement placés vers l'extrémité de la branche qui continue la flèche de ces arbres et celle de leurs branches latérales.

Nous allons maintenant examiner chacune de ces branches en particulier.

La première qui va fixer notre attention est celle qui doit continuer la flèche ou tige.

Avant de pincer aucun de ses bourgeons, il faut en examiner l'ensemble, et voir si la séve y est bien répartie, ce qui arrive rarement, parce que, comme nous l'avons vu, elle se porte souvent vers l'extrémité aux dépens des parties inférieures : c'est donc au pincement à la répartir d'une manière uniforme.

Ceci examiné, si le bourgeon terminal n'a éprouvé aucune avarie jusque-là, on le conserve intact, pour continuer cette flèche ; si, au contraire, on le trouve

incapable de remplir ce but, on choisit, parmi les bourgeons latéraux, celui qui y paraît le plus propre pour le
conserver entier, et l'on a soin de pincer tous ceux de
son voisinage, afin d'éviter les inconvénients que l'on
remarque *pl.* 5, *fig.* 9, aux lettres *A, B, C.* Le pincement
de ces rameaux, lors de leur développement, aurait dû être
fait d'après les exemples représentés même planche fig. 10,
nos 7, 8, 9. Cette opération est encore plus importante,
lorsque ceux-ci semblent nuire aux bourgeons de la même
série placés à la base de l'arbre ; car il est surtout important de faire prendre de l'accroissement à ces derniers,
qui pèchent presque toujours par le défaut contraire, et
que, par cette raison, il faut conserver entiers autant que
possible. (Voyez le bas de la fig. 10, pl. 5.) Si ces opérations
ne leur font pas prendre le développement nécessaire, ce
qui est rare, il faut pincer un peu l'extrémité du bourgeon
terminal lui-même, et si, dans le nombre de ceux préalablement pincés, il s'en est développé de nouveaux, il faut
les opérer une seconde fois, avec autant de sévérité que
la première.

Passons maintenant aux branches latérales. Lorsque
quelques-unes prennent trop de développement, il faut
non-seulement en pincer tous les bourgeons latéraux,
mais même le terminal, et quelquefois le supprimer entièrement ; mais, dans ce cas, il sera prudent de pourvoir à
son remplacement par un des bourgeons latéraux faibles,
que l'on redressera par une petite bride de jonc, ou tout
autre corps flexible que l'on aura à sa disposition.

Pour les branches dont la végétation est modérée et ne
domine pas trop celle des autres (ce qui doit former la
majeure partie des arbres bien taillés), les opérations sont
fort simples ; il suffit, pour la plupart, de pincer un ou

deux des bourgeons latéraux placés en dessus de chacune et dans le voisinage du terminal, afin d'assurer son développement (*) et mettre à fruit beaucoup de ceux qui ont été pincés : en effet, par ce moyen, à l'époque de la taille, beaucoup portent un ou plusieurs petits dards. (Voyez *pl.* 6, *fig.* 1, lettres *B, C, D.*) Cette opération assure donc le développement des bourgeons destinés au prolongement des branches, tandis que, si elle était négligée, chacune de ces branches aurait pu devenir semblable à celle qui est représentée à la lettre A, même figure et même planche.

Avant de terminer cet article, je dois dire un mot d'un nouveau mode de pincement appliqué aux bourgeons sortant des greffes en écusson destinés à la création de ces arbres : ainsi donc, toutes les fois que ces bourgeons auront acquis la hauteur de 32 à 41 cent. (12 à 15 pouces), et qu'ils paraîtront vigoureux, on pincera leurs extrémités, ce qui fait prendre du corps à ces tiges naissantes et en fait sortir beaucoup de faux bourgeons, dont le plus rapproché de cette opération est conservé intact à chaque arbre, afin de continuer leur flèche ; puis une partie des bourgeons latéraux et notamment les plus forts doivent être pincés de bonne heure, afin qu'aucun de ceux-ci ne puisse dominer la tige ou nuire à la belle symétrie des arbres ainsi traités. Cette pratique est mise en grande vigueur par des pépiniéristes distingués, parce que, d'une part, elle aide la formation de ces arbres, et que, de l'autre, elle l'avance de plus d'une année.

Je termine ici l'article du pincement, et nous allons maintenant nous occuper des opérations d'été qui le suivent.

(*) Si sa mauvaise constitution ôtait cet espoir, on préparerait de bonne heure un des bourgeons latéraux vigoureux pour le remplacer.

5

§ III. — De la taille en vert.

Cette taille, qui est le contrôle de celle d'hiver, est connue de beaucoup de personnes sous le nom de taille de mai : elle est spécialement appliquée aux branches à fruit du pêcher ; cependant nous verrons plus loin qu'elle ne doit pas non plus être négligée pour celles qui composent la charpente de ces mêmes arbres.

Lorsque les *branches à fruit*, ou propres à le devenir, placées sur les branches coursonnes, n'ont pas réussi, c'est-à-dire lorsque leurs fleurs n'ont pas noué, il est convenable de les rapprocher sur un ou deux bourgeons les plus voisins de la coursonne ; on a recours à ce moyen toutes les fois que la branche est dépourvue de forts bourgeons à sa base. Dans tous les cas, il sera bon de prendre en considération ce que je vais indiquer : 1° l'influence que les bourgeons peuvent exercer sur la végétation, puisque, comme je l'ai dit, ce sont autant de pompes propres à attirer la sève ; 2° la position des branches sur lesquelles on opère, leur constitution, leur vigueur, et enfin l'emploi qu'on en veut faire.

Quelques auteurs conseillent de rapprocher indistinctement toutes ces branches ; pour moi, je n'admets cette opération que pour une partie : car, si l'on rapproche une branche faible sur un ou deux bourgeons d'une constitution relative, dans l'espoir de la faire développer, ces bourgeons ne pourront attirer dans cette partie une aussi grande quantité de sève que s'il en était resté un plus grand nombre (*), et dès lors on court risque de manquer

(*) Ceci n'est point une anomalie, c'est le même principe que pour la taille d'hiver : en effet, dans l'une et l'autre opération, toute branson but. Pour arriver plus sûrement à de bons résultats, je conseillerai de différer au moins jusqu'à ce que la plus grande partie des bourgeons soient devenus rameaux; cependant, si, quand on visite ces branches, il se trouve à leur base un ou deux bourgeons déjà bien développés et qui en assurent le développement, on peut supprimer le reste de cette branche, et l'on aura plus de facilité pour placer les bourgeons réservés; quant aux branches qui auraient conservé leurs fruits, on ne pourra leur faire cette opération qu'après la cueillette; elle est même souvent différée jusqu'à la taille d'hiver, mais ce n'est pas sans inconvénient.

Lorsque ces branches sont placées en dessus, et qu'elles ont une grande vigueur, comme il arrive très-souvent, si l'une d'elles est destinée à former une branche secondaire ou intermédiaire, il faudrait la laisser entière, autrement, il sera bon de la rapprocher le plus tôt possible sur un ou deux bourgeons placés à sa base, et s'il ne s'en trouvait que de trop vigoureux, il faudrait en pincer l'extrémité herbacée immédiatement après le rapprochement.

Tout ce que je viens de dire étant également applicable aux branches de la charpente, je ne le répéterai plus; au reste, lorsque ces branches ont été bien taillées, la taille en vert leur est inutile, à moins que la gomme ou quelque autre accident n'ait avarié ou détruit les bourgeons destinés à leur prolongement ou à la création de quelque autre branche; il faut alors rapprocher sur ceux qui paraîtraient les plus propres à les remplacer.

che en bonne santé non chargée de fruits, à laquelle on laisse peu de bourgeons, prendra moins de développement que si on lui en laisse davantage.

§ IV. — De l'ébourgeonnage.

DE L'ÉBOURGEONNAGE DES ARBRES A FRUITS A NOYAU.—Sur
ces arbres, l'ébourgeonnage est plus spécialement appliqué aux branches qui doivent former la charpente ; car
les branches coursonnes et à fruits, qui, comme nous l'a-
vons vu, ont reçu le pincement et la taille en vert, n'ont
pas, le plus souvent, besoin d'être ébourgeonnées.

On nomme ébourgeonnage la suppression de tous *les
bourgeons* inutiles ou nuisibles ; cette suppression a pour
but de donner à ceux que l'on réserve plus de vigueur et
un espace suffisant pour que l'on puisse les palisser sans
confusion.

Pour bien ébourgeonner, il faut se rappeler les règles
du pincement, c'est-à-dire que *les branches prendront un
développement d'autant plus considérable, qu'elles porteront
un plus grand nombre de feuilles, puisque, les bourgeons étant
les organes de la végétation, la sève n'afflue dans les branches qu'autant qu'elles en sont plus chargées.*

Quoique ce soit une règle générale de *retrancher tous
les bourgeons placés devant et derrière*, il est cependant
des cas où l'on est forcé de les utiliser pour remplacer
ceux des côtés qui auraient été détruits par un accident
quelconque. C'est toujours à ceux de derrière que l'on
doit, dans ce cas, donner la préférence ; mais, à leur défaut, il vaudrait encore mieux en prendre un devant que
de laisser un vide ; je crois cette méthode préférable à l'é-
cussonnage que d'excellents auteurs modernes ont recommandé, mais qui me parait plus théorique que pratique.
Les cultivateurs intelligents n'emploient ce moyen que
très-rarement, parce qu'il se trouve peu ou point de vide

où il y ait nécessité d'en faire l'application ; du reste, cette opération n'est guère praticable que sur du bois d'un à deux ans ; plus âgé, les écorces sont épaisses et difficiles à se séparer de l'aubier, ce qui rend la reprise peu certaine, et donne presque toujours suite à des exsudations de séve et de gomme.

Une autre règle presque (*) générale , qu'il ne faut pas non plus oublier, est de ne jamais laisser deux ou trois bourgeons partant du même point (ce que l'on voit toutes les fois que des yeux doubles ou triples se sont tous développés à bois) ; il faut, toutefois, bien examiner auquel appartient la préférence, et voici, généralement parlant, quel doit être ce choix : *si ces bourgeons sont en dessus,* ce doit être *le plus faible* ; et si, au contraire, *ils sont en dessous,* ce doit être *le plus fort*. C'est surtout pour ces derniers qu'il est important d'opérer à temps ; trop tôt, la cloque et les insectes, qui sont très-communs à cette époque , pourraient détruire le bourgeon réservé et faire regretter la suppression des deux autres. Ceci peut également arriver à un bourgeon placé dessus ; mais sur cette partie sa faiblesse ne peut qu'être utile au progrès des arbres. Ce principe devra être observé dans un sens opposé pour les bourgeons placés en dessous, et, comme on n'obtient de belle végétation dans cette partie qu'avec de très-grandes précautions, l'ébourgeonnage devra aussi être plus sagement combiné ; si les bourgeons doubles et triples y sont ébourgeonnés trop tard , la séve ayant été employée pendant trop longtemps à la nutrition de ceux qui doivent

(*) Je dis presque, en ce qu'il faudrait sortir de ce principe dans le cas où une bifurcation proposée aurait manqué, et qu'il n'y eût d'autre moyen de la réparer qu'en conservant deux bourgeons sortis du même œil.

être réformés, il ne lui reste plus assez de force pour développer le bourgeon réservé, et de cet état de langueur ou de faible végétation il résulte infailliblement quelque maladie. J'ai remarqué que, dans des situations assez heureuses, il vaut mieux se hâter un peu et courir les chances, qui, si elles sont bonnes, rendront l'opération excellente. Il arrive aussi que l'on est obligé de réformer quelques-uns des bourgeons trop nombreux et groupés, résultat de ceux que l'on pince trop tard ou qui sont attaqués de la cloque; cette réforme doit être réglée par le besoin et la destination de ceux tenus en réserve.

Le moment le plus favorable à l'ébourgeonnement est l'approche d'un beau temps, parce qu'alors on ne craint pas l'humidité, dont l'action sur les plaies serait très-nuisible à l'arbre; d'un autre côté, la sève, qui est toujours plus abondante et plus active pendant les pluies du printemps et de l'été, ne manquerait pas de déchirer les écorces et de former de la gomme. Cependant, si l'on ébourgeonnait par un temps trop sec, surtout des arbres peu vigoureux et plantés dans un mauvais terrain, j'engagerais, comme le recommande M. le comte Lelieur, dans son excellent ouvrage sur *la taille du pêcher et de la vigne*, à mouiller les feuilles avec une pompe à main; cette humidité momentanée ne peut qu'être favorable à la végétation.

La nature du terrain et des individus modifie tellement l'époque de l'ébourgeonnage, que l'on doit dire pour lui, comme pour toutes les opérations d'été, que c'est beaucoup moins le mois ou le jour qui doit servir de règle que l'état de la végétation. Or il ne faut pas conclure de ceci que, quand les bourgeons d'un arbre auront acquis une longueur donnée, on doive les ébourgeonner; il arrive

souvent que sur deux individus voisins, quelquefois même
sur les branches d'un même arbre, il soit nécessaire de
retrancher les bourgeons lorsqu'ils n'ont que 8 à 16 cent.
(3 à 6 pouces) de longueur, tandis que d'autres d'une
étendue plus que triplée sont à peine en état de l'être ; la
vigueur des arbres et des branches, soit générale, soit relative, leur position, le terrain, l'exposition, et généralement
toutes les causes qui influent directement ou indirectement
sur la végétation, apportent des modifications plus ou moins
essentielles à l'époque et au mode de l'ébourgeonnage. On
ne saurait donc trop recommander l'étude si simple de ces
causes et des lois de la végétation, non plus que se lasser
de répéter tout ce qui y a rapport. Je vais tâcher de donner
quelques exemples qui éclaircissent mon idée et en facili-
tent l'intelligence.

Quand les arbres sont peu vigoureux, chargés ou non
de fruits, on doit retrancher les bourgeons lorsque les
plus forts ont à peine acquis de 5 à 16 cent. (2 à 6 pouces)
environ, afin de perdre le moins de séve possible ; car ces
arbres en ont grand besoin, tant pour la nourriture de
leurs fruits que pour la reproduction de rameaux un peu
vigoureux pour l'année suivante. Le peu de temps qu'ont
ordinairement les jardiniers, à cette époque, leur fait souvent négliger cette opération ; mais c'est toujours au détriment des arbres, lorsqu'ils sont en cet état ; car, comme le
disent les physiologistes, les feuilles étant les poumons des
végétaux, la suppression d'un grand nombre, sur des individus où leur remplacement ne peut s'opérer promptement, est toujours préjudiciable et occasionne souvent
l'épuisement des individus (*).

(*) Plusieurs expériences ont prouvé que le nombre et la vigueur des
racines dépendaient de la quantité des feuilles.

Quand les arbres sont vigoureux, mais chargés de fruits, l'ébourgeonnage doit être fait lorsque les plus forts bourgeons ont de 32 à 41 centimètres (12 à 15 pouces) de long. Il vaudrait peut-être mieux qu'on le fît plus tôt, afin de porter la séve au profit des fruits et d'éviter la confusion qui nuit à leur développement, leur ôte l'air qui leur est nécessaire et occasionne souvent une humidité surabondante qui attaque la base de beaucoup de bourgeons, et en fait tomber les feuilles avant leur époque naturelle : or, puisque les feuilles sont indispensables à la bonne constitution des yeux, il est évident que ceux de cette partie sont imparfaits et souvent annulés au moment de la taille, inconvénient d'autant plus grave que c'est sur eux que l'on doit compter pour la production des fruits et de nouveaux bourgeons l'année suivante. Quand les arbres sont plantés dans un terrain calcaire ou très-siliceux, enfin dans un terrain léger, susceptible de s'échauffer beaucoup et rapidement au printemps, leur végétation, trop active alors, et leur séve trop abondante, occasionneraient la sortie d'une grande quantité de faux bourgeons, et le déchirement des écorces à plusieurs places par où elle chercherait à s'échapper ; or nous avons vu qu'il se formait presque toujours de la gomme sur les parties ainsi lacérées ; il est donc nécessaire, dans ce cas, malgré tous les inconvénients que j'ai signalés tout à l'heure, de retarder un peu la suppression des bourgeons, et si, dans ces terrains, des arbres très-vigoureux étaient privés de fruits, il ne faudrait retrancher les bourgeons que quand les plus forts auraient 66 centimètres (2 pieds) et plus de longueur. Dans les sols frais ou même froids, la végétation, plus soutenue et moins fougueuse, permet d'opérer beaucoup plus tôt sans faire craindre ces inconvénients.

De l'ébourgeonnage des arbres a fruit a pepins taillés
en éventail. — De même que pour les arbres à fruit à
noyau, le plus grand talent de l'opérateur consiste à saisir
le moment favorable. Comme on a sur ceux-ci beaucoup
plus de facilité d'obtenir du bois, la plupart des cultivateurs, soit habitude, soit manque de temps, le font beaucoup trop tard ; ils attendent, pour cela, que les bourgeons
aient tout à fait cessé de pousser : personne ne doit
ignorer combien cette pratique est contraire aux bons
effets du pincement et à l'arbre lui-même. D'autres encore, et c'est le plus grand nombre, négligent tout à fait
le pincement et ne font subir à leurs arbres que l'opération
dont je parle, et qu'ils appellent à tort ébourgeonnage,
puisque les bourgeons, ayant cessé de pousser, sont alors
à l'état de rameaux et souvent si gros, que leur suppression
fait faire des plaies considérables sur la branche qui les
portait. Au moyen du pincement, l'on évite ce désagrément : cette opération fait aussi prendre davantage de
force aux bourgeons réservés, et, lors de l'ébourgeonnage,
on n'a qu'à retrancher ceux qui se sont développés inutilement depuis le pincement ; ces derniers sont généralement
faibles et peu nombreux ; ce retranchement a lieu par
l'effet du cassement de 14 à 18 millimètres (6 à 8 lignes)
de leur naissance, au-dessus de la rosette de feuilles qui
s'y trouve ordinairement : si parmi eux il s'en trouve
quelques-uns trop forts, qui résistent à cette opération, il
faudrait les couper en prenant le soin de ne leur laisser
qu'une très petite partie de leur couronne, et s'il s'en
trouve à l'état de gourmand, il serait essentiel de les retrancher sans aucune réserve.

Sur les arbres à fruit à pepins taillés en pyramide, qui
ont été pincés convenablement, l'ébourgeonnage est fort

peu de chose et souvent inutile. La forme de ces arbres
n'exigeant pas de soins aussi minutieux que celle des espaliers, les bourgeons nuisibles ayant été pincés, leur faible
végétation permettra de les conserver sans danger, et à la
taille ils auront, pour la plupart, pris le caractère de dards
ou de brindilles et quelquefois de petits rameaux.

Quelques praticiens ont coutume de faire supprimer
indistinctement, par leurs ouvriers, lors de la prétendue
stagnation de la séve, c'est-à-dire en juillet ou août, selon
la température de l'année et la nature des terres, les deux
tiers ou les trois quarts de la longueur des bourgeons de
leurs pyramides, pour leur donner, disent-ils, une forme
plus régulière, leur faire produire beaucoup de fruits l'année suivante, et donner plus d'air à ceux qui sont sur
l'arbre. Cette dangereuse opération, en faisant perdre à
l'arbre une partie considérable de ses feuilles, arrête aussi
les progrès de ses racines et lui retire insensiblement de la
vigueur, et le fait souvent périr vingt-cinq ou trente ans
avant l'époque de sa fin naturelle. Elle peut cependant
avoir une application utile ; c'est quand des pyramides
d'arbres à fruit à noyau se trouvent dans une terre substantielle où la végétation se soutient presque sans inter-
ruption tout l'été, et où les pertes sont promptement répa-
rées. Là elle maintient plus longtemps les branches à fruit
en santé ; mais il arrive toujours une époque où les arbres
ne portent plus que des *rameaux et branches à fruit*, et
c'est alors qu'elle est très-nuisible (*).

(*) Quand les arbres à fruit à pepins, déjà d'un certain âge, sont
très-vigoureux et ne portent pas de fruit, on en coupe aussi les bourgeons de cette manière, et toujours avec succès quand on peut bien
saisir l'instant où la végétation est en repos, et que le temps n'éprouve
pas de variations, ce qui est très-rare ; or, lorsqu'il survient des alter-

§ V. — Du palissage.

Le but du palissage est de maintenir les branches dans des positions telles, que ceux de leurs bourgeons qui doivent être conservés puissent, après l'ébourgeonnage, être placés sans confusion ; à cet effet, ceux des pêchers destinés à donner naissance à des rameaux *des deuxième et troisième ordres* doivent être distancés d'environ trois travers de doigt. Je donne cette mesure comme moyenne, à cause des circonstances qui forcent d'en sortir soit en plus, soit en moins ; on doit aussi veiller à ce que chacun de ces bourgeons ne forme pas de courbure trop prononcée (voyez *pl.* 3). Nous avons vu plus haut que cette opération est un des moyens les plus efficaces d'équilibrer la séve dans les diverses parties d'un arbre ; aussi un bon cultivateur ne le fait-il jamais que partiellement.

Quoique très-importante, c'est une des opérations les plus faciles à bien faire : choisir à chaque bourgeon la place véritable qu'il doit occuper, attacher très-près ceux que l'on veut mâter, laisser toute aisance à ceux qui ont besoin de prendre de la vigueur, et ne pas mettre d'attaches fixes sur les parties encore trop herbacées, sont

natives de pluie et de chaleur, il se développe quantité d'yeux terminaux dont chacun d'eux est entouré d'une rosette de feuilles. Sans cette fausse pratique, de tels yeux auraient conservé leur état primitif pour prendre à l'avenir le caractère de bouton. Dans cet état de vigueur, il est un moyen plus sûr de mettre ces arbres à fruit ; il consiste à couper, pendant l'hiver, quelques racines pivotantes ; mais ce moyen ne doit être mis en usage que quand les localités ne permettent plus d'allonger la taille dans des proportions considérables, telle qu'elle aurait pu être faite dans les années précédentes, mais insuffisante pour remplir le but désiré.

à peu près les seules règles que l'on en puisse donner. Les personnes peu exercées dans l'art du palissage sur des treillages feront bien de se servir de minces baguettes placées à l'avance à l'extrémité des branches charpentières sur lesquelles les bourgeons qui doivent les prolonger seront soigneusement attachés : cette pratique, peu en usage, donne la facilité de dresser ces bourgeons avec autant de précision que s'ils étaient fixés sur des murs avec des loques. On palisse en tout temps et à toutes les opérations d'été comme d'hiver. Mais, je le répète, dans les palissages d'été, il faut bien se garder de gêner trop subitement l'extrémité des bourgeons ; autrement, la sève, ne pouvant plus y circuler librement, ferait développer sur les parties ligneuses un grand nombre de faux bourgeons : ces accidents, qui se font plus généralement remarquer sur les bourgeons placés en dessous des branches charpentières et autres, seront en grande partie prévus toutes les fois que l'extrémité de ces bourgeons ne sera fixée à demeure qu'après avoir cessé de pousser (*).

§ VI. — Effeuillage.

Cette opération se fait particulièrement sur le pêcher, à diverses reprises, selon le but que l'on se propose ; on l'emploie d'abord sur des parties trop vigoureuses, afin d'en modérer la vigueur (voyez ce que j'ai dit à ce sujet en parlant *des divers moyens d'équilibrer la sève*); on est aussi dans l'usage d'effeuiller les parties qui avoisinent les

---

(*) Pendant le palissage, on appliquera, au besoin, le pincement, l'ébourgeonnage et la taille en vert : c'est ainsi que ces différentes opérations se trouvent liées entre elles, et qu'on ne doit cesser de s'en occuper que lorsque la végétation est devenue peu sensible.

fruits, afin de leur donner de l'air et de la lumière; on ne doit rien négliger pour que cette opération soit terminée avant que les fruits ne fassent remarquer les premiers signes du commencement de leur maturité. Dans les années sèches, à des expositions du plein midi, et dans les terres légères et brûlantes, il faut être très-circonspect sur cette opération qui devra être faite alternativement; puis, en la terminant, on aura la précaution de conserver une ou deux feuilles en face de chaque fruit pour intercepter les rayons directs du soleil, autrement les fruits seraient exposés à perdre de leur volume et de leur qualité.

On devra toujours opérer de bas en haut, afin de ne pas former de déchirure près les yeux; et, si l'on prend cette précaution, la plus grande partie du pétiole de chaque feuille opérée restera attachée à l'œil qu'il protége. Le temps le plus favorable à cette opération est l'absence du soleil, et, mieux, l'approche d'une pluie. Si l'on est trompé dans son attente, on profitera de la fin du jour pour se servir d'une pompe à main, avec laquelle on mouillera les feuilles, ce qui produira un excellent effet sur la végétation : ces arrosements ne devront pas être négligés pendant la maturité des fruits, ce qui leur donnera un plus beau coloris et une qualité supérieure.

L'effeuillage peut se pratiquer sur tous les arbres fruitiers, sans en excepter la vigne; mais on devra, pour tous, admettre les conséquences que nous avons développées pour le pêcher.

§ VII. — Opérations d'hiver ou règles de la taille.

CHARGEMENT ET DÉCHARGEMENT. — L'opération du *chargement*, généralement appliquée aux jeunes arbres très-vigoureux, a pour but de multiplier en grand nombre les petits rameaux, comme étant les seuls propres à les mettre à fruit, et, par cela, affaiblir le trop de vigueur de ces arbres.

Il y a deux manières de charger un arbre, qui diffèrent en apparence, mais qui ont le même but et les mêmes résultats. On charge en bois, en taillant très-long tous les rameaux bons à conserver d'un arbre trop vigoureux, et qui ne donne que peu ou pas de fruit; on obtient ainsi une quantité de bourgeons telle, qu'elle suffit pour recevoir toute la sève des racines, et que chacun d'eux prend moins de volume que s'il ne s'en était développé que moitié ou un quart. Le chargement est beaucoup plus sûr et moins dangereux, pour faire produire des fruits à un arbre et en diminuer la vigueur, que le mode d'ébourgeonnage dont j'ai parlé en terminant l'article de l'ébourgeonnage sur les arbres à fruit à pepins; en effet, supprimer d'un arbre une grande quantité de longs bourgeons, lesquels sont munis de leurs feuilles bien développées, c'est alors lui ôter une partie de sa sève d'autant plus considérable que cette suppression est grande. Ceci prouve assez les mauvais effets d'un tel ébourgeonnage; mais cette réforme différée et faite durant l'hiver, lorsque la sève est en repos et concentrée dans les racines et les parties très-ligneuses, on ne court aucun risque; au contraire, quelle que soit la suppression que l'on fasse des rameaux dépouillés de leurs feuilles, on ne perd rien de cette sève, et elle passe toujours au profit de l'arbre où elle est retirée. Ainsi, en taillant très-long tout un arbre, on multiplie les bourgeons en assez grande quantité pour que, en ayant moins de force, ceux de la série des fruits à noyau prennent le caractère de rameaux à fruit, et ceux de la série des arbres à fruit à pepins celui de brindilles et de dards, qui bientôt porteront des fruits, ce qui diminue insensiblement la vigueur de l'arbre sans lui faire perdre une trop grande quantité de sève par un ébourgeonnage mal entendu, comme on le pratique dans beaucoup de jardins.

J'ai déjà dit que ce mode de changement devait s'employer sur des arbres entiers ; j'insisterai sur ce dire pour en faire sortir toute l'importance. Quand il s'agit de diminuer la vigueur générale de la totalité de l'arbre, le meilleur moyen à employer étant la production du fruit, si l'arbre n'en porte pas déjà un bon nombre, on en obtient en le chargeant de bois, c'est-à-dire en laissant à cet arbre plus d'yeux que la sève n'en peut faire développer en rameaux à bois ; mais, s'il s'agit d'une vigueur relative, par exemple, que, sur le même arbre, une branche soit tellement plus vigoureuse que ses voisines qu'il soit nécessaire de l'affaiblir, il faut bien se garder de la charger de bois, puisque, *les yeux bien constitués étant autant de pompes propres à attirer la sève,* on voit qu'il faut, dans ce cas, supprimer, autant que possible, des yeux sur la partie que l'on veut affaiblir, et les tenir nombreux sur celle dont on veut augmenter la vigueur : ainsi l'on pourrait avec raison appeler le chargement en bois chargement général.

Quant au chargement partiel, c'est-à-dire à l'affaiblissement d'une branche qui paraîtrait prendre trop d'ascendant sur ses voisines, il consiste à y conserver soigneusement, selon la nature des arbres, un très-grand nombre et quelquefois la totalité des boutons, branches et rameaux à fruit, puis chercher à multiplier davantage les deux derniers en faisant l'application des différents moyens dont il vient d'être parlé, et sur lesquels je reviendrai lors des

opérations de la taille, du pincement, de l'effeuillage, etc.
Les rameaux à bois, sur cette partie, devront être taillés
aussi court que possible, afin qu'il s'y trouve peu d'yeux
propres à attirer la sève.

Le *déchargement* a pour but l'augmentation de la vigueur
des arbres, c'est-à-dire la production du bois; il consiste
à retrancher d'un arbre ou d'une branche une plus ou
moins grande quantité de fruits : j'entends par fruits les
branches ou rameaux à fruit.

RAPPROCHEMENT. — Rapprocher un arbre, c'est diminuer la longueur de ses *branches* dans des proportions en
rapport avec sa vigueur; on le dit également d'une
branche en particulier qui aurait subi la même opération.
On le pratique assez généralement sur des arbres déjà fatigués par l'âge ou par des récoltes trop abondantes, mais
pas assez pour que l'on soit obligé de les ravaler. On doit
également rapprocher, toutes les fois qu'au printemps ou
en été on revient sur quelque opération d'hiver; cette opération est traitée avec détail en parlant de la taille en vert.

RAVALEMENT. — Le ravalement tient le milieu entre le
rapprochement et le recepage; aussi beaucoup de gens
confondent-ils ces deux opérations. Celle-ci consiste à
couper, dans les pyramides, toutes les branches, et à ne
laisser que la tige; et, dans les espaliers, toutes les branches charpentières, ne conservant que les mères : on l'entend quelquefois aussi dans un sens moins général, et l'on
dit ravaler telle ou telle partie, lorsqu'on lui a seulement
retranché quelques branches charpentières.

RECEPAGE. — Receper, c'est couper toutes les branches
d'un arbre sans en excepter la tige, un peu au-dessus du
collet de la greffe. Cette opération se fait presque généralement sur de vieux arbres encore assez vigoureux pour

reproduire des rameaux propres à en rétablir la charpente.

On recèpe également des arbres jeunes et vigoureux, auxquels on veut donner une forme plus régulière.

Il en est de même des arbres dont le bois est affecté de quelques maladies accidentelles ou naturelles.

COUPE. — On entend par ce mot le point où l'on retranche une partie quelconque d'un arbre; en toute circonstance, cette coupe doit être nette, et, si elle a lieu pour retrancher une partie de rameau, elle devra toujours former avec lui un biseau peu allongé et opposé à un œil qui lui aura été désigné, comme on peut le voir *pl.* 1, *fig.* 9. Quand une coupe a lieu pour le retranchement de toute autre partie, elle devra toujours avoir plus ou moins de pente, afin de donner écoulement aux eaux pluviales.

ONGLET *ou* ERGOT. — L'onglet est la petite portion du rameau qui se trouve entre l'aire de la coupe et l'œil qui en est le plus rapproché; sa longueur doit varier en raison du volume des rameaux : s'ils sont de la grosseur d'un fort tuyau de plume, il doit avoir un peu plus de deux millimètres (une ligne) au-dessus de l'œil qu'il protége; si le rameau est de la grosseur du doigt, la longueur de l'onglet devra être plus que doublée. Si on augmentait cette longueur de beaucoup, on serait exposé à ce qu'il desséchât, ce qui ferait faire à ce bourgeon un coude désagréable et capable alors de nuire à la circulation de la séve. Au temps de l'ébourgeonnage, ou autres travaux d'été, il faudra rectifier cette mauvaise opération; puis, lors des divers palissages, on redressera, autant que possible, le coude déjà formé : ces petits soins ne sont importants que pour les bourgeons destinés à prolonger les branches charpentières.

CASSEMENT. — Cette opération a lieu seulement pour les

6

arbres à fruit à pepins ; elle s'effectue sur des rameaux
faibles, trop longs pour former des branches à fruit. Cette
opération consiste à les retrancher au moyen de leur rupture, qui se fait de 13 à 23 millimètres (de 6 à 10 lignes)
au-dessus de leur insertion, ce qui se pratique facilement,
en posant le taillant de la serpette à l'endroit de l'opération ; puis, appuyant le pouce en sens inverse, afin que le
tout puisse se maintenir, comme il vient d'être dit, et par
un renversement de main subtil, la rupture se fait de
manière à former une plaie transversale, mais irrégulière (*), condition nécessaire pour faire développer des
rameaux plus faibles et propres à former des brindilles et
des dards destinés à donner des fruits : j'ai déjà eu occasion de parler de cette opération, à l'article de l'*ébourgeonnage des arbres à fruit à pepins taillés en éventail.*

INCISION DES ÉCORCES. — Cette opération consiste à fendre les écorces longitudinalement, lorsqu'elles sont trop
coriaces, et que leur tissu trop serré ne livre plus passage
à la sève (**). On incise également les branches et les
tiges.

(*) Plusieurs cultivateurs se sont récriés sur l'irrégularité de cette
plaie, sous le rapport de la malpropreté, et disent que, si des bourgeons
vigoureux ont à se développer, l'action n'a pas moins lieu que si la
plaie était nette. Je me permettrai de répondre que, si l'opération est
faite comme je l'indique, cet accident est peu fréquent, en ce que les
quatre à huit yeux qui se trouvent dans le voisinage de cette opération
se trouvent d'autant plus éventés qu'ils en sont plus rapprochés, ce qui
remplit les conditions voulues. Du reste, cette malpropreté est plutôt
imaginaire que réelle, en ce qu'elle n'est pas plus désagréable à la vue
qu'un petit dard. Si, après tout, ces parties venaient à se dessécher,
elles rentreraient dans la catégorie des chicots, qui, comme tout le
monde sait, doivent être réformés.

(**) Quelques physiologistes, et, entre autres, un cultivateur très-
distingué, ont parlé de l'incision des écorces comme d'un moyen

Il doit y avoir, entre chaque incision longitudinale, 7 ou 9 millimètres (3 ou 4 lignes) environ.

On recommande ordinairement de couper l'écorce seulement, et sans attaquer l'aubier : j'ai reconnu que cette précaution n'était de rigueur que pour les arbres à fruit à noyau, et non pour ceux à fruit à pepins.

M. Dumoutier, mon prédécesseur aux écoles du jardin du roi, fut le premier qui employa ce moyen pour diminuer et souvent faire disparaître la gomme. Quand c'est dans ce but que l'on fait des incisions, elles doivent fendre l'écorce jusqu'à l'aubier. Le succès qu'il en a obtenu à Trianon, sous les yeux de M. Lelieur, mérite certainement les éloges que ce savant en fait dans sa *Pomone française*; je crois cependant que l'on devrait autant l'attribuer à la manière dont les arbres ont été taillés qu'aux incisions longitudinales et en croix que l'auteur a pris la peine de décrire avec autant de précision que d'élégance. Néanmoins on peut regarder comme un préjugé routinier l'opinion trop répandue que l'on ne peut inciser les écorces du pêcher; je puis recommander ce moyen avec d'autant plus d'assurance, qu'il m'a toujours fourni les mêmes résultats qu'à mon confrère, à cette exception près que, au lieu d'inciser profondément et en croix, comme l'indique M. Lelieur, je les coupe jusqu'au vif sur la partie attaquée. Cette opération peut être faite en tout temps; mais

propre à diminuer la vigueur des arbres; leurs raisons sont fondées sur la perte de séve qui se fait par les plaies; sans doute, en répétant l'opération tous les huit ou quinze jours au plus, on en viendrait à ce point; mais, outre que cela prendrait beaucoup trop de temps, les cultivateurs ont des moyens plus sûrs et plus profitables d'affaiblir leurs arbres en employant leur séve à produire des fruits, comme je l'ai indiqué plus haut.

sa véritable époque est avant l'ascension de la séve.

Les incisions longitudinales que l'on fait par prévoyance, ou pour faciliter le passage de la séve dans une partie faible, doivent toujours être sur le côté de la branche opposé à celui qui frappe le soleil, et peu profondes.

Nous verrons, en parlant de la taille en pyramide, les bons effets que l'on peut obtenir des incisions longitudinales faites par prévoyance.

ENTAILLES. — Cette opération consiste à pratiquer, avec la serpette ou la scie, deux incisions parallèles ou opposées, comme le représente la figure 9 de la planche V, qui partent de la circonférence, et séparent l'aubier de manière à pouvoir l'enlever, soit carrément, soit en coin, comme dans la figure précitée (*).

Les entailles ont pour but de changer le cours naturel de la séve, et de la faire ou passer dans les parties qu'elle aurait négligées, et alors on les fait au-dessus de ces parties, ou de l'empêcher d'arriver dans une autre; pour cela, on les fait au-dessous de la partie que l'on veut priver de séve.

J'ai souvent employé les entailles avec succès, et sur des arbres de tout genre; cependant il faut, avant de le faire, être sûr que l'œil, le bourgeon, le rameau ou la branche dans laquelle on fait passer la séve n'est pas assez maigre pour que ses écorces ne puissent prendre de développement sans se rompre; car, pour les arbres à fruit à noyau, leur rupture occasionnerait de la gomme.

De telle manière et de tel sens que les entailles soient

(*) Cette forme n'est pas de rigueur, et souvent il suffit d'un trait de scie bien paré avec la serpette.

faites, elles doivent être régulières pour les arbres à fruit à noyau. Il est essentiel de les recouvrir avec l'amalgame résineux dont je parlerai au cinquième exemple de la seconde taille du pêcher. On a proposé de mettre ces entailles en usage pour faire développer plus sûrement les bourgeons de remplacement, si précieux à la reproduction des rameaux et branches à fruit du pêcher : cette innovation ne pourra être employée que partiellement, à cause du temps considérable qu'elle exige ; du reste, elle n'est pas d'une nécessité absolue.

ÉBORGNAGE. — On a beaucoup exagéré le mérite de cette opération, qui consiste à réformer les yeux avant leur développement, et connue sous le nom d'ébourgeonnage à sec. A moins de réunir toutes les conditions favorables au pêcher, telles que bon terrain, murs, chaperons, etc., on ne doit l'employer que sur les rameaux à fruit taillés en toute perte. Cet article sera traité avec détail en parlant de la branche, n° 13, pl. 3. Quant aux rameaux qui doivent former la charpente, on a tellement à craindre que les intempéries ne fassent périr les yeux sur lesquels on aurait pu compter, que l'on ne doit éborgner que ceux qu'il serait tout à fait impossible d'utiliser.

Il n'en est pas de même des arbres à fruit à pepins, soit en pyramide, soit en espalier, et nous verrons par la suite combien il peut être avantageux de l'employer sur les branches de la charpente même, en ce que sur cette série d'arbres les avaries sont beaucoup moins à craindre.

DE L'ARRACHAGE DES ARBRES ET DU SOIN DE LEUR PLANTATION. — On est dans l'usage de tirer, des pépinières marchandes, les pêchers et autres arbres tout greffés ; il serait beaucoup plus avantageux de les élever chez soi, parce qu'ils seraient accoutumés au sol dans lequel ils doivent vivre. Cependant on ne doit s'arrêter à cette doctrine qu'autant qu'ils seraient bien venants ; car les arbres de toute nature, que l'on plante rachitiques, ont beaucoup de peine à se rétablir, même dans les meilleures localités ; donc il n'y aurait pas d'avantage de les planter tels dans des terres de nature médiocre.

L'arrachage des jeunes pêchers se fait depuis la fin d'octobre jusqu'au 15 de mars, pour le centre de la France. Pour être réputés bons, ils ne doivent être ni trop forts, ni trop faibles, ayant les écorces grises dans les deux premiers tiers de leur longueur, et le reste d'un rouge intense sans aucune altération. Ils devront aussi porter des yeux bien constitués près de la greffe, qui ne devra être que d'un an. Les pêchers qui ont deux années de greffe sont peu estimés, cependant il s'en vend beaucoup ainsi ; mais les pépiniéristes ont, sans doute, le soin de les adresser aux personnes qu'ils supposent ne s'y pas connaître ; il est, toutefois, facile de ne pas y être trompé, parce que ces arbres offrent deux plaies, l'une sur le sujet, et l'autre un peu au-dessus de l'insertion de la greffe, ce qui rend quelquefois son point de départ difficile à reconnaître. En général, ces arbres sont très-vigoureux, et leur beauté induit en erreur les personnes peu exercées ; mais leurs racines, qui sont proportionnées à la vigueur des rameaux, ayant été, pour l'ordinaire, mutilées et considérablement diminuées par l'arrachage, la reprise en est difficile. Cependant j'ai planté des pêchers de trois à dix années greffés sur amandier, sortant d'un mauvais sol, pour être placés dans un semblable, et qui, pour cela, n'en ont pas moins bien repris, puisque les plus forts donnèrent, cette même année, jusqu'à soixante-douze beaux et bons fruits. C'est donc un préjugé de douter de la reprise des gros et vieux pêchers (*); il en est de même de tous les autres genres d'arbres; l'important est de conserver autant de racines que possible, puis planter immédiatement, en prenant toutes les précautions voulues pour des jeunes; car il faut bien se garder de les lever en motte, en ce que les sucs propres de ces terres sont, en grande partie, épuisés et calcinés, toutes choses impropres à la reprise; mieux vaut y suppléer par celle qui est friable, ni trop sèche ni trop humide, et riche en humus; puis on aura le soin de ne la fouler que très-légèrement, afin que ce tassement ne se fasse que très-lentement, et s'il restait quelque doute sur cet affaissement naturel, on y suppléerait par un arrosement copieux, mais qui devra être différé jusqu'à l'époque des premières sécheresses du printemps; autrement, cette opération pourrait occasionner de la carie sur les plaies faites aux grosses racines.

Lors de la taille de ces arbres, on aura soin de conserver leurs branches charpentières que l'on taillera généralement court, c'est-à-dire que les rameaux chargés de les prolonger seront retranchés à quelques centimètres de leur insertion; quant à ceux qui sont en dehors de cette série et considérés comme moyenne du troisième ou quatrième ordre, il est convenable de les retrancher complétement ou à peu de distance de leur naissance; quant aux petits, ils devront être conservés entiers, afin qu'ils présentent à leur surface une très-grande quantité d'yeux, dards, brindilles, etc., qui, sans exiger beaucoup de séve, pourront, sans effort, donner

---

(*) Quelques auteurs ont recommandé la déplantation des pêchers trop vigoureux, comme moyen de les mettre à fruit, donc ils étaient persuadés de leur reprise : mais l'école nouvelle rejette cette pratique, d'autant plus qu'un cultivateur instruit n'est jamais embarrassé d'une vigueur que les anciens qualifiaient de surnaturelle.

naissance à une grande quantité de bourgeons dont leurs feuilles contribueront puissamment à la reprise de ces arbres : ces opérations devront être différées pendant quelque temps , parce qu'une foule d'expériences ont prouvé que, à l'exception des racines, il est extrêmement essentiel de ne rien supprimer aux arbres que l'on plante pendant l'automne et les deux premiers tiers de l'hiver ; il ne faut les tailler qu'après les derniers froids de cette saison ; jusque-là leurs rameaux , leurs branches, la tige même', servent à stimuler le développement des racines , ce qui aurait lieu plus lentement si l'on supprimait quelques-unes des parties aériennes avant l'époque qui vient d'être fixée. Cette époque se fait reconnaître par le premier gonflement des yeux dont l'enveloppe commence à se séparer ; dès lors on profite d'un vent froid ou d'une dernière gelée d'un à deux degrés , dont l'action resserre les fibres des rameaux , refoulant dans la tige et les racines le peu de sève qu'elles contenaient; c'est alors que l'on peut opérer sans craindre une grande déperdition (*). Cependant, si l'on prévoyait ne pas pouvoir opérer à l'époque que je viens d'indiquer, il serait infiniment préférable de la pratiquer aussitôt après la plantation, que d'attendre que la sève fût montée dans les parties destinées à être réformées.

Je n'entrerai dans les détails de la plantation des jeunes

(*) C'est à l'aide de ces divers moyens que l'on parvient à faire reprendre de très-gros arbres ; tels sont les procédés que nous avons employés en décembre 1824, lors du transfert de l'école des arbres fruitiers du jardin des plantes : là, nous avons planté des poiriers et des pommiers taillés en pyramides, dans lesquels il s'en trouvait un assez grand nombre de la hauteur de 4 à 5 mètres et d'un âge plus que relatif ; ces pyramides ont toutes parfaitement repris, puisque, parmi ce nombre, il s'en trouve plusieurs en ce moment qui ont 9 à 10 mètres d'élévation, et dans un état des plus prospères.

arbres d'espalier que pour combattre l'opinion de quelques
auteurs, qui prétendent que, lorsqu'on les plante, et que
l'on en rencontre qui ont des racines volumineuses d'un
côté, *il faut avoir la précaution de diriger celles-ci vers le*
mur, afin de les empêcher de prendre trop de développement,
ce qui pourrait devenir funeste à l'arbre, en ce qu'ils croient
que la sève produite par ces racines agit au profit d'une
seule partie. Cet effet peut avoir lieu pour les arbres abandonnés à la seule nature ; mais il n'est pas à craindre pour
ceux confiés à des jardiniers habiles. Considérant le tronc
de l'arbre comme le canal central de la sève (*), ils sau-
ront la distribuer également par les opérations dont j'ai
parlé en traitant de l'*Équilibre de la végétation.* Je recommande, dans la plantation de pareils arbres, de placer en
avant la plus grande quantité de racines, afin qu'elles
puissent s'étendre d'une manière plus uniforme, et de diri-

(*) A cette occasion, je citerai un fait fort remarquable, quoiqu'il ne
soit pas sans exemple. Un cultivateur possédait une haie sur le bord
de sa propriété. La partie extérieure, défendue par un fossé, laissait
de ce côté les racines de la haie exposées aux influences de la sécheresse, qui les empêchaient de croître. Les branches de ce même côté
étaient toujours restées libres, sans jamais éprouver d'altérations par
la voie de la tonture ; aussi elles étaient très-volumineuses. La partie
supérieure de cette haie était tondue, chaque année, avec beaucoup de
régularité ; il en était de même sur le côté qui regardait l'habitation :
là se trouvait un terrain plat, bien amendé par la culture ; aussi les racines y étaient-elles fortes et pleines de vigueur. Cette haie, qui avait
subsisté un grand nombre d'années, fut arrachée pour faire place à
une muraille ; ses débris offrirent un contraste tout à fait étrange ; les
racines les plus vigoureuses se trouvaient du côté où les branches
étaient les plus faibles, et *vice versâ.* J'en conclus que la culture et la
lumière sont les seules causes de pareils faits, ce qui prouve la vérité de
mon assertion, que le tronc d'un arbre est le canal central de la circu
lation de la sève.

ger convenablement les deux yeux propres à donner naissance aux deux mères branches. Il n'est pas moins essentiel que la plaie du sujet soit hors de l'action du soleil , et
de planter les arbres à 16 cent. (6 pouces) environ de la
muraille , en ayant soin de les incliner de manière à ce
que le dernier tiers de leur tige y soit appliqué.

J'ai cru inutile de détailler la manière de préparer les
terres , et d'indiquer l'espacement convenable ; ces connaissances sont généralement répandues ; cependant ,
comme beaucoup de gens font cultiver sans être cultivateurs, j'ai cru devoir donner pour eux un résumé succinct
des conditions nécessaires à toute bonne plantation. On
peut, dans des cas extraordinaires et d'urgence , planter
des arbres à toutes les époques de l'année, *toutes les fois,
pourtant, que les terres seront maniables;* mais il importe
beaucoup que ceux que l'on se propose de planter, lors de
leur pleine végétation, soient arrachés avec toutes les précautions voulues à la conservation de leurs racines ; puis
celles-ci, aussitôt sorties du sol, devront être plongées dans
une bouillie claire composée d'eau et de deux parties égales
de bouse de vache et terre franche; à défaut de ce mélange,
on versera légèrement sur ces racines une petite quantité
d'eau, puis, immédiatement , des terres fines et riches en
humus, afin que ce travail supplée à celui dont il vient
d'être parlé : c'est après l'un ou l'autre de ces travaux que
l'on doit faire la plantation de ces arbres , et d'après les
principes voulus, et dont il sera parlé avant de démontrer
la taille en éventail sur poirier ; mais pour ceux-ci, il est
de rigueur de faire immédiatement au pied de chaque arbre un augé peu profond, mais dont la largeur devra toujours excéder celle des terres dans lesquelles se trouvent

placées leurs racines : cet augé devra être recouvert de trois
à six centimètres (2 pouces ou environ) de fumier à demi
consumé, sur lequel on fera un arrosement copieux ; ces
eaux devront toujours être jetées comme si elles venaient
du ciel, afin que les bourgeons et feuilles en soient atteints les premiers ; dans ce cas, et notamment pour les
grands arbres, une pompe à main est de toute nécessité :
ces arrosements devront être répétés très-légèrement,
chaque jour, après la tombée du soleil, et devront être
continués jusqu'à parfaite reprise. Quelques personnes,
ayant soumis des arbres à cette rigoureuse opération intempestive, conseillent de conserver intègres toutes leurs
feuilles, c'est, du reste, mon avis ; d'autres, au contraire,
veulent que l'on retranche toutes celles qui seraient arrivées à peu près à leur parfait développement, en prenant
toutefois la précaution de conserver leur pétiole ; quant à
celles qui sont à l'extrémité des bourgeons et encore rou-
lées, elles les conservent comme étant propres à aider le
développement de ses parties : j'ai mis en parallèle ces
deux moyens ; l'un et l'autre m'ont parfaitement réussi.
Voici le fait : le 8 mai 1841, agissant sous les auspices et
inspirations du savant professeur M. Mirbel, j'ai soumis
à cette expérience quatre poiriers dont trois portaient des
fruits noués ayant aussi des bourgeons de 32 centimètres
(1 pied) de long ; j'ai conservé les feuilles à deux de ces
arbres, et les deux autres en ont été privés ; puis, pendant
quinze jours, les arrosements leur ont été administrés,
comme il a été dit plus haut : les feuilles d'un de ceux auxquels elles avaient été conservées flétrirent et quelques-
unes tombèrent ; vingt jours après leur plantation, tout soin
minutieux leur fut supprimé ; deux d'entre eux donnèrent

des fruits à parfaite maturité, et tous ont repris une santé parfaite (*).

ÉPOQUE DE LA TAILLE. — J'ai divisé l'époque de la taille en deux sections : celle qui s'effectue pendant l'hiver, et celle connue assez généralement sous la dénomination de *taille de mai ou en vert*.

Je ne répéterai pas ce qui a été dit sur l'époque de la taille d'hiver par plusieurs auteurs modernes ; je suis même en contradiction avec quelques-uns d'entre eux, car je ne vois pas de nécessité de terminer les opérations de la taille par les pommiers et poiriers, quand on peut s'occuper à la fois de tous ses arbres pendant les mois de janvier, février et mars, en commençant par les plus vieux et terminant par les plus jeunes. Si, cependant, parmi ces derniers, il s'en trouvait de très-vigoureux, et que l'on voulût les mettre à fruit plus promptement, on attendrait, pour les tailler, qu'ils commençassent à développer leurs yeux pour prendre le caractère de bourgeons de la longueur d'un centimètre ou environ, afin de maîtriser la vigueur de ces arbres.

L'époque la plus avantageuse pour les arbres à fruit à noyau est celle où ils commencent à végéter, en prenant les précautions voulues pour que les plus vigoureux soient taillés lorsque leurs fleurs sont sur le point de s'épanouir, mais non plus avancées, comme cela se pratique trop sou-

---

(*) *Nota*. A peine cet article et plusieurs autres ont-ils été ajoutés au manuscrit de cette édition, qu'ils ont été traqués par un de mes subordonnés, qui les a en partie décomposés, puis envoyés à diverses sociétés d'horticulture, desquelles il a aussi trompé la bonne foi en réclamant leur bienveillance pour que ces articles soient insérés en son nom dans leurs annales.

vent. Dans ce cas, l'opération est plus difficile, et occasionne la perte de beaucoup de fleurs qui auraient été conservées par la taille. Ce fait s'explique aisément, parce que ces fleurs ont souffert jusqu'au moment de cette opération par l'affluence de sève vers l'extrémité des rameaux; cette partie étant presque toujours retranchée dans des proportions plus ou moins longues, les fleurs réservées qui sont à leur base éprouvent une surabondance de sève trop subite qui leur est souvent très-funeste. Cet exposé doit suffire pour faire connaître au cultivateur l'époque où il doit procéder à l'opération de la taille de ces arbres. D'ailleurs, l'expérience a prouvé qu'il est très-avantageux de les tailler de bonne heure non-seulement sous le point de vue dont il vient d'être parlé, mais encore sous celui d'exciter le développement des yeux inattendus, et ceux qui seraient restés à l'état latent depuis huit à dix années, et qui s'annuleraient souvent par suite des tailles faites trop tard. Cet état de choses a fait dire que *le pêcher ne produisait jamais de nouveau bois à travers ses vieilles écorces;* ce qui est une erreur échappée à des auteurs accrédités.

Observations sur l'arbre figuré planche 3. — Je le répète, cet arbre n'est point un produit de l'imagination, et, sauf de très-légères modifications, on peut en trouver de semblables dans les jardins privilégiés, et il est facile de s'en convaincre en suivant les détails que je vais donner sur sa formation.

D'abord il n'est pas de cultivateur un peu instruit dans la pratique, qui ne sache que, lorsqu'il coupe un rameau un peu vigoureux, l'œil sur lequel il taille pousse avec vigueur, sauf les accidents, et que celui qui lui succède, dans quelque sens qu'il se trouve placé, pousse à peu près dans les mêmes proportions, toutes choses égales d'ailleurs (voyez planche 6 , fig. 4) : car , si l'œil terminal est très-volumineux , et que celui qui lui succède soit petit , il est certain que le premier poussera avec beaucoup plus de vigueur que l'autre. Dans ce cas, et surtout si l'on craint que cet œil terminal ne s'empare de trop de séve aux dépens du dernier dont le développement serait cependant utile , il faut faire la coupe assez près de l'œil terminal pour qu'il s'en trouve un peu fatigué, qu'il n'ait plus les mêmes moyens d'accroissement, et que l'autre reprenne l'égalité de végétation qui lui manque. D'ailleurs, ici comme dans beaucoup d'autres cas analogues , on doit mettre en usage les divers moyens que j'ai indiqués pour la répartition de la séve. (Voyez *Équilibre de la végétation*.)

Maintenant que nous savons que l'œil qui se trouve placé au-dessous du terminal peut pousser avec autant de vigueur que lui, il ne sera pas difficile de concevoir que l'on peut obtenir des branches sous-mères et secondaires inférieures partout où l'on veut. On peut même leur faire acquérir autant de vigueur et de régularité que celles que représente la planche 3. Je crois inutile d'appuyer sur l'importance de ces branches ; chacun doit reconnaître combien il est avantageux d'en avoir, tant pour garnir le bas des murailles que pour absorber une immense quantité de séve, qui serait obligée de passer dans les mères branches ; ce supplément de vigueur les ferait bientôt pousser vers le haut du mur, et nécessiterait leur trop grand abaissement. Or nous avons déjà vu que, pour le plus grand succès des mères branches, elles ne doivent être inclinées que graduellement sans trop leur faire dépasser le chiffre de quarante-cinq degrés ; mais la nécessité de garnir le bas des murs oblige , lorsque les branches secondaires inférieures manquent , à abaisser les mères dans

des proportions telles qu'il n'est pas rare d'en rencontrer
qui se rapprochent de la ligne horizontale : alors leur
accroissement en longueur cessant par cette cause et celle
du développement des branches et rameaux accrus en dessus, ceux-ci prennent d'autant plus de vigueur qu'elles
sont peu inclinées, et le parti le plus sage, dans cette circonstance, est de faire de ces rameaux des branches secondaires supérieures ; ce qui est facile , en les taillant
très-long. Mais celles-ci atteignent bientôt, à leur tour, le
haut du mur, ce qui oblige à les abaisser aussi, ce qui ne
se fait pas sans confusion et peine , et sans occasionner
des ruptures et des amputations, toutes choses également
nuisibles aux arbres à fruit à noyau. Il n'est pas rare non
plus de voir , dans cette circonstance , l'extrémité des
branches mères totalement épuisée, aussi bien que les rameaux ou branches qui garnissent cette partie ; il faut
alors les rapprocher, et ces amputations et ce remplacement continuels, tout en compliquant les opérations , en
rendent le succès beaucoup plus douteux. Il n'en est pas
de même des procédés par lesquels on obtient d'abord des
branches secondaires inférieures qui ont le précieux avantage de partager l'extrême vigueur de leur mère sans
menacer son existence, mais bien lui empêcher son trop
de développement vers le chaperon.Pour peu que cette méthode soit aidée des principes que nous avons développés
précédemment , on parviendra facilement à former une
charpente régulière et presque inamovible, qui rend les
opérations plus faciles et maintient la santé de l'arbre.
Et enfin, lorsque l'on est un peu aidé par le terrain, il est
facile de donner à ses arbres une forme aussi régulière que
celle qui vient de nous passer sous les yeux. D'ailleurs il
est reconnu par beaucoup de praticiens habiles que le pê-

cher est, après la vigne, l'arbre le plus docile et le moins ingrat.

Ici se terminent toutes les opérations et les règles qui réunissent les principes généraux ; je vais maintenant en faire l'application aux divers modes de taille, dont je donnerai des exemples, où je tâcherai de signaler le plus grand nombre des accidents embarrassants pour ceux qui ne connaissent que la théorie de cet art.

CHAPITRE DEUXIÈME.

Des tailles modernes.

La taille, selon qu'elle est bien ou mal|faite, peut être ou fort utile, ou très-nuisible aux végétaux ; il en est résulté que beaucoup de savants, qui n'ont point fait cette différence, ont publié comme certain que « *cette opération contre nature est plus ou moins nuisible aux végétaux, et que, bien faite, elle n'est que peu dangereuse.* » Pour moi, je puis affirmer qu'il est plus convenable de dire : « *La taille bien faite entretient les arbres en santé, en vigueur et en rapport constant, et prolonge même souvent leur existence.* » Je pourrais citer, à l'appui de cette opinion, des pêchers de quatre-vingts ans qui sont encore en plein état de rapport et de santé, et qui seraient, sans contredit, bien malades ou morts depuis vingt-cinq ou trente ans, s'ils eussent été abandonnés à eux-mêmes ; je pourrais également montrer des poiriers bien taillés, que l'on a recépés à quatre-vingt-dix ans, et dont les rejets ont servi à reformer de nouvelles charpentes maintenant fort belles.

De tout temps, la taille semble avoir eu le même but: faire produire beaucoup de fruits et donner aux arbres une forme agréable. Celle-ci varia selon le goût ou le besoin, et se perfectionna avec le temps: probablement elle fut d'abord une imitation de la nature, c'est-à-dire des *pleins-vents ;* de ceux-ci durent naître les *vases,* qui en sont une perfection. Peut-être aussi les quenouilles, qui ont fourni les pyramides, datent-elles d'une époque également reculée.

Quand les excursions guerrières ou marchandes eurent enrichi nos climats des précieux végétaux de l'Orient et autres pays plus chauds que les nôtres, le désir de s'approprier ces végétaux dut faire naître l'idée des abris ; de là les murs et les espaliers, qui, à la vérité, étaient autrefois bien différents de ce qu'ils sont aujourd'hui, mais qui ont pourtant dû leur servir de type.

La taille moderne, telle qu'elle est maintenant, peut être considérée comme très-perfectionnée et la meilleure à étudier ; c'est pourquoi j'ai divisé les tailles en deux parties, les tailles modernes et les anciennes, afin que le lecteur, arrivant progressivement du mieux au plus mauvais, pût se former d'abord un jugement sain, et être à même d'apprécier l'un et l'autre, lorsqu'il étudiera les tailles anciennes, pour la plupart arbitraires et défectueuses, mais qui, cependant, offrent presque toutes quelque utilité, soit locale, soit de circonstance.

SECTION PREMIÈRE. — TAILLES EN ÉVENTAIL.

§ I. — Taille en éventail sur pêcher, et du choix des sujets propres à sa prospérité.

Pour cette forme comme pour toute autre, on est dans l'usage de greffer le pêcher sur amandier, et quelquefois sur les diverses variétés de pruniers *saint-julien, le gros et le petit damas blanc*. Depuis peu de temps, on destine à cet usage le *prunier myrobolan* (prunus myrobolana). Cet arbre, que l'on obtient facilement de noyau, paraît d'abord produire des sujets très-avantageux, mais nous ne pouvons, dès à présent, nous prononcer sur son efficacité : quant à l'amandier, quoique bien préférable à tout ce que nous connaissons jusqu'à ce jour pour la plus grande partie des cultures en ce genre, on est beaucoup trop indifférent sur le choix de son fruit; j'ai acquis l'expérience que les sujets originaires des amandes tirées du commerce venant généralement du midi de la France sont très-inférieurs à ceux que l'on récolte dans l'ouest et le nord de ce même pays. Ces derniers, quoique également à coque dure et amande douce, produisent des arbres plus vigoureux et d'une plus longue vie que ne le font les premiers; cette longévité est encore plus remarquable sur les amandiers à fruits amers, mais la reprise de leur greffe en est plus difficile; ce qui les fait rejeter à tort par les pépiniéristes. Cette greffe est pratiquée par eux au moyen d'un seul écusson (*) : celui ci ne produit que rarement deux bourgeons, et peut, en cet état, être regardé comme un fait du hasard ; ce qui me dispense d'en faire une règle particulière, parce qu'elle va rentrer dans la pratique que je vais développer.

Le savant A. Thoüin conseillait, avec raison, de placer deux écussons opposés l'un à l'autre sur les sujets de tous genres destinés à former des arbres en éventail; c'est ainsi que je l'ai toujours pratiqué au jardin du roi, sous les ordres de ce vénérable agriculteur. Ce procédé bifurque le tronc dès la première année, et procure les deux mères branches ; ce que, par l'ancienne coutume, on n'aurait obtenu que l'année suivante, à moins que deux bourgeons

---

(*) On peut cependant greffer des pêchers en fente, en l'effectuant au printemps avec des rameaux coupés en février et conservés dans un endroit froid jusqu'à ce que leurs yeux commencent à se gonfler, ce qui se reconnaît par le dérangement des écailles qui leur servent d'enveloppe.

n'aient pris naissance sur le même écusson, ce qui est très-rare, ainsi que je viens de le dire. A cette première inno-vation on peut en joindre une seconde qui n'est pas de moindre intérêt, et dont voici les détails : si de tels arbres se trouvaient disposés à pousser avec une grande vigueur, on aurait soin de surveiller le développement de ces deux yeux, et lorsqu'ils seront développés à l'état de bourgeons de la longueur de 16 à 22 cent. (6 à 8 pouces), on les pincera, afin de réduire cette longueur d'à peu près moi-tié ; il s'ensuivra que les yeux déjà formés dans l'aisselle des feuilles réservées se développeront immédiatement, et donneront autant de bourgeons, et, lorsqu'ils auront acquis la longueur de 5 à 11 cent. (2 à 4 pouces), on devra en faire le choix, afin de n'en réserver que deux sur chaque côté, et les plus propres à faire naître les deux branches mères et les sous-mères ; tous les autres seront retranchés avec soin et aussi près que possible de leur insertion et sans attendre qu'ils aient acquis une plus grande étendue au préjudice de ceux dont nous venons de fixer la réserve.

Ce nouveau mode, omis dans la seconde édition de cet ouvrage, a déjà été pratiqué par plusieurs de mes confrères ou élèves à qui j'en ai conseillé l'usage ; les bons résultats que nous en avons obtenus m'autorisent à le recommander davantage en ce qu'une telle pratique avance la forma-tion de ces arbres de deux années, le tout sans commo-tion subite, sans perte de séve et sans plaies quelquefois dangereuses, chose que l'on ne peut éviter par le mode usité. Quoi qu'il en soit, celui-ci subsistera encore des années à cause de la difficulté de se procurer des sujets préparés selon ce qui vient d'être dit plus haut ; dès lors je me trouve forcé d'entrer dans tous les détails nécessaires à la création de ces arbres en suivant les principes de l'école nouvelle, ce dont je vais faire l'application.

Première taille. — Elle a pour but la création des deux mères branches ; pour les obtenir, la tige des jeunes arbres que l'on destine à cette forme devra être coupée à 5 ou 11 cent. (4 pouces) environ au-dessus de la greffe, et sur deux yeux correspondants, disposés de manière à former l'aile gauche et l'aile droite ; ces yeux, en se développant, formeront deux bons bourgeons, que l'on soignera selon les principes indiqués à l'article du palissage.

Pendant le développement de ces deux bourgeons, il n'est pas rare qu'il s'en forme d'autres sur la tige : quelques cultivateurs recommandent de les conserver ; je n'admets ce principe que dans les circonstances que je vais développer.

Si l'on n'avait pas apporté les soins nécessaires à la plantation, et que le sujet parût languissant, il serait prudent de laisser tous les bourgeons naissants, afin qu'ils pussent activer le développement des racines par la transmission de la sève descendante ; mais, lorsque la reprise est assurée, on doit supprimer tous les bourgeons inutiles, en ayant, toutefois, la précaution d'en conserver deux de chaque côté, afin que, si ceux que l'on destinait à former les deux mères branches offraient trop d'inégalité, on pût rapprocher sur les deux autres, en supprimant la partie de la tige qui alimentait les deux premiers. En définitive, ces arbres ne doivent avoir que deux bourgeons égaux au mois de septembre ; et si, après cette époque, il survenait quelque accident à l'un d'eux, il faudrait aussitôt redresser, aussi perpendiculairement que possible, le seul bourgeon qui aurait résisté. A la taille suivante, ce rameau serait retranché de façon à ce qu'il ne lui restât que 3 à

6 cent. (1 ou 2 pouces) de longueur, afin de déterminer le
développement de deux bons bourgeons, que l'on con-
duirait comme je viens de le dire.

Deuxième taille. — Cette seconde opération devrait être
appelée la première taille, la précédente n'ayant pour objet
que de séparer l'arbre en deux parties égales; j'ai dit,
d'ailleurs, que, lorsque l'on pratique sur le même sujet
deux greffes opposées l'une à l'autre, on obtient deux
bourgeons qui forment de suite les deux mères branches.
Nous avons vu aussi que d'une seule greffe il sortait parfois deux bourgeons, qui donnaient le même résultat.
Cependant, comme cette méthode de greffer n'est pas en -
core assez répandue, et qu'elle ne le sera qu'avec le temps,
je me suis résigné à figurer des arbres qui n'ont reçu
qu'une seule greffe.

Les futures mères branches, qui ne sont encore que des
rameaux, doivent être taillées, la première année, à 8 à
11 cent. (3 à 4 pouces) de leur origine, comme on peut le
voir planche 1, figure 1, de manière que l'œil terminal
puisse les continuer sans former un coude trop marqué.
(Voyez même planche, figure 2.) Les coudes seraient
toujours désagréables et souvent nuisibles, s'ils étaient trop
prononcés, en ce qu'ils sont presque toujours verticaux :
dès lors les branches coursonnes supérieures qui se trouveraient sur ces parties, ou dans leur voisinage, étant su-
jettes à s'emporter, nuiraient aux branches de la charpente
qui leur seraient opposées. C'est pourquoi j'aime assez
prendre pour œil terminal un des yeux qui se trouvent
placés devant, c'est-à-dire opposés à la muraille ; quand je
ne peux pas avoir de ceux-ci, j'en choisis un qui regarde
le mur, mais c'est toujours malgré moi que je prends ce
dernier parti, parce que la plaie, se trouvant exposée à

l'action des rayons solaires, occasionne des avaries. En pareil cas, on doit faire cette coupe beaucoup plus éloignée de l'œil que je ne l'ai indiqué, ce qui fera un onglet que l'on enlèvera lors de la taille en vert, époque où le bourgeon sera bien développé. Dans cette seconde taille, il ne suffit pas seulement de s'occuper de l'œil terminal, mais encore de celui qui le suit. Il doit être placé inférieurement, de manière à donner naissance à la sous-mère branche. (Voyez *pl. 1*, *fig.* **1**, et ses résultats, *fig.* 2 et 3.) Il y a des cultivateurs qui, par une fausse pratique, taillent d'une manière opposée, ou qui, pour mieux dire, mettent l'œil terminal en dessous. Il en résulte que l'œil qui suit immédiatement se trouve très-fréquemment en dessus, et quelquefois devant ou derrière, de sorte qu'ils sont forcés de le supprimer à l'ébourgeonnage, pour ne pas altérer le bourgeon terminal qui se trouve moins favorablement placé. Par cette fausse opération, ils sont privés de sous-mère branche, chose cependant bien importante.

Par les principes que je viens de poser, je laisse aux mères branches la facilité de se développer, et je forme les sous-mères branches qui remplissent plus tard la fonction de garnir la partie inférieure des murs. Beaucoup de cultivateurs ne doivent des sous-mères qu'au hasard, parce qu'ils ne s'occupent, pendant la première année, que de la formation des mères branches ; ils réforment même les sous-mères qui s'y disposent naturellement. Ils allèguent pour raison qu'il ne faut pas former les membres avant le corps, assertion que je trouve contraire aux lois de la nature, qui forme tout à la fois. C'est d'elle qu'il faut prendre des leçons ; nous devons l'aider de tout notre pouvoir, et non la contrarier, comme on le fait trop souvent.

Résultats de la seconde taille. — Je présenterai pour

premier exemple l'arbre représenté planche 1, figure 2.
Cet arbre a donné des résultats aussi satisfaisants qu'on
pouvait le désirer. Ses quatre rameaux (*) ont acquis environ la longueur de 2 mètres. Cette longueur n'est pas
rare sur des pêchers de cet âge, plantés dans un bon terrain et à une exposition convenable. Ces rameaux sont
très-propres à commencer la charpente. Les deux supérieurs doivent continuer les mères branches, et les deux
inférieurs les sous-mères. Chacun de ces rameaux est
marqué pour être taillé à un mètre ou environ. On doit,
en opérant, chercher à obtenir non-seulement le prolongement des mères et sous-mères, mais encore la formation, sur chacune d'elles, d'une première branche secondaire inférieure (comme on le verra planche 2). On
remarque sur la sous-mère branche de l'aile droite le trait
qui indique le point où doit être faite la taille, et qui désigne un œil placé devant, position que je regarde comme la
plus avantageuse. Cet œil est à peu près de même volume
que celui qui doit donner naissance à la branche secondaire
inférieure : je ne veux pas parler de celui qui est placé près
de l'œil terminal, en dessus : et par cette raison on devra
éborgner ou pincer très-sévèrement le bourgeon qui en
naîtra, lorsqu'on sera certain que les deux yeux combinés
pourront bien se développer. Quant à la mère branche de cette même aile, je ferai observer, au contraire,
que les yeux sur lesquels on a taillé sont dans une proportion inégale : 1° parce que l'œil terminal combiné

(*) Ou plutôt branches; car, après le développement de leurs yeux,
ils en auront le nom : je l'ai déjà donné aux branches mères, et, pour
éviter dorénavant une répétition inutile, on se rappellera que, quand
je parlerai de tailler une branche, il sera question du rameau qui doit
la prolonger.

est en dessus, position que nous estimons le moins ;
2° parce qu'il est beaucoup plus volumineux. Comme cette
disproportion pourrait faire craindre qu'il ne s'emparât de
presque toute la sève, aux dépens de son voisin, on évitera ce grave inconvénient en pratiquant l'*éventage*, ce
qui retardera son trop de développement, et fera passer
cet excédant au bénéfice du faible dont je viens de parler.
Enfin, pour arriver plus sûrement à un résultat complet,
on emploiera les différents moyens que j'ai décrits en parlant de l'*équilibre de la végétation* et du *palissage*. Si cependant le succès paraissait incertain lors de la taille en
vert, on choisirait, parmi les bourgeons placés au-dessous
de ceux-ci, ceux qui paraîtraient les plus propres à remplir
le but proposé. Mais, pour qu'il n'y eût point d'inégalité
entre les deux ailes, il serait à propos d'en faire autant à
l'aile gauche. Je terminerai la description de l'aile droite
en faisant remarquer à la base de la mère branche deux
petits rameaux à fruit de premier ordre, qui sont le produit d'un bourgeon pincé. L'un deux doit rester sans être
taillé ; et, si l'œil terminal de celui réservé voulait s'emporter par la position qu'il occupe, on aura soin de le
pincer quand le temps en sera venu.

Passons maintenant à l'aile gauche de ce même arbre.

On voit que la taille correspond parfaitement au côté
qui lui est opposé, et que le rameau chargé de prolonger
la mère branche a été taillé sur un œil qui doit donner un
bourgeon propre à la continuer. Si, cependant, on néglige
de l'attacher soigneusement à sa base, il pourrait former
un petit coude, comme on peut le voir planche 2, même
aile ; mais, avec du soin, cet œil doit donner un résultat
satisfaisant. On remarque que celui qui vient immédiatement après, et destiné à former la première branche se-

condaire, est d'une force à peu près égale au terminal, et donne une belle espérance.

On peut voir aussi à la base de cette branche deux rameaux à fruit, l'un du premier et l'autre du second ordre, qui sont le résultat d'un bourgeon pincé. Le rameau du premier ordre restera sans être taillé; celui du second pourrait rester dans le même état, mais il y aurait à craindre qu'il ne s'emparât de la séve destinée à alimenter le premier; l'œil terminal de celui-ci doit donner naissance à un excellent bourgeon qui deviendra un rameau à fruit du troisième ordre, pour l'année suivante. Il est vrai qu'en faisant la réforme que je propose on peut occasionner un trop grand développement de celui qui reste. Pour éviter cet inconvénient, il eût fallu réserver une portion de celui dont j'ai indiqué la suppression, en le taillant sur le troisième ou quatrième œil, s'il s'en était trouvé à cette place. Mais, tout en ayant pris le caractère de bouton, il a fallu le réformer complétement, puisque, le bouton sur lequel on eût appuyé la taille étant dépourvu d'yeux, il n'aurait pu attirer la séve, pour lui et ses semblables, que dans des proportions propres à faire naître des fruits éphémères, qui sont toujours en danger de tomber beaucoup avant leur maturité; cependant j'ai vu de petites branches du premier et du second ordre portant des fruits mûrs à leur extrémité, qui semblaient toujours avoir été dépourvues de bourgeons dans cette partie, ce qui n'était pourtant pas probable, lors du nouement des fruits, puisque mille autres observations faites pendant le cours du printemps m'ont prouvé que l'on ne doit nullement compter sur le produit de ces branches toutes les fois qu'elles sont dépourvues d'œil ou bourgeon à leur extrémité. Quant aux latéraux, ils ne sont pas de nécessité.

Nous arrivons au rameau destiné à former la sous-mère branche de l'aile gauche. On voit qu'elle est taillée sur un œil placé derrière et piqué par un point pour le faire remarquer. Cet œil est supposé aussi bon que celui qui précède, en sorte que l'on peut espérer qu'il remplira bien sa fonction.

Outre ce que je viens de dire sur la charpente de cet arbre, on a cherché à répartir la séve dans des proportions telles, qu'elle puisse faire développer tous les yeux latéraux, et que ceux-ci puissent créer de bons rameaux à fruit du troisième ordre pour l'année suivante.

Je terminerai les détails relatifs à cette figure en faisant remarquer les faux rameaux qui se trouvent sur les rameaux principaux. Ils doivent être taillés sur les deux premiers yeux (*), afin qu'ils se mettent en concordance avec ceux du rameau sur lequel ils se trouvent placés.

La figure 3, planche 1, représente un arbre de même âge, qui a poussé dans des proportions moindres d'à peu près moitié. Les opérations applicables à cet arbre n'ont aucun rapport avec celles que je viens de décrire ; l'état de faiblesse dans lequel il se trouve doit engager à ne s'occuper que de faire naître sur chaque branche le bourgeon nécessaire pour la prolonger sans former de coude. On voit aussi que trois de ses rameaux ont été taillés assez court pour faire développer des yeux latéraux, dans le but dont j'ai parlé à l'occasion de la figure 2. Il est également important de faire développer davantage le rameau qui doit prolonger la sous-mère branche de l'aile gauche qui est plus faible que celle de l'aile droite. Il faut donc le laisser sans être taillé, afin qu'il prenne plus d'accroisse-

(*) Nous verrons que, sur des arbres plus âgés, plusieurs de ces faux rameaux devront être taillés beaucoup plus long, parce qu'ils ont, dans ce cas, une autre destination.

ment, ce qui n'aurait pas lieu si on le taillait selon sa force,
et encore moins très-court, comme le prétendent quelques
auteurs. Il est vrai que ce rameau a tous les caractères
propres à son développement ; le premier de ces caractères
est d'être charnu à son extrémité, les yeux gros, triples
pour la plupart, dont presque tous ont conservé leur premier caractère ; l'écorce de cette partie est d'un beau rose
foncé sans altération ; la partie basse de ce rameau est
revêtue d'une écorce d'un gris roux ; toutes conditions indispensables pour son développement. Si, au contraire,
l'écorce était d'un verdâtre pointillé de rouge dans beaucoup de parties, bien que ce rameau fût d'une dimension
plus étendue, mais grêle, et muni de plusieurs faux bourgeons, on ne pourrait en espérer de bons résultats en le
taillant long. (Voyez ÉQUILIBRE DE VÉGÉTATION.)

Je reviens au rameau qui doit continuer la mère branche
de l'aile gauche. On remarque que ce rameau a été pincé
afin d'empêcher son trop de développement, ce qui n'a pas
réussi complétement. Il est présumable, cependant, que, si
cette opération avait été totalement oubliée, la séve se
serait portée tout à son profit, et aurait beaucoup plus
négligé le rameau dont il vient d'être parlé. Une taille
très-courte vient achever l'ouvrage du pincement, qui, s'il
avait été fait quinze jours plus tôt, aurait produit lui seul tout
l'effet que l'on en désire, c'est-à-dire qu'il aurait remis
cet arbre dans son parfait équilibre de végétation.

Nous arrivons à la figure 4 : on voit que l'arbre qu'elle
représente offre encore des résultats moins heureux que
celui que nous venons d'examiner. Le rameau qui est destiné à la création de la sous-mère branche de l'aile droite
est d'à peu près 25 cent. (9 pouces) de long, et se trouve
peu disposé à se développer ; il n'a que des yeux simples,

dont un seul, placé vers l'extrémité, a pris le caractère de bouton. Si l'on opérait comme pour l'arbre dont je viens de parler, dans l'espoir de faire développer ce rameau, on n'aurait que de mauvais résultats, parce qu'il est arrivé à l'état languissant, et qu'aucun de ses yeux n'est propre à se développer : c'est pourquoi je le supprimerai totalement, et avec d'autant plus de raison qu'il est placé sur une branche peu vigoureuse. Le rameau destiné à continuer la mère branche a été taillé sur le troisième œil, afin d'obtenir ce que n'a pas donné la seconde taille.

Les deux petits rameaux à fruit du premier ordre sont le résultat d'un bourgeon pincé. Ces petits rameaux doivent être retranchés, comme on peut le voir, parce que l'arbre est trop faible pour porter des fruits. Dans l'aile gauche, nous voyons que le rameau destiné à la création de la sous-mère branche doit être retranché. Il est vrai que j'aurais pu le conserver en le taillant sur le deuxième œil, afin de continuer cette branche; mais alors il y aurait de ce côté plus de moyens d'accroissement et difformité dans l'arbre. C'est ce qui m'a déterminé à en faire la réforme, d'autant plus que les rameaux des mères branches, étant de même vigueur, sont capables de rétablir la nouvelle charpente.

Le cinquième exemple, même planche, offre une irrégularité différente, non moins pernicieuse. Lors de la deuxième taille, cette figure représentait quatre rameaux, deux à droite et autant à gauche. J'ai supprimé, avec une partie de la tige, les deux qui se trouvaient les plus éloignés de la greffe, en rapprochant la taille sur les deux autres, comme me paraissant les plus convenables; malheureusement la plaie a été faite un peu trop près du rameau de gauche; celui-ci a été éventé, ce qui a nui à son développement. Divers moyens ont été mis en usage

sans succès, ceux qui auraient pu réussir n'ont pas été
tentés; le premier consiste à devancer cette opération, en
la pratiquant pendant le cours du mois de juillet ou août;
mais ayant différé jusqu'au printemps, il eût été prudent
de couvrir cette plaie avec un emplâtre résineux (*), qui
l'aurait garantie du contact de l'air, du soleil et de l'humidité. Le développement de la branche aurait été assuré,
et elle se serait mise en équilibre avec celle qui lui correspond. Le seul parti qu'il y ait à prendre est de la ravaler
comme on peut le voir par le petit trait figuré, et de redresser l'aile droite le plus perpendiculairement possible,
de manière à ce que ces deux rameaux puissent tenir lieu
des deux ailes : on les traitera ensuite comme il a été dit
plus haut.

Troisième taille. (Planche 2.)—Nous allons maintenant
examiner les résultats de la troisième taille, qui sont on
ne peut plus satisfaisants, puisque la végétation s'est parfaitement achevée dans toutes les parties. Nous nous
arrêterons seulement sur les considérations essen-

(*) Ce mélange, qui est très-utile pour toute espèce de plaies,
écoulement de séve et greffe, se compose ainsi : dans 500 grammes de
poix de Bourgogne, poix blanche ou poix grasse, ajoutez 125 grammes
de *poix noire ou brai,* puis une égale quantité de *poix résine* et autant
de *cire ordinaire,* le tout bien fondu ensemble pour en faire le mélange. Chaque fois qu'on veut s'en servir, il faut le liquéfier. Quelques
personnes remplacent la cire par du suif, mais j'ai reconnu qu'il était
dangereux pour les arbres délicats, en altérant les vaisseaux séveux
dans lesquels il pénètre. On se sert avec beaucoup d'avantage de la poix
de Bourgogne, dans laquelle on ajoute un dixième de térébenthine et
autant de cire; le tout, réuni par un feu doux, forme un corps ma-
niable, ce qui donne la facilité d'en faire l'application sur les plaies et
greffes, sans autre chaleur que celle des mains : quelques personnes
ajoutent à ce mélange divers corps en poudre qui n'ont d'autre but
que de varier les couleurs de cette composition.

tielles, pour ne point employer de temps inutilement.

Pour abréger les démonstrations, il m'a paru convenable de réunir tous les rameaux de l'aile droite qui ont un même but, en les désignant par un zéro qui se trouve à leur extrémité; pour ne pas être obligé d'entrer dans des démonstrations particulières pour chacun d'eux, je dirai seulement qu'ils sont taillés de manière à obtenir, s'il est possible, quelques fruits, ce qui est rare sur des arbres de cet âge, en ce que les organes sexuels n'y sont pas bien constitués (*). Il est vrai que le fruit n'est pas le point le plus important de ces opérations; ce qui doit fixer davantage l'attention, c'est que chacun de ces rameaux puisse donner naissance à un et plus souvent à deux bourgeons capables de le remplacer après la maturité des fruits. Pour obtenir ce résultat, il est de la plus grande importance de ne pas les tailler trop long, afin que la séve détermine les yeux qui sont à leur base à produire les bourgeons dont je viens de parler. Pour y parvenir plus sûrement, il est important que les rameaux qui sont destinés à la charpente ne soient pas non plus taillés trop long, afin que la séve, qui a toujours de la tendance à se porter aux extrémités, puisse être concentrée dans l'intérieur de l'arbre et répartie avec avantage dans toutes ses petites branches. Je ne puis déterminer la longueur qu'on doit leur donner; en pareil cas, c'est l'expérience qui doit servir de règle, et je ne puis que répéter l'avis donné par A. Thoüin dans ses *Leçons d'agriculture pratique* : « Lorsqu'on n'est pas sûr de ses opérations, il vaut beaucoup mieux tailler un peu trop court que trop long; car les fautes que l'on pourrait com-

(*) Les fleurs de tels arbres ont ordinairement un pistil très-court et souvent imparfait.

mettre, dans le premier cas, seraient réparables, par le
choix que laisserait le nombre des rameaux développés,
ressource que n'offre jamais une taille démesurée. »

Je donnerai des explications et des exemples suffisants
pour opérer dans de justes proportions et vaincre en
partie cette grande difficulté.

Nous allons maintenant étudier les rameaux de cette
même aile, auxquels j'ai appliqué des opérations différentes de celles dont je viens de parler. Je décrirai d'abord
les numéros 1 et 4, qui sont très-vigoureux; on peut les
considérer comme rameaux à fruit du troisième ordre,
mais très-forts, et qui, dans quelques circonstances, tiennent lieu de rameaux à bois, parce qu'ils peuvent, comme
eux, être appropriés à la formation des branches de la
charpente. On comprendra très-bien que, s'ils étaient
taillés long pour obtenir plus de fruits, la quantité de
bourgeons qu'ils développeraient formerait de la confusion
et nuirait à la branche secondaire dont ils sont très-voisins :
cette position pourrait même engager à les supprimer;
mais il sera plus prudent de les tailler, comme dans l'exemple, à deux yeux, afin qu'il n'en sorte qu'un ou deux
bourgeons. Au reste, si même un seul nuisait à ses voisins,
on réformerait toute la branche à l'ébourgeonnage (*).

Nous passerons maintenant au rameau n° 2 : il offre
trois bifurcations, qui sont le résultat du pincement; sans
cette opération, il aurait pris une très-grande extension;
mais leur position laissant encore à craindre le même accident, j'ai supprimé celui qui paraissait devoir s'approprier
une plus grande quantité de séve, et dont le développe-

(*) Dans un cas particulier, que je développerai n° 5, on peut les
tailler très-long.

ment eût été préjudiciable à la mère branche en rompant l'équilibre de la végétation.

Les deux autres rameaux doivent rester entiers, en ce que le plus grand est mince, et muni d'une assez grande quantité de boutons doubles pour la plupart, sans être accompagnés d'yeux. Malgré l'opinion de beaucoup d'auteurs, qui prétendent que ces rameaux ne portent jamais de fruits, je me suis convaincu du contraire; il est vrai que, s'ils étaient sur des branches languissantes, ils seraient assurément dans ce cas; mais la position qu'ils y occupent leur permet de porter des fruits comme si les boutons étaient accompagnés d'yeux. L'important est qu'il y en ait un à l'extrémité comme on peut le voir. Pour le rameau du premier ordre, il deviendrait dangereux, si l'œil terminal prenait un trop grand essor, ce qui peut arriver par l'avortement des boutons situés à sa base.

N° 3. On remarquera que ce rameau a été pincé, ce qui l'a fait bifurquer en deux rameaux presque égaux; le plus grand a environ 30 cent. (11 pouces) : l'un et l'autre sont trapus et constitués de manière à absorber une très-grande quantité de séve. J'ai cherché à éviter cet inconvénient en supprimant le plus grand et taillant l'autre sur les deux premiers yeux, qui, comme on peut le voir, offrent peu de volume; cependant, comme le rameau qui les alimente est dans une position très-favorable, il sera prudent de bien observer leur végétation, afin de les pincer, s'ils prenaient trop d'accroissement.

Je ferai remarquer le n° 5, qui a été taillé outre mesure; c'est ce que l'on appelle tailler en toute perte. Ce rameau est destiné à donner des fruits sans fournir de bourgeon pour le remplacer, ce qui est le contraire de ceux qui sont désignés par un zéro. On peut opérer ainsi toutes les fois

8

que les rameaux à fruit se trouvent placés sans confusion sur des branches assez vigoureuses pour ne pas être épuisées par la privation de la séve nécessaire à alimenter ces rameaux. Cela devient même souvent très-important, dans l'économie de l'arbre auquel on l'applique, en modérant la trop grande vigueur de ces parties, et en les empêchant de développer des bourgeons trop volumineux qui pourraient lui être nuisibles. Cette opération demande beaucoup de discernement, parce que, si elle était multipliée sur des parties faibles ou languissantes, elle pourrait leur être très-funeste.

J'aurai occasion de revenir sur ce sujet lorsque je traiterai d'arbres plus avancés en âge, où nous trouverons des branches coursonnes, sur qui cette opération devient important.

Nous nous arrêterons un instant sur les rameaux destinés à continuer la charpente de l'aile droite. Je ferai remarquer que le rameau **A**, destiné à former la première branche secondaire inférieure sur la sous-mère, n'est pas de la première vigueur; ainsi j'ai cherché à lui faire prendre du développement en le taillant sur un très-bon œil placé en avant. J'ai aussi porté toute mon attention à ce que la coupe ne fût pas près de cet œil, afin que la plaie ne lui fît éprouver aucune avarie. Il est vrai que ce rameau est taillé de deux à trois yeux plus long que je ne l'aurais désiré, parce que plusieurs yeux placés sur la partie réservée ne sont pas bien constitués, ce qui fait craindre que leur développement ne soit pas bien satisfaisant. J'aurais obtenu un résultat plus sûr en le taillant plus court; mais la difficulté de trouver un œil terminal placé devant m'a forcé de m'arrêter au point désigné. Cependant, pour remédier à cet inconvénient et assurer le développement de

ses différents yeux, j'ai taillé B un peu court, afin que la
séve qu'il concentrera passe au profit de A et des autres
rameaux qui composent cette branche.

Nous voyons que C est dans un état brillant de végétation ; il a tous ses yeux bien constitués. L'œil terminal,
quoiqu'un peu en dessous, est cependant assez bien disposé
pour continuer la prolongation de cette branche ; le rameau qui lui est correspondant dans l'aile gauche, quoique
moins vigoureux, est bien constitué dans toutes ses parties ; ses yeux sont proportionnés, et l'écorce, grise à la
base, est d'un rose foncé à la partie supérieure : il y a lieu
d'espérer qu'il se développera avantageusement ; mais, pour
cela, il est nécessaire de ne le point tailler (*). Si l'on
cherche la cause de l'affaiblissement de ce rameau, on la
trouvera dans le petit coude qui existe près de la troisième
taille, au point E ; ce coude est l'effet du mauvais choix de
l'œil terminal destiné à continuer la mère branche ; il a été
pris en dessus. On sent parfaitement bien que la séve, qui
néglige toujours les parties obliques pour se porter dans
les verticales, toutes circonstances égales d'ailleurs, a
dû nécessiter l'affaiblissement de ce rameau ; c'est pourquoi
je recommande de prendre toujours pour œil terminal un
de ceux qui se trouvent devant.

Je vais maintenant opérer les deux rameaux qui doivent
continuer les mères branches. On remarque qu'ils poussent
avec force et régularité ; j'en conclus que je peux les tailler à
environ un mètre (3 pieds), cette distance étant celle qui convient pour obtenir le développement de la deuxième branche secondaire inférieure pour chaque aile, et pour laquelle

(*) Voyez ce que j'ai dit à l'article : *Des branches et des rameaux
faibles.*

je choisis des yeux dans cette situation, et près de ceux destinés au prolongement des branches mères ; mais il ne m'est
pas possible de réaliser les vues proposées, parce que, du
côté gauche, je me vois contraint d'utiliser un faux rameau
qui a été taillé sur les deux premiers yeux. L'un d'eux sera
réformé lorsque j'aurai la certitude que le plus vigoureux
sera parfaitement développé, ce qu'il est difficile de prévoir
d'avance ; c'est pourquoi, dans cette circonstance, je n'emploie de faux rameaux qu'à la dernière extrémité. J'aurais
pu, en pareil cas, tailler le rameau à deux yeux au-dessous de l'endroit désigné, pour éviter cette incertitude ;
mais, par cette opération, la seconde branche secondaire
inférieure naîtrait beaucoup trop près de la première, et,
de plus, en mauvaise harmonie avec celle qui lui correspond sur l'aile droite. Néanmoins on pourrait être contraint
de pratiquer cette opération à la taille de mai ou au temps
de l'ébourgeonnage, si le faux rameau ne donnait pas le
résultat attendu.

Je terminerai ce qui regarde ces deux rameaux en faisant remarquer que l'œil terminal combiné de chacun est
un peu en dessus, mais pas assez cependant pour produire
une difformité.

Il me reste à dire un mot des faux rameaux : je les ai
décrits plus haut ; il me suffit donc de les faire remarquer
ici sur l'un des rameaux en les désignant par un F. Je fais
observer que la plus grande partie d'entre eux sont taillés
sur les deux premiers yeux : j'ai déjà dit que ceux-ci étaient
sujets à s'annuler; on prévient cet inconvénient par le pincement, qui se pratique sur les faux bourgeons auxquels ces
yeux sont attachés, ce qui se fait au-dessus de la deuxième,
troisième ou quatrième feuille. Voyez le résultat d'une
de ces opérations, n° 6, même lettre. Je ferai aussi remar-

quer le n° 7, *id.*, qui est resté sans être taillé ; il porte une
assez grande quantité de boutons qui promettent avec certitude une grande abondance de fruits. On peut donc utiliser ces sortes de rameaux, toutes les fois qu'ils se trouvent dans une position semblable à celle que j'ai
représentée, c'est-à-dire lorsqu'ils ne peuvent nuire aux
progrès du rameau sur lequel ils ont poussé. Ces faux rameaux offrent tous les avantages des rameaux du troisième
ordre ; ils sont même nécessaires, en ce qu'ils peuvent modérer la grande vigueur du rameau qui les porte ; je suis
persuadé qu'ils pourraient prendre un très-grand développement, auquel leur constitution et leur écorce souple les
rendent très-propres. Dans certains cas, ils pourraient être
employés à la création d'une branche secondaire ; mais ce
n'est pas applicable à l'exemple présent, qui nous offre
des ressources plus certaines.

On ne peut employer ce procédé sur les parties supérieures, parce qu'alors une très-grande quantité de séve
serait absorbée par ces faux rameaux, au préjudice du rameau qui les aurait fait naître, à moins que ceux-ci ne
soient d'une constitution très-grêle, mais alors leurs produits sont fort incertains.

Il est encore un moyen d'utiliser les faux rameaux d'une
manière assez importante. En supposant que le rameau D
ait développé la plus grande partie de ses yeux en faux
bourgeons, comme cela arrive assez souvent dans les terres
brûlantes, la taille alors serait embarrassante. Mais un
cultivateur intelligent prévoit cet accident en choisissant,
comme je l'ai dit, lors du pincement et du palissage, le
faux bourgeon le plus vigoureux, afin de le rendre propre
au remplacement de ce rameau, qui sera alors réformé si
le but proposé est atteint, c'est-à-dire si le faux rameau a

au moins le quart où le tiers du rameau principal.

Je renvoie, au reste, à ce que j'ai dit du *pincement des faux bourgeons*.

Je termine ici les détails relatifs à la planche 2, qui représente un arbre de première vigueur, et je pense qu'on peut en déduire facilement les différences qui peuvent être nécessaires dans les opérations applicables à des arbres moins vigoureux. Je n'ai pas cru devoir en donner de figures parce que les principes sont les mêmes; il n'y a de différence que dans l'époque de leurs applications, qui ont lieu à de plus longs intervalles, l'état de la végétation étant tel chez quelques-uns, qu'on ne peut espérer, que fort tard, de pouvoir former des branches secondaires inférieures.

La figure 3 de la planche 1 va m'aider à expliquer ma pensée. Supposons que le résultat de cette taille remplisse notre attente, et que les yeux terminaux, tant fixes que combinés, destinés au prolongement des diverses branches, vinssent à pousser des jets d'un mètre et demi à 2 mètres (4 à 6 pieds), on pourrait, par la quatrième taille, préparer la formation des premières branches secondaires inférieures, tant sur les mères branches que sur les sous-mères, et cet arbre ne serait en retard que d'une année sur celui représenté planche 2. Ce fait est assez ordinaire dans les terrains où les arbres végètent peu pendant les premières années de leur plantation; et, si ce retard de végétation ne dure que pendant les quatre ou cinq premières années, on ne doit pas désespérer d'obtenir la forme indiquée. Si, au contraire, cette faible végétation se prolonge plus longtemps, on ne peut espérer que des arbres rachitiques et difformes; car le plus habile jardinier ne peut rien faire sans végétation. C'est pourquoi le vénérable Thoüin conseillait toujours de planter en terrain riche de matière nutritive, pour ne pas exposer les jeunes arbres à s'endurcir, ce qui est très-dangereux pour eux et surtout pour le pêcher.

Examinons rapidement les résultats de la quatrième taille.

Quatrième taille. — Voyez chaque trait transversal tracé sur l'arbre figuré planche 2. Je ferai remarquer comme base principale que tous les yeux qui composent son économie devront prendre pendant l'été le caractère de rameau, et que ceux qui existent en ce moment sous ce dernier titre auront le caractère de branches. Excepté celles qui doivent continuer la charpente et qui conserveront leurs noms respectifs, toutes les autres prendront celui de *branches coursonnes*, parce qu'elles porteront des rameaux à fruit de différents ordres qui subiront les opérations convenables à leur vigueur et à leur position.

Je n'ai pas cru nécessaire de donner ici plus de détails sur cette taille, ne différant des précédentes que par les branches coursonnes, dont je me propose de parler encore à l'occasion de l'arbre figuré planche 3. Je n'ai pas cru non plus nécessaire de figurer les résultats des quatrième et cinquième tailles, parce qu'elles sont peu différentes de la sixième, qui va bientôt nous occuper. Je ne ferai qu'une seule observation à leur sujet, c'est qu'à l'égard de la quatrième et de la cinquième taille, on ne doit point s'occuper de la formation des branches secondaires supérieures; on doit, au contraire, s'opposer, par tous les moyens de l'art, à ce qu'elles prennent trop d'accroissement; car, si on leur accordait quelque protection avant que l'arbre ait acquis l'âge et la force voulus, l'on serait exposé à ce qu'elles s'emparassent d'une très-grande quantité de séve; ce qui altérerait les mères branches, et ne tarderait pas à les faire périr.

Cinquième taille. — Je renvoie, pour cette taille, à la planche 3, sur laquelle on en peut faire l'inspection. Il faut considérer que cet arbre n'a éprouvé que des avaries peu sensibles depuis sa plantation, faite avec un arbre d'une année de greffe ; il a en ce moment environ 9 mètres (27 pieds) d'envergure de l'aile droite à celle de gauche, ce qui est une étendue moyenne pour des arbres de cet âge. Je n'ai figuré qu'une seule aile, afin de pouvoir le faire sur une plus grande échelle qui permette de rendre les détails plus sensibles ; ce qui est essentiel ici parce que cette moitié d'espalier réunit non-seulement tous les résultats heureux, mais encore les petits accidents ou anomalies diverses qui peuvent se rencontrer sur des arbres bien et mal taillés. Au reste, l'aile gauche devant être semblable, celle-ci suffit pour les démonstrations.

Quelques personnes seront peut-être étonnées que j'aie pris un arbre aussi jeune pour terme de mes observations ; je leur ferai remarquer qu'il porte déjà des branches de toutes les sortes ; qu'une partie de la charpente est formée, ce qui le rend tout aussi propre aux démonstrations que s'il avait quelques années de plus. Dans ce cas, en effet, il serait seulement plus grand, plus garni de branches et de rameaux, mais n'offrirait rien de plus sous le rapport de l'utilité et de la précision.

La seconde taille a été faite sur cet arbre, à environ 22 centimètres (8 pouces) du tronc, distance trop considérable pour le parfait développement des sous-mères branches, parce qu'elle les éloigne trop de ce point, ce qui leur retire les avantages d'en recevoir la quantité de séve nécessaire à leur parfait développement. Mais l'extrême vigueur de l'arbre, à l'époque de cette seconde taille, m'engagea à les éloigner ainsi ; les rameaux sur lesquels les

opérations ont eu lieu avaient alors la grosseur de plus de
4 centimètres de circonférence (18 lignes), et pour cela il y
avait à craindre quelque extravasation de séve, si on eût
taillé à 8 ou 16 centimètres (3 ou 6 pouces), ainsi que je
l'ai recommandé comme condition importante. Ces branches ont acquis néanmoins un très-grand développement;
mais, je dois le répéter, leur succès n'est pas aussi certain
que quand on les fait naître plus rapprochées.

On voit que la vigueur de l'arbre s'est parfaitement soutenue, puisque la troisième taille a été faite à un mètre
(3 pieds) environ de la seconde. On peut, sans autre explication, vérifier sur la planche les résultats obtenus par cette
troisième taille, et apprécier ainsi la justesse des opérations.

La quatrième taille ayant eu des résultats heureux, et
l'arbre étant encore d'une grande vigueur, les opérations
ont été à peu près semblables à celles de la troisième.

La cinquième exige plus de détails, et aurait peut-être
mérité une figure; mais les explications que je vais donner
sur celle-ci en tiendront lieu, je l'espère. Cette cinquième
taille a été effectuée assez près de la quatrième, parce que
le rameau destiné à former la deuxième branche secondaire inférieure était resté alors un peu faible comparativement à celui destiné au prolongement de la mère branche. Ce dernier a donc été taillé court, afin de faire passer
la séve au profit du rameau inférieur, que l'on a taillé long
pour augmenter sa vigueur. On voit combien cette opération a eu d'heureux résultats. Cette cinquième taille devait aussi former une autre branche secondaire au point J,
qui pût remplacer celle de l'année précédente dans le
cas où son développement n'eût pas été convenable; mais
sa vigueur, lors de la sixième taille, et l'avantage de sa
position, lui ont fait donner la préférence. Enfin on re-

marque encore que l'œil qui a dû prolonger la mère branche était supérieur, ce qui a nécessité un coude désagréable et qui gâte la belle régularité de cet arbre.

Sixième taille. — Quant à la sixième taille, nous n'en
dirons qu'un mot. Elle a été établie à la distance de
42 centimètres (15 pouces) ou environ ; on voit que la
coupe a été faite sur un œil placé derrière, ce qui lui fait
faire face au soleil, désavantage que j'ai déjà fait remarquer. Peut-être aussi que la coupe représentée ici n'est pas
celle qui a été établie par la taille, l'œil terminal ou celui
qui le suivait pouvant avoir été détruit par quelque accident, ce qui aurait pu contraindre à revenir sur ce point
lors du pincement ou de toute autre opération d'été,
époque où l'on s'aperçoit des accidents et où l'on cherche
à y remédier (*).

Septième taille. — Nous arrivons à la septième et dernière taille pratiquée sur les rameaux destinés à continuer
le prolongement de la mère branche. Nous remarquons
d'abord que l'œil terminal est placé en avant de la muraille ; cet œil est très-propre à prolonger cette branche
sans former de coude. On voit également que ce rameau
est taillé un peu court, afin de maintenir la séve au profit
de celui qui est destiné à la formation de la troisième
branche secondaire inférieure. Celui-ci doit rester sans être
taillé, sans cependant que l'on soit sûr de son parfait développement, parce que l'œil terminal est un peu avarié,
ou au moins mal constitué. C'est alors qu'un des latéraux
de son voisinage et le plus vigoureux sera disposé pour en
tenir lieu. On doit remarquer aussi sur la mère branche le
peu de longueur des dernières tailles comparativement aux

(*) Voyez ce qui a été dit en parlant de la taille de mai.

premières. On sentira très-bien que, si je donnais trop d'é-
tendue à cette partie, bientôt la séve, qui a toujours de la
tendance à s'y porter, négligerait infailliblement d'alimenter les branches coursonnes placées sur toute l'économie
de cet arbre.

Tout ce qui a été dit jusqu'à présent est relatif au développement de l'arbre ; il faut maintenant s'occuper de
l'état prospère de chacune de ses parties. Il ne suffit pas de
recommander cette doctrine, il faut en faire l'application ;
c'est l'objet dont je vais m'occuper.

J'ai déjà dit, en parlant de l'équilibre de la séve, que,
pour le succès des branches mères, elles ne doivent pas
dépasser la ligne inclinée qui sépare le quart de cercle en
deux parties égales, laquelle marque 45 degrés ; c'est le
point où se trouvent celles-ci. Il faut maintenant s'occuper très-sérieusement de maintenir la séve dans l'intérieur,
pour qu'elle puisse se répartir avec justesse dans toutes les
petites branches qui en forment l'économie : ce n'est qu'a-
vec une taille sagement raisonnée qu'on peut y parvenir.
Je ne dirai pas, comme quelques auteurs, qu'il faut tailler
les *branches à fruit court* et les *branches à bois long* : c'est
là le résumé de leur doctrine. En thèse générale, ils ont
raison ; mais une foule de circonstances obligent à sortir
de cette règle.

Je suppose que le rameau n° 8, placé sur la branche mère,
soit taillé à 8 décim. (2 pieds et demi), assurément il serait
taillé très-long ; et, en raison de sa force, il serait très-
propre à former une bonne branche secondaire supérieure.
Mais un rameau de cette nature, placé sur la mère branche
et lui offrant un empâtement considérable, est disposé à
recevoir une très-grande quantité de séve attirée par un
assez grand nombre d'yeux dont il est garni, et à cause

de son écorce tendre et propre à se dilater. Une semblable disposition ne pourrait donc que menacer l'existence de l'arbre, en détournant la presque totalité de la séve dont le reste serait privé.

Je sens parfaitement bien que si, par négligence ou par défaut de temps, il était né sept ou huit rameaux de cette nature et dans des positions semblables, on serait contraint d'en conserver quelques-uns de ceux les mieux placés tant pour former des branches secondaires supérieures que pour recevoir la séve de ceux qu'il faudrait tailler très-court ou supprimer totalement, à cause de leur position trop rapprochée des rameaux conservés : en effet, en les supprimant tous, on s'exposerait à des extravasations de séve, laquelle peut compromettre l'existence de l'arbre, à moins cependant qu'il ne soit planté dans une terre douce et très-convenable à la nature du pêcher ; encore cette opération ne serait pas sans danger, puisqu'elle est mortelle dans un terrain brûlant.

Quand, par exemple, il n'existe de ces rameaux que par hasard, et que toutes les branches de leur voisinage sont en bon état, on peut sans danger les réformer ; mais il est toujours préférable d'éviter leur accroissement par l'opération du pincement et du palissage.

Je ne dirai plus rien sur ce qui concerne les branches mères, sous-mères et secondaires inférieures, parce qu'elles ont été l'objet de mes démonstrations précédentes ; mais il me reste à parler des autres branches qui concourent à la charpente d'un arbre, comme les branches intermédiaires, secondaires supérieures et de ramification.

On peut voir deux de ces dernières sur des branches secondaires supérieures et inférieures au point marqué D. Occupons-nous d'abord de celle qui a pris naissance sur la deuxième branche secondaire inférieure. Le moyen d'obtenir cette sorte de branche D est le même que celui que l'on emploie pour la création des branches secondaires ; c'est toujours, autant que possible, l'œil qui suit le terminal que l'on dispose à cet effet. Il faut, autant qu'on le peut, les établir inférieurement ; dans ce cas, elles sont très-utiles aux progrès des branches secondaires, parce que, dans leur première jeunesse, elles coopèrent à leur parfait développement ; et, lorsqu'elles sont devenues vieilles ou nuisibles à la belle symétrie de l'arbre, on en fait la réforme, ce qui ravive les branches dont elles tirent leur nourriture.

Si de pareilles branches étaient placées supérieurement, elles pourraient causer la mort de celles qui les auraient produites ; ce qui obligerait à en faire l'amputation, c'est-à-dire que, pour prolonger la branche secondaire, on serait obligé d'utiliser la branche de ramification en faisant la réforme de la partie qu'elle aurait épuisée. Dans ce cas, ces sortes de branches sont considérées comme des branches de remplacement ; toutefois il ne faut employer ce moyen que lorsque la sève refuse de passer dans celle qu'on est obligé de remplacer.

Quant aux branches secondaires supérieures, on devra veiller à ce qu'aucune d'elles ne soit en opposition avec les semblables inférieures ; il est même de rigueur de chercher, autant que possible, à les établir au milieu de l'intervalle qui se trouve entre les inférieures, de façon qu'elles soient alternes. Chacune d'elles pourra jouir alors des avantages que peut lui procurer la mère branche, ce qui ne pourrait se faire aussi régulièrement si les supérieures se trouvaient opposées ; on ne doit faire développer aucune de ces dernières avant d'en avoir trois inférieures sur

chaque aile (voyez *pl.* 3). Les arbres ainsi préparés
devront avoir une envergure de 5 à 6 mètres (15 à
18 pieds) ou environ, et d'un âge de 5 à 7 années, toutes
les fois pourtant qu'ils seront plantés dans des localités
convenables à leur culture et traités par une main habile :
lorsqu'ils seront arrivés à cet état, on peut, sous le rapport
d'une élégance prématurée, faire développer une égale
quantité de branches secondaires supérieures, sans aucune
bifurcation, et dans le cours d'une même année, ce qui se
pratique très-facilement à l'aide de forts rameaux que l'on
aura négligé de pincer, ou conservés et préparés à cet effet,
afin de pouvoir les tailler outre mesure, et sans d'autres
considérations que celle de faire communiquer leurs yeux
terminaux sur une même ligne horizontale et correspondante avec ceux des mères branches. J'ai vu, sous le rapport
d'une *prétention* que la nature n'admet que pour un
moment, non-seulement se servir d'un cordeau pour plus
de symétrie, mais encore employer le même moyen pour
soumettre tous les arbres d'un espalier à cette même rigidité (*); ce principe, mis en vigueur depuis quelques années par des novateurs sous l'égide de mes premières
inspirations mal comprises, est une des causes pour lesquelles on trouve aujourd'hui, à Montreuil, Bagnolet, etc.,
des arbres cultivés d'après cette disposition, qui, inspec-
tés au moment de leur fleuraison et arrivés à l'âge de
7 à 8 années, sont d'une beauté à ravir, et à qui on a
donné le nom d'arbres carrés, c'est-à-dire *carrés-longs* ;
arrivés à cet état, leur envergure est de 6 à 7 mètres (21 à
22 pieds) ou environ sur 3 mètres (9 pieds) de haut, et
remplissant parfaitement les murs sur lesquels ils sont

(*) Un tel guide, dans les mains d'un cultivateur, n'est propre qu'à
lui donner du ridicule.

palissés. Cette forme, trop vite créée, a quelque agrément
utile, mais momentané, en ce que des branches en tel
nombre, trop subitement élevées, sont susceptibles de gour-
mander leur mère ; donc il est plus sage de tailler leurs
rameaux à bois plus court pendant deux, trois années et
plus, et obtenir des autres autant de fruits que possible ,
afin que toutes ces dispositions empêchent leur trop prompt
développement : mieux vaut encore n'en faire naître
qu'une sur chaque aile, et suspendre leur accroissement
jusqu'à ce que les branches mères soient inclinées à l'angle
de 45 degrés ; puis les secondaires supérieures dont il vient
d'être parlé seront traitées selon l'exemple de leur mère : ce
qui se pratiquera facilement en suivant les premières dispositions de celle qui est représentée n° 4, pl. 3. On peut
aussi, avec celle qui lui est parallèle, les élever sous la
forme d'un U d'à peu près 67 centim. (2 pieds) de large ;
dans ce cas, cet espace devra être garni de branches coursonnes ou de leurs produits; puis les branches secondaires
que l'on élèvera en dehors de cet U devront être peu inclinées, afin qu'elles acquièrent de la vigueur dans des proportions telles qu'elles puissent constamment dominer leurs
mères. Cet U devra être établi lentement, c'est-à-dire
d'après le principe dont il est parlé à la taille en U de
M. Bengy de Puyvallée. Je n'ai pas cru essentiel de donner
une figure de cette innovation en ce que le lecteur pourra
facilement s'en faire un tableau exact. Je reviens à mon
sujet afin de continuer d'établir la forme à laquelle j'accorde toute espèce de préférence, en ce que ses branches
peuvent, en cas d'accident, remplacer leurs mères, comme
nous le verrons plus haut : on remarque que cette branche
n° 4 n'est autre chose que le développement d'une branche
coursonne qui a déjà subi trois opérations. Les deux pre-

mières n'ont rien de remarquable, en ce qu'elles rentrent
dans les principes du rapprochement, mais il n'en est pas de
même de la troisième, qui a été faite dans le but de prolonger la branche coursonne, en cherchant à obtenir en
même temps le développement d'un rameau propre à la
formation d'une branche de ramification inférieure D :
c'est à quoi l'on a parfaitement réussi.

Je ferai remarquer que la création de ce rameau a eu
lieu à environ 22 cent. (8 pouces) au-dessus de l'insertion de la branche secondaire ; on ne doit jamais chercher à le créer à de plus grandes distances, à cause des
avantages que l'on peut en obtenir, et qui seront indiqués
plus loin.

Il est à remarquer que les deux rameaux destinés à
prolonger chacune de ces branches sont marqués pour être
taillés assez court, afin d'empêcher leur trop grand développement. Il faut joindre à cette opération le changement
de direction. On voit que les deux rameaux et le corps de
la branche ont été inclinés vers le centre, afin de leur ôter
la perpendicularité et de gêner leur extrémité par un peu
de confusion produite par l'ensemble des rameaux qui se
trouvent sur l'aile gauche ; mais, à partir de ce moment,
ces rameaux vont être dirigés dans un sens opposé, c'est-
à-dire que, après la taille générale, cette branche secondaire
sera dirigée dans le sens de la mère, en lui faisant décrire
une pente encore assez rapide, mais qui devra diminuer
au fur et à mesure que le besoin se fera sentir d'abaisser les
mères branches, et celles-ci, afin que les bourgeons de leur
extrémité, en s'allongeant, puissent trouver au moins un
espace de 40 à 49 cent. (15 à 18 pouces) sous le
chaperon, afin de ne pas être exposées à s'y con-
tourner ou l'excéder ; deux inconvénients graves, dont le

dernier ferait prendre à ces productions beaucoup trop de
vigueur aux dépens des autres parties qui, par cela même,
ne tarderaient pas à perdre de leur vitalité. C'est par de
pareils procédés, joints à ceux que j'ai développés en traitant de l'équilibre de la séve, que l'on maintient ces branches dans un état de docilité très-convenable à la parfaite
formation de l'arbre. Si, au contraire, on leur laissait la
facilité de s'étendre trop vite, elles épuiseraient promptement leur mère. Dans le cas où celle-ci annoncerait quelqu'un de ces symptômes, ce qui se reconnaît à des brûlures
sur les écorces, qui produisent des déchirements et des
extravasations de séve, et enfin au peu de vigueur des rameaux que cette branche développerait, il faut alors préparer
son remplacement par la branche secondaire dont je viens
de parler, et à laquelle on donnerait une grande extension,
afin de ne pas retarder ses jouissances. C'est pourquoi je
ne cesse de recommander à ce que celle-ci soit élevée d'a-
près les principes de la mère branche, afin qu'elle puisse
la remplacer dans le cas où elle viendrait à manquer.

Lorsque ce remplacement sera opéré, la branche de
ramification prendra le nom de secondaire, parce qu'elle
en tiendra lieu.

Il me reste à dire un mot des branches intermédiaires :
elles sont ainsi nommées en ce qu'elles sont toujours placées
dans l'intervalle des branches secondaires. Voyez les
lettres O E, même planche. Ces sortes de branches ne sont
souvent que provisoires, comme celle qui est représentée.
On peut aussi, dans le cas où ces branches paraîtraient
disposées à prendre du volume, les utiliser au besoin pour
remplacer une branche secondaire qui manquerait de
vigueur.

Ce que j'ai dit jusqu'alors a eu pour objet les opérations

9

particulières à la charpente des arbres ; il me reste à parler
des branches coursonnes, ou de celles qui doivent en
tenir lieu à l'avenir. Comme chacune d'elles offre quelque
différence, j'ai cru nécessaire d'en désigner une certaine
quantité par une série de numéros qui aideront à saisir les
diverses modifications que chacune d'elles peut éprouver. Je n'ai pas cru devoir détailler toutes celles qui composent l'ensemble de cet arbre, parce que ce serait répéter
ce que je vais dire pour celles qui sont numérotées ; j'ai
seulement indiqué par un trait le point où il est nécessaire
de tailler les autres.

Avant d'opérer sur un arbre de cette nature, il faut se
rendre compte de la vigueur des branches qui en composent la charpente ; et si quelques-unes d'entre elles paraissent faibles, on devra porter le plus grand soin à ne leur
faire produire qu'une petite quantité de fruits : c'est ce
qu'on appelle *décharger de fruits*.

On est, en général, trop indifférent sur ce principe ; les
branches les plus faibles sont toujours celles qui portent
les rameaux les mieux préparés à donner une grande
quantité de fruits ; mais elles seront épuisées en peu de
temps, si l'on ne vient pas à leur secours par une taille
sagement combinée. Elle consiste à tailler très-long les
rameaux à bois, et à réformer un certain nombre de ceux
à fruit, en taillant les autres assez court pour leur faire
produire de nouveaux rameaux, propres à remplacer ceux
qui auront donné une certaine quantité de fruits.

Il n'en est pas de même des branches fortes sur lesquelles
les rameaux à fruits peuvent être conservés en plus grande
quantité et taillés plus long sans craindre de les épuiser ;
au contraire, ils servent à tempérer le trop de vigueur de
ces branches ; c'est ce qu'on appelle *charger de fruits*.

Ainsi une branche faible dont un assez grand nombre
de rameaux à fruit auront été réformés et les autres taillés
à trois ou quatre yeux peut ne pas se trouver assez déchargée; au contraire, une branche forte dont les rameaux, de même nature, auront été conservés en beaucoup
plus grand nombre, dont la presque totalité aura été taillée
à huit et dix yeux, peut également ne pas être assez chargée;
d'où il résulte que les rameaux, soit à fruit, soit à bois,
exigent chacun une attention particulière, ce que je tâcherai
de démontrer dans la suite de mes opérations.

Revenons à la planche 3. Le n° 1 indique une plaie,
résultat de l'amputation d'une branche trop volumineuse,
qui menaçait l'existence de l'arbre et particulièrement celle
de la sous-mère branche, parce qu'elle était presque opposée
avec elle. Les deux petits rameaux qui se trouvent dans le
voisinage de cette plaie proviennent d'un œil inattendu
ou plutôt latent placé à la base de cette branche, ce qui a
encore déterminé sa suppression; puis, dès lors, on a fondé
l'espoir de pincer le bourgeon qui se développerait de cet
œil, ce qui a été fait. Ces sortes de productions restent sans
être taillées, afin que les fruits que la nature y a préparés
puissent absorber la séve qui pourrait se porter dans cette
partie; et, si quelques-uns des yeux qui y sont réunis venaient à prendre du développement, ils seraient également
pincés.

Le n° 2 représente une petite branche portant deux
rameaux à fruit, l'un du troisième ordre et l'autre du
premier. On ne peut rapprocher sur ce dernier, comme
cela est indiqué par un trait, parce qu'alors il y aurait à
craindre que l'œil terminal fixe ne prît trop d'accroissement, en raison du peu de boutons qui se trouvent à sa
base; c'est pourquoi il est prudent de les conserver tous

deux en taillant le rameau du troisième ordre au point
indiqué : en le conservant dans la position qu'il occupe,
on assurera le développement de l'œil terminal du rameau
du premier ordre, mais dans une proportion convenable
au remplacement, et non avec le risque de le voir prendre
trop de vigueur.

Le n° 3 indique une branche qui a été taillée en crochet,
parce qu'elle portait alors deux rameaux assez vigoureux.
Le plus voisin de l'origine de cette branche a été taillé
très-court, afin d'en obtenir un rameau propre au remplacement, ce qui a eu lieu ; l'autre a été taillé très-long dans
l'espoir d'y faire naître une certaine quantité de fruits,
dont on peut encore se rendre compte par les pédoncules
attachés sur cette partie de branche épuisée. On y remarque aussi des vestiges de rameaux, qui sont le résultat
du pincement qui a été opéré à l'époque où ces rameaux
étaient encore à l'état de bourgeons, et de la longueur de
11 à 16 centimètres (4 à 6 pouces,) dans le but de
n'attirer vers cette partie que la séve nécessaire à la production des fruits (*), et de lui permettre de favoriser le
développement du rameau du troisième ordre, placé sur
la partie taillée en crochet. Ce rameau mérite notre attention ; il faut tâcher d'en obtenir une quantité de fruits
combinés avec son volume et la position qu'il occupe.
Dans ce but, nous retrancherons de la branche coursonne
toute la partie épuisée (**), afin que le peu de séve qu'elle
aurait absorbé puisse arriver au rameau qui nous occupe.

(*) Cette opération est commune à toutes les branches de cette nature. (Voyez l'article *Du pincement.*)

(**) Si le temps le permet, cette opération devra se faire après la
cueillette des fruits. (*Observation commune à toutes les branches de
cette espèce.*)

Mais, avant d'entrer dans plus de détails, je dois faire
remarquer son origine. Il est dû à une taille faite sur un
ou deux des premiers yeux d'un rameau précédent, ainsi
qu'à l'opération qui a fait produire des fruits au moyen
d'une taille très-allongée. L'ensemble de ces deux rameaux
attachés à la branche coursonne ressemblait, à cette époque, à un crochet d'où est venu le nom de cette taille ;
mais cette forme n'existe plus, puisqu'il ne reste sur cette
branche coursonne qu'un rameau taillé, comme on peut
le voir sur le cinquième œil, afin d'obtenir une bonne
quantité de fruits. Ce rameau aurait pu être taillé plus long
de quelques yeux à cause de sa vigueur et de sa position ;
mais on n'a pas dû le faire, parce qu'il eût été trop incertain d'assurer le développement des yeux placés à sa base
et destinés au remplacement après la cueillette des fruits ;
ce qui est le point important de l'opération.

Le n° 4 représente la première branche secondaire supérieure. Je ne dirai rien des deux rameaux C D, en ce
qu'ils sont destinés à la confection de cette branche, ce qui
a été assez expliqué précédemment. Je ferai remarquer
quatre petits rameaux placés à la base de cette branche, au
point E. Ces productions sont le résultat de deux rameaux
pincés, et que cette opération a fait bifurquer. La bifurcation F G se compose de deux rameaux du second ordre,
puisque la plus grande partie de leurs yeux sont simples
et que la plupart ont pris le caractère de boutons. Le plus
petit de ces rameaux F restera sans être taillé, dans l'espoir
d'en obtenir quelques fruits et d'absorber l'abondance
de séve qui est susceptible de se porter dans cette partie.

En supposant que tous les yeux de ce rameau aient pris
le caractère de boutons et que le nombre en paraisse trop
considérable, on penserait qu'en pareil cas on pourrait

retrancher une partie du rameau. Mais je dois prévenir qu'il n'en faut rien faire, autrement les boutons restants seraient hors d'état de produire, parce que ce rameau étant, par l'amputation, dépourvu d'œil pour y attirer la séve, ses fruits s'oblitéreraient bientôt et tomberaient avant leur maturité ; au contraire, en le laissant entier, l'œil terminal y maintiendra la vie, et les fruits arriveront à une parfaite maturité (*).

Le second rameau G a été taillé sur le troisième œil ; il eût été mieux, si cela avait été possible, de le tailler sur le premier, parce que le rameau qui en serait résulté eût été plus avantageusement placé. Mais cet œil ayant pris le caractère de bouton, si l'on eût opéré ainsi, on n'aurait obtenu aucune production fructifère.

Le rameau placé au-dessous de E n'a subi aucune opération, parce qu'il est disposé de manière à pouvoir donner des fruits et à être remplacé ensuite par l'un des yeux placés à sa base.

Le rameau H peut fournir également du bois et des fruits, ses yeux étant accompagnés de boutons ; chaque œil peut donner naissance à un rameau du troisième ordre : mais ce n'est pas dans cette vue que je l'ai taillé dans le premier tiers de sa longueur, car tous ses yeux devront être pincés très-sévèrement lors de leur développement, pour qu'ils ne puissent attirer que la quantité de séve nécessaire à la nutrition des fruits.

La branche n° 5 a été taillée à 32 cent. (un pied) de longueur ou environ, dans le but d'en obtenir une très-grande quantité de fruits, ce qui a parfaitement réussi.

(*) J'insiste beaucoup sur cette phrase, quoique répétée à satiété : j'ai pensé que, si elle flattait peu nos savants, elle pouvait encore être utile aux personnes pour lesquelles je me fais honneur d'écrire.

Mais il eût été prudent de pincer les bourgeons placés à la partie supérieure de cette branche, pour les empêcher de se développer et de former des rameaux de la nature de ceux qui sont représentés. Ce manque de précaution aurait pu faire développer cette branche dans des proportions trop considérables, ou empêcher la croissance du rameau 1. Cette branche ne se trouve dans la proportion où on la voit qu'en raison de la quantité de fruits qu'elle a portés.

Son état actuel serait très-propre à la formation d'une branche intermédiaire ; mais elle serait nuisible à celle n° 4, qui sera inclinée à l'angle de 75 degrés, pour lui laisser suffisamment de place; la branche n° 5 sera retranchée sur le rameau 1, qui, comme on le voit, a été taillé très-long sous le rapport du fruit. Le petit rameau bifurqué qui se trouve à la base de cette branche ne diffère en rien de celui n° 1 ; je n'en dirai rien.

Le n° 6 indique une plaie produite par la suppression d'une branche coursonne qui formait probablement confusion.

Le n° 7 offre une branche coursonne très-courte, laquelle porte deux rameaux, l'un du troisième ordre et l'autre du premier. Ce petit rameau doit être seul conservé, attendu que la branche coursonne n'est pas assez forte pour les alimenter tous deux. Comme celui du premier ordre est le plus rapproché de l'insertion de cette branche, on a dû le préférer, son œil terminal pouvant donner naissance à un bourgeon capable de constituer un excellent rameau pour l'année suivante.

Si ce rameau était, au contraire, du deuxième ordre, comme cela se rencontre quelquefois, il faudrait en faire le sacrifice et changer de disposition, en ce que la presque totalité des yeux prend le caractère de boutons, ce qui ex-

poserait de telles parties à se trouver frappées de stérilité
après la maturité de leurs fruits; de pareils rameaux ne
peuvent fournir à leur remplacement, ainsi que nous l'a-
vons dit précédemment.

Le n° 8 peut être considéré comme gourmand, en raison de son volume et de sa position : il est dû à la suppression d'une branche coursonne, à la base de laquelle exis-
tait probablement un œil inattendu, dont on a voulu profiter pour rajeunir cette branche; ce qui est très-avantageux
pour toutes celles de cette espèce. Mais, pour celle dont il
s'agit, il eût été prudent de pincer sévèrement le bourgeon
qui s'est développé, afin de l'empêcher de prendre une trop
grande croissance. Ce rameau est taillé très-court, afin d'arrêter sa vigueur, mais on ne devra pas négliger d'ébourgeonner de bonne heure une partie des bourgeons qui pourraient
s'y développer, et pincer immédiatement les autres, afin que
leur ensemble ne puisse former une tête de saule, très-dan-
gereuse pour le bien-être de la mère branche. Quelques
cultivateurs opèrent les rameaux de cette série avec moins
de rigidité ; c'est-à-dire qu'ils les taillent de 11 à 16 cent.
(4 à 6 pouces) sur un œil de derrière qu'ils ont soin d'é-
venter, puis inclinent ces rameaux dans le sens de la mère
branche et dans des proportions telles, que leurs fibres
soient sur le point de se rompre. Cette dernière opération,
qui est très-bonne pour tempérer la vigueur des rameaux
un peu forts, est insuffisante pour ceux-ci; et, lors de la
taille en vert, on est presque toujours obligé de revenir
au moyen que j'indique.

La branche n° 9 offre une bifurcation qui est le résultat
de deux rameaux à fruit du troisième ordre, qui ont été
taillés outre mesure, dans l'espoir d'obtenir une très-grande
quantité de fruits, ce qui ne se réalise pas toujours. Mais

supposons que ce résultat soit obtenu, la branche en est
appauvrie, ainsi que l'indique la figure. On avait eu cependant la précaution de pincer la presque totalité des
bourgeons placés à la partie supérieure de cette branche,
pour déterminer le développement de ceux placés à sa base;
mais l'art ne peut rien contre la nature ; les fruits abondants qu'elle a portés se sont emparés de toute la séve, et
la branche a été mise à deux doigts de sa perte.

Au lieu d'adopter un aussi mauvais raisonnement, il eût
été prudent de tailler cette branche en crochet ; c'est-à-dire
que l'un des rameaux aurait été taillé long pour avoir du
fruit dans des proportions combinées sur sa force, et l'autre très-court, pour faire développer un rameau propre au
remplacement. Dans l'état actuel, si l'art ne vient pas
prêter à cette branche le secours d'une taille savante, elle
périra en peu de temps.

Cependant on pourrait encore, telle qu'elle est, obtenir
quelques fruits sur une partie des rameaux supérieurs;
mais la prudence exige que l'on répare les fautes qui ont
été commises : le moyen d'y parvenir est de rapprocher
cette branche sur les deux petits rameaux qui se trouvent
à sa base, et si chaque œil terminal de ces rameaux paraissait ne pas prendre assez de volume pour former un bourgeon propre à la formation d'un rameau du troisième ordre, lors de la taille en vert, on ferait la réforme du plus
éloigné de l'origine de la branche, afin de conserver toute
la séve au profit de l'autre.

Dans la figure n° 10, on voit que l'ancien rameau porté
sur cette branche a été taillé dans une proportion tout à
fait convenable, puisque, indépendamment des fruits qu'il
a produits, l'un des yeux qui étaient à sa base s'est développé de manière à servir au remplacement. Il faut dire

que cet œil, à l'état de bourgeon, a été protégé par le pincement de ceux qui étaient placés au-dessus.

Les opérations qu'exige cette branche se réduisent à deux coups de serpette : l'un pour faire la réforme de la partie qui a donné du fruit; et l'autre pour retrancher les deux tiers ou environ du rameau de remplacement, afin qu'il donne les résultats de son prédécesseur.

Le n° 11 étant en rapport avec le n° 6, j'y renvoie le lecteur.

Le n° 12 offre une branche où l'on voit le résultat de deux rameaux taillés en crochet. Il n'a pas été heureux, parce que la branche coursonne n'était pas assez vigoureuse pour supporter une pareille charge. Il eût été prudent de traiter cette branche comme celle du n° 10; ou, au moins, si l'on eût voulu la tailler en crochet, on aurait dû diminuer la longueur du *manche* (si je peux me servir de cette expression) de 8 à 11 cent. (3 à 4 pouces ou à peu près), afin de n'avoir qu'une faible quantité de fruits.

Les opérations applicables à cette branche sont celles indiquées pour le n° 9.

Le n° 13 désigne une branche coursonne en très-bon état : on voit qu'elle est taillée en crochet; mais le manche de ce crochet a été taillé énormément long, puisqu'il a environ 49 cent. (18 pouces) de longueur; et cela par une raison que je vais expliquer.

Lors de l'opération, les deux rameaux de cette branche étaient dépourvus de boutons à leur base; et, pour obtenir des fruits de l'un ou de l'autre, il a fallu en tailler un très-long, puisqu'il n'y avait des boutons qu'à leur extrémité : en même temps j'ai éborgné les yeux dépourvus de fleurs, afin que la sève ne fût attirée dans cette branche que dans des proportions nécessaires à la nutrition de ces fruits, et

que le surplus passât au bénéfice de la partie taillée en crochet. (Voyez ces résultats.)

Il s'agit maintenant d'opérer cette branche. On fera
d'abord la réforme de la partie dénuée de rameaux, pour
que la sève qu'elle consomme passe au profit de la branche
qui alimente les deux rameaux qui, comme on peut le voir,
seront également taillés en crochet. Cette branche pourra,
à l'avenir, avoir une autre destination, en ce qu'elle se
trouve dans une situation propre à la formation de la
deuxième branche secondaire supérieure. Mais il ne faut
pas se presser, attendu que plusieurs branches de cette
nature pourraient nuire au prolongement de la mère
branche, ainsi que je l'ai expliqué plus haut.

Le n₀ 14 représente une branche, résultat d'un rameau
taillé extrêmement long : on eût dû le réduire de plus de
moitié, afin d'exciter le développement des yeux placés à
sa base pour en obtenir un ou deux rameaux de remplacement. On a pu remarquer que c'était toujours là le point
capital du travail de la taille ; aussi je répéterai ce que j'ai
déjà dit en parlant des branches et rameaux de la charpente : si vos connaissances ne vous permettent pas d'apprécier avec exactitude l'état positif du rameau que vous
opérez, *taillez plutôt un peu court que long* ; si, par ce procédé, vous vous privez de quelques jouissances actuelles,
vous en serez dédommagé plus tard.

L'opération qu'exige cette branche est d'en faire le
rapprochement sur l'un des rameaux placés à sa base ; et
si le hasard voulait qu'il se trouvât dans cette partie un
œil inattendu, il faudrait employer toutes les ressources
de l'art pour le faire développer, dût-on même sacrifier
quelques boutons.

Nous voyons que le n° 15 désigne une branche coursonne

un peu longue et dénuée de rameaux. Elle porte l'em-
preinte de deux opérations, qui, chacune, ont produit le
rapprochement dans les années précédentes ; un troisième
va avoir lieu par la suppression de la partie qui a produit
des fruits. Cette branche est assez forte, puisque, indépendamment des fruits qu'elle a donnés, on voit qu'il s'est
développé deux excellents rameaux à fruit du troisième
ordre. Un seul de ces rameaux sera retranché en même
temps que la partie épuisée, et l'autre taillé un peu court,
afin de retenir la séve au profit du petit rameau placé à la
base de cette branche, et d'exciter le développement de
son œil terminal, pour en obtenir un rameau de troisième
ordre capable de remplacer toute cette partie.

Le n° 16 représente une branche coursonne très-vigoureuse taillée en crochet : il y avait à craindre qu'elle ne
prît trop de développement, ce qui serait arrivé si on ne
lui avait laissé qu'une petite quantité de fruits ; mais cet
inconvénient a été prévu, et l'on a taillé un de ses rameaux
très-long, pour que les fruits qu'il conserverait pussent
atténuer sa trop grande vigueur ; on a eu aussi grand soin
de pincer tous les bourgeons naissant sur cette partie, afin
d'être plus sûr d'atteindre le but proposé. Tout cela a
réussi, parce que cette branche a été privée d'une grande
partie des organes nécessaires à son développement, et
qu'elle n'a conservé que quelques feuilles éparses, mais
indispensables à la croissance des fruits. Le rameau à fruit
du troisième ordre est le résultat du crochet établi à la base
de cette branche. Lors de l'ébourgeonnage, on eût pu
laisser sur cette partie deux rameaux semblables à celui du
n° 13 ; mais on eût excité son développement, ce qu'il
fallait éviter par toute sorte de moyens, d'autant plus
qu'elle se trouve, pour ainsi dire, opposée à une branche

secondaire inférieure. Toutes ces opérations ont rendu cette branche plus docile, parce que son écorce est devenue plus ligneuse et, par conséquent, moins susceptible de se dilater par l'affluence de la séve. Le travail à faire sur cette branche est marqué par un trait, ce qui me dispensera d'entrer dans plus de détails.

Le n° 17 représente une branche coursonne peu vigoureuse, qui, comme on peut le voir, a été chargée d'une certaine quantité de fruits. Malgré cela, elle a donné naissance à deux rameaux en assez bon état. Après avoir réformé la partie qui a donné du fruit, on taillera le plus grand de ces rameaux sur deux yeux, afin d'exciter le développement de l'œil terminal du plus petit et en obtenir un rameau de remplacement.

Le n° 18 offre le résultat d'un rameau taillé très-court parce qu'il semblait menacer l'existence du prolongement de la branche mère. Ce rameau a pu d'abord être considéré comme gourmand, c'est pourquoi on l'a taillé au point de sa naissance, en ne lui conservant, pour ainsi dire, que sa couronne, afin de diminuer sa vigueur. On a eu soin aussi de pincer sévèrement les bourgeons qui se sont présentés sur cette partie, afin d'empêcher leur développement. On voit que cette opération a donné lieu à plusieurs ramifications, et on peut juger ce qu'il faut y faire pour en obtenir des fruits. Si, pendant le cours de la séve, quelques-uns des yeux placés sur ces différents rameaux venaient à se développer avec trop de force, on aurait soin de les pincer; mais il est probable qu'on en sera dispensé par la quantité de fruits qui s'y trouvent, et qui suffira sans doute pour diminuer cette vigueur.

Le n° 19 offre une branche qui a été taillée en proportion de sa vigueur; néanmoins elle offre à sa base un empâtement assez considérable, qui, joint à ce qu'elle est elle-même assez renflée, donne lieu de craindre que son accroissement augmente encore. Il est vrai qu'il serait facile de diminuer sa vigueur, en employant les différents moyens que j'ai indiqués à cet effet ; mais il serait fâcheux de dépouiller cette branche de la plupart des organes dont elle est munie, ce qui détruirait les fruits qui y sont naturellement disposés : ce sont ces derniers qu'il faut employer pour arrêter son trop grand développement. Pour cela, on conservera tous les petits rameaux capables de porter fruit. Le plus vigoureux, qui se trouve placé près de l'insertion de cette branche, sera taillé sur les premiers yeux, afin de servir au remplacement de la partie qui sera réformée après la cueillette.

Le n° 20 indique une branche coursonne qui est sur le point de se trouver dépourvue de rameaux, dans une longueur d'à peu près 0,16 cent. (6 pouces), ce qui est un très-grand inconvénient, qu'il faut tenter de réparer, en taillant très-court le rameau qu'elle porte, afin que la séve qui séjourne dans cette branche puisse déterminer la sortie de quelques yeux latents qui pourraient se trouver à sa base ; s'il en sortait un, on en profiterait, aussitôt qu'il serait apparent, pour rapprocher la branche sur cette nouvelle production, ce qui se pratique le plus souvent à la taille en vert.

Le n° 21 représente un rameau à fruit du troisième ordre, qui est en très-bon état ; ce rameau ne sera pas taillé très-long, ainsi qu'on peut le remarquer, dans la crainte qu'il vienne à s'emporter en raison du petit coude sur lequel il se trouve placé.

Le n° 22 représente un rameau dont on a trop retardé le pincement, puisque le but proposé ne s'est réalisé que

superficiellement, en ce qu'il y a trop de développement dans cette partie, laquelle a forcé de renouveler
la même opération, mais encore trop tard (*); et l'on n'a
pu réparer les défauts de ce rameau. C'est pourquoi on
devra le tailler avec beaucoup de soin, pour lui laisser
peu d'organes propres à son développement. Si l'on peut
y faire naître une certaine quantité de fruits, ce sera une
garantie sûre de l'opération, en ce qu'ils serviront à
absorber la surabondance de la séve.

Les deux rameaux 23 et 24 resteront sans être taillés
parce qu'ils ne portent que peu d'organes nécessaires à
leur développement, puisque la plus grande partie des
yeux ont pris le caractère de boutons.

Quant aux rameaux chargés de continuer le prolongement de la mère branche et autres, je crois avoir suffisamment parlé pour me dispenser de décrire ici leurs
caractères et les principes de la taille qu'ils doivent recevoir, d'autant plus que chacune d'elles est marquée par
un trait.

J'ai cru devoir terminer ici les détails des opérations à
faire sur l'arbre de la planche 3, parce que toutes celles
qui restent à décrire ont déjà été expliquées. Je ferai seulement remarquer une branche secondaire épuisée, placée
inférieurement à la sous-mère branche, n° 26. Il aurait
fallu prévenir cet affaiblissement par une taille très-
modérée. Il est vrai que l'on a prévu que cette branche
était sur le point de devenir inutile, en raison de sa posi-

(*) Ces fausses opérations ont fait dire à quelques auteurs que le pincement était inutile, et souvent nuisible, en ce qu'il fait naître souvent d'autres bourgeons qui ne font qu'accroître le développement de
la partie opérée. Il est vrai que l'on ne peut être trop exact sur cette
opération. (Voyez *Pincement.*)

tion ; mais il eût été mieux d'entretenir sa vigueur, en cherchant à ne lui faire porter qu'une petite quantité de fruits. La conséquence de ce principe est que, si cette branche fût restée vigoureuse, sa suppression eût été d'un grand secours à celle qui l'alimente, en lui rendant une certaine quantité de séve nécessaire à sa prospérité ; ce qui ne peut plus être fait, puisqu'elle est déjà trop faible pour se suffire.

Cette branche devra être supprimée dans presque toute sa longueur, comme le seul moyen de la raviver un peu.

Remarquons encore un rameau très-vigoureux placé à la base de la sous-mère branche, n° 27. Ce rameau ne sera pas taillé, pour qu'il prenne encore plus de développement, ce qui est à espérer, son extrémité étant bien charnue et garnie d'yeux prononcés.

Toutes les fois que de tels rameaux se présenteront, l'on devra apporter le plus grand soin à leur conservation, afin de les utiliser pour la formation d'une branche secondaire, capable ensuite de servir même au remplacement de la sous-mère, si elle venait à manquer.

Tout ce que j'ai dit jusqu'à présent des opérations relatives au pêcher convient parfaitement à tous les arbres de cette nature qui ont été dirigés par une main habile ; mais il n'en est pas de même à l'égard de ceux qui ont perdu leur forme, ou qui, pour mieux dire, n'en ont jamais eu ; ce que je remarque assez souvent dans les jardins où je suis appelé pour leur restauration.

Cependant de tels arbres ne doivent pas être jetés au feu, et, toutes les fois qu'il leur reste de la vigueur, on doit essayer de les rétablir. Pour cela, on cherche à obtenir une certaine quantité de fruits sur le peu de rameaux capables

d'en donner (*), car ils sont toujours peu nombreux, n'é-
tant alimentés que par des branches grêles et dépourvues
elles-mêmes de toute production dans la longueur de plus
de 60 cent. On pense bien que, dans le nombre de ces
branches, il en est beaucoup qui se trouvent épuisées sans
ressource. Elles forment, en général, beaucoup de confusion, aussi doit-on les réformer, afin que le peu de séve
qu'elles absorbent puisse arriver aux rameaux réservés,
qui, lorsqu'ils sont à bois, doivent être taillés très-long,
ou conservés entiers, afin d'employer utilement la séve
qui s'y portera.

Ces rameaux seront espacés convenablement, afin que
par leur ensemble ils puissent se rapprocher, autant que
possible, de la figure que j'ai donnée.

Si deux rameaux à bois se présentaient sur le tronc ou
dans son voisinage, on y trouverait un moyen plus sûr
d'arriver à cette forme. Ces deux rameaux seraient considérés comme les deux mères branches d'un arbre naissant,
auquel on appliquerait les principes déjà indiqués pendant
tout le temps de sa formation.

On taillera les anciennes branches réservées dans la
proportion de leur vigueur, en cherchant à en obtenir le
plus de fruits possible sans égard pour leur conservation,
c'est-à-dire que la plus grande quantité des rameaux réservés sur ces branches seront taillés en toute perte, dans
la vue d'épuiser toutes ces parties, afin de faire place à
celles qui sont disposées à les remplacer. Le reste des opé-

(*) Les rameaux à fruit du deuxième ordre, qui, en général, se trouvent en grand nombre sur de tels arbres, doivent être tous réformés,
ainsi que les branches qui les alimentent, étant considérées comme
branches épuisées.

rations aura lieu suivant les principes que j'ai donnés précédemment.

Telles sont les règles applicables à la taille du pêcher en éventail, comme étant la seule forme qui lui convient, quoi qu'en disent quelques personnes, qui prétendent que l'on peut lui faire prendre toute espèce de formes. Cela est vrai jusqu'à un certain point; mais la plupart de toutes ces formes bizarres ne laissent à ces arbres qu'une existence momentanée, en comparaison de ce qu'ils pourraient vivre dirigés en éventail. Il est vrai aussi que l'exposition favorable et un terrain riche en qualités convenables peuvent influer d'une manière remarquable sur la longévité. On voit encore dans d'anciens jardins plusieurs pêchers taillés en palmette, par des mains assez peu habiles, et qui cependant existent depuis plus de soixante ans. Ce n'est pas que j'attribue cette longue existence à la forme en palmette, mais bien à la bonté du terrain dans lequel vivent les racines.

Il existe auprès de Poissy, entre Villennes et Médan (*), une vallée située à l'est, parfaitement garantie des vents d'ouest par un coteau couronné d'arbres de diverses essences; on y trouve une foule de pêchers connus, dans le canton, sous les noms de la *petite rouge* (notre petite mignonne), la *grosse rouge* (notre grosse mignonne), la *petite blonde* (notre chevreuse), la *grosse blonde* (notre bourdine). Ces quatre espèces sont greffées rez terre sur amandiers, produits d'amandes semées en place. Ces arbres ne sont jamais taillés, et donnent abondamment des fruits de première qualité à la troisième année ; productions qui se succèdent pendant quarante ou cinquante ans.

(*) Seine-et-Oise.

Ces arbres prennent un volume considérable : en 1825, j'en ai mesuré dont le tronc avait un mètre de circonférence, et qui ne présentaient cependant aucun indice de vétusté (*). Je ne doute pas qu'on puisse trouver, au centre de la France, beaucoup de localités où l'on obtiendrait de semblables résultats. M. Lelieur, dans sa *Pomone française*, cite, sous ce rapport, Corbeil, Bris, Melun, Thomery, où il dit avoir vu des pêchers francs de pied. J'ai comparé aux espèces que je viens de citer l'espèce acerbe et de peu de qualité, connue sous la dénomination de *pêche de vigne*; je pense qu'il y aurait un grand avantage à la remplacer par les premières, qui, élevées de la même manière, deviendraient, comme à Villennes, un objet de spéculation important. Il n'est pas rare d'y voir des propriétaires qui, dans des années d'abondance, tirent un produit de 4 ou 5,000 francs de leurs pêchers; c'est au point, enfin, que la culture des vignes dans lesquelles croissent ces pêchers est, pour ainsi dire, abandonnée et toujours sacrifiée au profit de ces arbres.

Je terminerai enfin par une dernière recommandation, c'est que les pêchers que l'on cultive en espalier devront être débarrassés de toutes leurs attaches aussitôt la chute de leurs feuilles; par suite de cette opération, on aura la précaution d'interposer, entre le mur et les branches charpentières, des bouchons de paille ou autre corps de 3 à 6 cent. (1 à 2 pouces) d'épaisseur, et à des distances réglées

---

(*) J'ai visité ce beau vallon en juillet 1830, et ma surprise fut grande en voyant que tous les plus beaux et les plus anciens étaient détruits par l'hiver qui a précédé cette époque. Un assez grand nombre des modernes, qui avaient résisté à cet hiver, ont eu le même sort en 1838, mais les jeunes au-dessous de dix années donnent de nouvelles espérances.

par le besoin ; à chacun de ces points, on aura le soin de faire une attache qui aura pour but de fixer plus intimement les tampons et maintenir les branches à la distance du mur dont il vient d'être parlé plus haut : pendant la première quinzaine de janvier, on retirera les tampons pour fixer ces branches aussi près du mur que possible, afin de les protéger contre les frimas qui peuvent survenir lors du commencement de la végétation ; quant à toutes celles qui leur sont adhérentes, elles peuvent attendre le moment de la taille pour être attachées. Cette opération momentanée a pour but de débarrasser des petits corps étrangers, et, surtout, d'aider la destruction d'une infinité d'insectes qui se réfugient derrière les grosses branches.

§ II. — Taille en éventail sur abricotier.

La création des branches qui constituent la charpente des abricotiers s'opère par les mêmes principes que ceux que j'ai décrits pour le pêcher ; seulement les branches secondaires devront être plus rapprochées, puisque leur espacement sur les branches mères ne devra être que de 41 à 64 cent. (15 à 20 pouces), afin qu'étant inclinées l'une sur l'autre, elles soient encore éloignées de 22 à 27 cent. (8 à 10 pouces). Elles ne devront avoir que peu ou point de bifurcations ; et on ne devra chercher à protéger ces branches que dans la partie inférieure, jusqu'à ce que les mères branches soient arrivées sous le chaperon et décrivent une pente de 45 à 50 degrés (*). Dès lors on choisira une

---

(*) Voyez la figure du poirier, pl. 4, dont la charpente des abricotiers et pruniers ne diffère qu'en ce que les branches secondaires sont un peu plus éloignées que dans celle-ci, ce qui fait que je n'ai point dessiné de figures pour ces derniers.

branche coursonne supérieure sur l'une des ailes, et l'on fera en sorte qu'une autre lui corresponde à l'autre aile ; ces deux branches seront transformées en branches secondaires, en leur donnant un peu d'extension, pour pouvoir les conduire comme je l'ai dit pour la formation des mères branches du pêcher.

Quant aux branches coursonnes, les opérations qu'elles nécessitent ne ressemblent en rien à celles qui ont lieu sur le pêcher ; on est rarement obligé de veiller à leur remplacement, la nature y pourvoit le plus souvent. Cependant ces branches recevront des rapprochements ou d'hiver ou d'été, comme je l'ai indiqué en parlant du pincement, afin de chercher à ce que chacune d'elles soit aussi courte que possible. Mais il est rare que l'on soit embarrassé pour cette opération, parce que, dans le cas où plusieurs de ces branches se trouveraient trop longues ou même épuisées sans ressource, il suffira de les rapprocher près de leurs couronnes, dans lesquelles il se trouvera quelques yeux inattendus, qui se développeront bientôt et donneront naissance à plusieurs bourgeons ; parmi eux on en choisira un pour reproduire chacune d'elles. Il arrive cependant que, lorsque les branches qui composent la charpente prennent de l'âge ou un trop gros volume, les branches coursonnes ne veulent plus se reproduire ; ce qui force quelquefois à receper ces arbres, opération dont ils s'accommodent assez bien, et qui les rétablit promptement. En faisant aux abricotiers l'application des principes que j'ai proposés pour le pêcher, je suis dispensé d'entrer dans de plus longs détails.

§ III. — Taille en éventail sur prunier.

Cette taille ne diffère de celle pour abricotiers que parce que les branches coursonnes durent peu de temps et ne se reproduisent que très-rarement ; aussi le centre des arbres conduits ainsi se dégarnit promptement. Cette forme n'est en usage que pour un petit nombre d'espèces ou variétés que l'on peut réduire aux suivantes ; savoir : la *prune-pêche*, la *mirabelle*, la *reine-Claude ordinaire* et la *violette*. Cette dernière surtout se montre la plus docile, ses branches coursonnes sont plus trapues et se maintiennent le plus longtemps en santé. Du reste, les trois premières espèces doivent avoir la préférence, sous le rapport de la précocité ; on peut donc en planter quelques pieds en plein midi, surtout dans les pays froids, où les brouillards et les gelées tardives peuvent détruire trop souvent la récolte des arbres en plein vent.

Je ne répéterai pas ce que j'ai dit en parlant de l'abricotier, et qui est applicable aux pruniers ; je ferai remarquer seulement que, dans un terrain également convenable à ces deux genres d'arbres, le prunier pousse avec plus de vigueur ; les rameaux disposés au prolongement des branches secondaires devront être alors taillés beaucoup plus long, et, dans beaucoup d'occasions, on pourra même les laisser entiers. On peut aussi receper le prunier comme l'abricotier.

§ IV. — Taille en éventail sur cerisier.

Cette taille n'est en usage que pour quelques espèces des plus hâtives. La *cerise hâtive d'Angleterre* est presque la seule que l'on cultive ainsi à l'exposition du midi, où elle donne des résultats satisfaisants, pourvu, toutefois, que la terre soit de nature convenable. On pourrait employer plus fréquemment cette forme à l'égard de quelques espèces tardives placées à l'exposition du nord.

Les opérations applicables à cet arbre sont simples : elles consistent à l'établir sur quatre branches par les procédés indiqués pour le pêcher ; ensuite les branches secondaires, selon la figure du poirier, planche 4, mais plus rapprochées l'une de l'autre. Pour les obtenir ainsi, les mères branches devront être taillées assez court, ensuite les branches secondaires ne devront être *ébouetées* que dans le cas où elles paraîtraient devoir dominer celles du même genre qui, pour la plupart, resteront sans être taillées. Ces arbres, bien palissés, sont d'une élégance admirable. Pendant l'été, on pincera avec soin tous les bourgeons qui se trouveront sur le dessus des branches charpentières et qui paraîtraient devoir les dominer ; il en sera de même de ceux qui poussent en avant. Si cette opération était faite trop tard, il faudrait ébourgeonner, comme je l'ai indiqué pour le poirier et le pommier, mais couper ceux-ci plutôt que casser, et sans attendre qu'ils aient pris le caractère de rameaux. Enfin le palissage fixera tous les bourgeons réservés pour le prolongement de chacune des branches.

§ V. — Taille en éventail sur poirier.

Avant de parler de la taille des poiriers, je dois dire un mot de leur plantation (*), sans cependant traiter de la

_____

(*) Ce qui va être dit à ce sujet est applicable à tous les autres genres d'arbres.

nature des terres les plus convenables, ces connaissances
étant familières à toutes les personnes qui s'occupent de
culture. De plus, on tient à avoir des poiriers dans tous les
terrains, ce qui nécessite souvent des dépenses assez considérables causées par les transports ou les défonçages de
terres que l'on est quelquefois obligé de faire pour suppléer à la mauvaise qualité du sol. Mais, dans le cas où
l'on serait forcé d'employer l'un ou l'autre de ces procédés,
je conseillerais comme moyen favorable de faire des tranchées longitudinales, de manière que les racines des arbres
que l'on se propose de planter pussent se communiquer
sans se nuire. Les trous que l'on fait ordinairement n'ont
pas cet avantage, quand ils seraient même d'une dimension
démesurée. On devra donc toujours préférer des tranchées,
dussent-elles être étroites et peu profondes; du reste,
l'exploitation, au moyen des trous, est toujours plus difficile à effectuer. C'est au propriétaire à calculer, en remar-
quant, toutefois, qu'il n'y a point d'économie à faire dans
la plantation des arbres soumis à la culture jardinière, et
pour une partie de ceux qui appartiennent à l'économie
rurale. Aussi le savant Thoüin, lors de ses leçons pratiques,
recommandait à ses nombreux auditeurs de planter *riche-
ment*, c'est-à-dire que, lorsqu'on destine un terrain à recevoir tel ou tel arbre, on doit porter ses soins, non-seulement sur l'opération présente, mais encore réfléchir aux
résultats futurs. Ainsi les arbres de tout âge devront être
vigoureux et bien arrachés.

Le mode de plantation n'est pas non plus sans importance, quoique la plupart de nos agronomes donnent à ce
sujet un précepte dont il est difficile de s'écarter, et qui
est de ne jamais enterrer le point où la greffe a été faite.

Cependant je n'admets ce précepte que pour des cas particuliers, et que je vais expliquer.

Dans les terrains secs, on devra maintenir le point de la
greffe à 4 ou 6 centimètres au-dessous du niveau du sol,
afin de pouvoir former un auget de cette profondeur, qui
découvrira la greffe. Dans les terres froides et humides, il
est nécessaire d'agir d'une manière opposée, afin que la
greffe soit de 6 centimètres et plus au-dessus du niveau
de la terre, ce qui nécessite quelquefois une espèce de
butte pour couvrir les racines de quelques genres d'arbres
qui se trouvent près de la greffe. D'après cela, on peut
conclure que, pour les arbres qui seront plantés dans un
sol tenant le milieu entre ces deux extrêmes, la greffe
devra être au niveau du terrain (*). Les poiriers et autres
arbres destinés à former des éventails devront être plantés
à 16 cent. (6 pouces) des murs pour y être fixés par les
moyens connus. Dans quelques localités où les vers blancs
sont à redouter, on fera bien de préparer une petite quantité
de terre riche en humus et substantielle, dans laquelle on
ajoutera un cinquième de petits corps étrangers offrant
beaucoup d'aspérités, tels que tuileaux, débris de poteries,
briques, mâchefer, pierres meulières, cailloux, et autres
corps de même nature, le tout brisé menu. Lorsque l'un ou
plusieurs de ces corps seront bien amalgamés avec les terres
dont il vient d'être parlé, on s'en servira pour former une
épaisseur de 3 à 4 centimètres autour du tronc de chaque
arbre et l'approche de leurs grosses racines, ce qui en
éloignera les larves, et si quelques-unes cherchaient à en

(*) On devra prendre en considération l'affaissement du terrain, qui
sera plus ou moins considérable, en raison de sa nature et de la quantité
remuée.

faire la traversée, elles s'y lacéreraient le corps, lesquelles plaies les feraient périr en peu de temps.

Les espèces les plus généralement employées pour être mises en espalier le long des murs sont *le bon-chrétien d'hiver, le colmar et variétés, la marquise, la royale d'hiver,* la poire *picquery,* plusieurs espèces de *beurré, le saint-germain,* les différentes espèces de *doyenné, besi de la Motte, besi Chaumontel, virgouleuse, crassane, bergamote de Hollande,* la poire *Sageret,* et celle de *Léon Lecière, la fortunée,* et, en général, toutes les espèces tardives devront trouver place ici, par rapport à la délicatesse de leurs fleurs et à la durée de leurs fruits. L'exposition la plus chaude devra être réservée pour le bon-chrétien d'hiver, comme étant la seule qui lui convienne dans le nord et le centre de la France. Les autres espèces que je viens de citer s'accommoderont d'autant mieux des autres positions, que le terrain sera d'une bonne nature. Parmi ces espèces, celles qui peuvent résister au nord et au couchant et donner encore quelques produits utiles sont *le saint-germain, la crassane, le beurré gris d'Amboise, le beurré d'Iel, ou magnifique, le beurré d'Alemberg* et *la virgouleuse.* Cette dernière ne peut occuper d'autres positions sans être exposée à de grandes avaries; on peut ajouter au nombre que je viens d'indiquer la plus grande partie des espèces hâtives. On peut aussi cultiver des poiriers en éventail le long des plates-bandes qui entourent les carrés : pour cet effet, ils seront fixés sur des treillages qui devront être maintenus avec des pieux en acacia, *robinia pseudo-acacia,* si cela est possible, parce qu'ils durent quatre ou cinq fois plus que ceux faits même en chêne.

Avant d'entrer en matière, je ferai remarquer le poirier

figuré planche 4 ; cette figure représente la onzième taille sur un sujet qui a reçu deux greffes.

Je n'ai pas cru devoir figurer tous les exemples précédents, parce que je n'aurais fait que répéter, à quelques modifications près, ce qui a été dit pour le pêcher ; je pense que le lecteur pourra facilement s'en rendre compte sans autre secours.

Cet arbre, vigoureux jusqu'alors, n'a encore éprouvé que des avaries peu sensibles, et qui n'ont apporté aucun obstacle à sa formation. Ici, comme dans le pêcher, il faut s'occuper avec soin des mères branches et sous-mères, ainsi que de l'importance des branches secondaires placées inférieurement, et appliquer à la pratique la théorie que j'ai précédemment exposée. La seule différence est dans le rapprochement des branches secondaires qui sont placées sur leurs mères à la distance de 32 cent. (1 pied) ou environ, de manière qu'étant inclinées, comme l'indique la figure, elles n'ont plus qu'un espacement de 16 centimètres (6 pouces) ou environ, ce qui suffit pour le développement des branches à fruit, dont chacune d'elles doit être garnie.

Maintenant, je vais exposer succinctement la marche progressive de chacune des tailles appliquées à cet arbre, en admettant que la suppression de la tige ne doit pas faire partie de la taille, parce que cet arbre a reçu deux écussons opposés qui ont formé le point de départ. La première taille a eu lieu, comme on peut le voir, à 14 centimètres (5 pouces) du tronc ; elle a donné naissance à la sous-mère branche L et à la continuation de la branche E (*). La seconde taille a eu lieu sur chacune d'elles, et on re-

---

(*) De même ici je ne parle que d'un côté de l'arbre, chaque aile devant être uniforme.

marque que la mère branche a été taillée assez court, afin
de lui laisser peu d'organes propres à attirer la séve. Indépendamment de cette taille, on a eu l'attention de ne pas
lui laisser de bifurcation. Il n'en est pas de même de la
sous-mère, qui, comme on peut le voir, a été taillée un
peu long dans le but d'avoir une plus grande quantité
d'yeux propres à attirer la séve. On voit qu'un de ces yeux
a été disposé pour donner naissance à une branche secondaire inférieure S.

Il est probable qu'au moment de la troisième taille on a
trouvé que l'arbre n'avait poussé que faiblement, ou, dans
l'intention de donner plus de développement à la branche S, on a fait enfin cette troisième taille assez court.
Néanmoins on a cherché, en même temps, à obtenir, sur
la mère branche, la première branche secondaire inférieure, dont la réforme a eu lieu depuis, ainsi qu'on peut
le voir ; la sous-mère a été taillée dans la vue seulement de
la continuer, ce qui a aussi déterminé le développement
complet de la branche secondaire S. Cette branche, et
toutes celles de ce genre qui sont représentées graduellement, ont été taillées, chaque année, de manière à ce que
tous les yeux qui s'y trouvaient alors ont pu se développer
pour former des dards et des brindilles, afin que chacun de
ces produits puisse se couronner par un bouton et, par
suite, former des branches à fruit. Les différents moyens
d'obtenir ce résultat sont développés en parlant de la
onzième taille.

La quatrième taille sur la mère branche et sur la sous-
mère a été établie assez près de la troisième, dans la vue
de fortifier l'arbre dans toutes ses parties, et de donner
naissance aux deux branches K et R, qui se sont développées d'autant plus vigoureusement que la séve a été jus-

qu'à ce jour assez concentrée. On voit aussi combien la sous-mère branche a pris d'ascendant sur la mère, mais il sera toujours temps de lui retirer cette prépondérance par l'effet de l'angle qu'elle occupe dans ce moment.

Comme il est probable que l'arbre était vigoureux lors de la cinquième taille, c'est-à-dire que la plus grande partie des rameaux terminaux de chacune des branches avaient la longueur de 1 mètre (3 pieds) ou environ, on a pu l'établir de 32 à 38 cent. (12 à 14 pouces) ou environ de la quatrième, ce qui a donné lieu aux deuxièmes branches secondaires J et Q.

La sixième taille a été faite assez court, comme on peut le voir, sur la mère branche, et sans chercher à la bifurquer. Il est à supposer que la branche secondaire J n'avait pas pris alors le développement désiré, et qu'il eût été imprudent d'attirer la séve dans la mère branche. C'est en la taillant court, comme on peut le voir, que l'on est parvenu à déterminer la séve à passer dans la branche J. Il est vrai que celle-ci a été taillée long pour développer une assez grande quantité d'yeux capables d'attirer la séve. On a, de plus, incisé l'écorce dans le voisinage de son insertion, et en dessous, afin de la détendre et de donner un libre cours à la séve.

Quant à la sous-mère branche, on a opéré la sixième taille dans le but d'obtenir le prolongement de cette branche et la naissance d'une branche secondaire inférieure, qui a été ensuite réformée pour diminuer la confusion qui se faisait remarquer parmi ces différentes branches, car il est nécessaire de laisser un peu plus d'espace dans cette partie que sur celles du même genre appartenant à la mère branche.

La septième taille ne diffère en rien des huitième et

neuvième. Chacune d'elles a donné naissance à des branches secondaires, dont celles de la branche sous-mère sont
un peu moins vigoureuses que celles de la mère branche :
c'est pourquoi, en opérant chacune de ces branches en
particulier, on diminue les branches à fruit sur celles qui
sont faibles, et on s'efforce d'en faire naître une grande
quantité sur celles qui sont vigoureuses. Je reviendrai sur
ce sujet en parlant de la dernière taille.

Il nous importe de bien connaître les résultats de la
dixième taille, avant de nous occuper de l'application de
la onzième. Nous devons d'abord considérer l'arbre dans
son ensemble, en nous rendant compte de l'état de sa végétation, pour reconnaître si nous devons avoir recours à
quelques-uns des moyens que j'ai indiqués pour équilibrer
la séve ; ensuite nous examinerons chaque branche en particulier.

La mère branche E est la première qui va fixer notre
attention. Nous remarquons que la dixième taille a donné
naissance à un rameau très-propre à la continuation de
cette branche, et un second convenable pour former la
branche secondaire F ; elle a également produit plusieurs
autres rameaux, dont l'un inférieur a été coupé, lors du
palissage, à 8 cent. (3 pouces) ou environ de sa naissance,
afin d'éviter la confusion qu'il aurait occasionnée. Je ferai
aussi remarquer une plaie un peu au-dessus de ce point et
en sens opposé. C'est le résultat de l'amputation d'un
bourgeon qui paraissait devoir s'opposer à la croissance
du rameau F. Si le bourgeon dont je parle eût été pincé
comme celui placé au-dessous, ou plus sévèrement encore,
on n'eût pas été obligé d'en faire l'amputation, et il aurait
pu former une branche à fruit utile, ainsi qu'il en a été
de celui qui est au-dessous. Plus bas et dans le même

sens, on remarque une autre production qui est aussi le résultat d'un pincement fait à propos, et qui a donné naissance à deux petits dards propres à établir une branche à fruit. Plus bas encore, on remarque un autre rameau encore peu vigoureux; mais, si l'on fait attention à son emj pâtement sur la mère branche, on peut dès lors juger qu'il en menacera l'existence : c'est pourquoi il faut le tailler court et avoir soin de pincer sévèrement les bourgeons qui pourraient y croître. Ce rameau aurait dû être pincé lorsqu'il était encore à l'état de bourgeon de la longueur de 8 à 11 cent. (3 à 4 pouces).

Il reste à opérer les deux rameaux E F. Ce dernier a été taillé un peu long, dans la vue d'assurer son parfait développement; l'œil terminal étant placé devant, le succès en sera encore plus certain. Le rameau E a été taillé assez court pour appuyer le premier moyen. Cette opération empêchera que l'œil destiné à la création d'une branche secondaire semblable à celle déjà formée ne puisse se trouver placé à une distance aussi régulière que celles qui sont représentées. Les deux petits rameaux, placés au-dessous de celui F, resteront sans être taillés, dans la vue d'en faire des branches à fruit; mais le plus fort ne peut être considéré comme brindille ou lambourde : on éborgnera l'œil terminal, afin que la séve soit retenue au profit des yeux latéraux.

Quant à la branche G, on peut supposer qu'elle a été taillée un peu court, attendu que le rameau propre à sa continuation est très-vigoureux, quoiqu'il se soit accru en dessous; il est vrai que la réforme de deux bourgeons dont on voit encore la cicatrice de l'un en dessous, et le pincement de deux autres plus bas, peut avoir contribué à cette vigueur. Si l'on peut parvenir à faire croître sur cette bran-

che plusieurs dards et brindilles, on aura grand soin de
les conserver, afin que les fruits qu'ils donneront puissent
absorber la surabondance de séve. Le rameau destiné à la
prolongation de cette branche a été taillé assez long, dans
la vue d'arriver plus vite à ce résultat.

La branche H est d'une constitution faible ; aussi l'a-
t-on taillée un peu long sur un œil placé dessus, dans l'intention de lui donner de la vigueur ; mais il faudra prendre garde d'y laisser croître une trop grande quantité de
rameaux et branches à fruit ; il serait même prudent de
diminuer déjà la longueur de ceux qui existent. Cependant, comme cette branche est alimentée par la mère branche qui est vigoureuse, on ne doit pas craindre son affaiblissement, et l'on peut y laisser, pour le moment, tout ce
qui a été réservé par la taille.

On voit que la branche I est dans un état parfait de
végétation ; seulement le rameau terminal de cette branche
est en dessus, ce qu'on aurait dû éviter. Mais il a pu arriver que l'œil qui avait été choisi à cet effet ait éprouvé
quelque avarie, comme celui de la branche P, ce qui aura
forcé, lors du pincement ou de l'ébourgeonnage, de se reporter sur celui qui existe dans ce moment. Comme ce rameau offre un petit coude assez désagréable, et que celui
qui est placé inférieurement, quoique faible, peut le remplacer, on réforme le plus fort, et pour faciliter le développement du second on le laisse entier. Il est vrai que l'on
s'expose à ce que plusieurs de ces yeux restent latents, ou
s'annulent complétement ; mais, comme la suppression
proposée donnera à ce rameau une assez grande quantité
de séve, il y a lieu d'espérer que l'annulement des yeux ne
sera que partiel. On voit, sur la partie supérieure de cette
branche, que plusieurs pincements ont été opérés, et ont

donné des résultats satisfaisants. Aucune des branches à fruit, placée sur celle-ci, n'éprouvera de diminution ; un petit rameau placé inférieurement est le seul qui sera taillé sur les deux premiers yeux, avec la précaution d'éventer le terminal pour qu'il ne prenne que peu de développement.

La branche J est de même dans un état parfait de végétation, mais chargée d'une infinité de boutons vigoureux. Il est prudent de faire la réforme de quelques-uns, non pas précisément dans la crainte d'affaiblir la branche en les laissant, mais bien pour se réserver des boutons l'année prochaine. Ce n'est pas toujours la grande quantité de ces produits qui donne le plus de fruits, ce qui semble justifié par l'axiome *la grande bande rend les étourneaux maigres.* En effet, si un arbre en bon état a un trop grand nombre de boutons, il s'épuise pendant la floraison, et si la moindre circonstance défavorable survient, on voit tomber tous les fruits ; ce qui n'aurait pas eu lieu si on avait supprimé un certain nombre de boutons. Il est difficile de déterminer dans quelle proportion ces boutons doivent être conservés ; l'opération dépend toujours de la vigueur de l'arbre en général, et de celle de la branche en particulier. On peut cependant établir des données approximatives. On sait que chaque bouton contient de six à dix fleurs, terme moyen, et comme il est prudent d'avoir plus de fleurs que l'on ne doit espérer de fruits, on devra laisser autant de boutons sur une partie que l'on suppose qu'elle peut porter de fruits : par ce moyen, on évitera beaucoup d'erreurs. C'est pour cela que j'ai réformé plusieurs boutons, en faisant le rapprochement de quelques branches à fruit. On remarque que le rameau qui termine cette branche est assez bien constitué, sans être de la première vi-

11

gueur; il a été taillé d'une moyenne longueur. Il est fâcheux que l'œil terminal soit un peu en dessus. L'autre
petit rameau inférieur a été taillé de manière à en faire
une branche à fruit.

Passons à la branche K : si on en remarque l'ensemble,
on voit qu'elle est pourvue d'une trop grande quantité de
branches à fruit, ce qui occasionne déjà l'affaiblissement
du rameau destiné au prolongement de cette branche :
aussi, pour le raviver, on a fait une grande réforme parmi
ces branches. Je ne ferai pas l'énumération de chacune d'elles, parce que ce serait répéter ce que j'ai dit en décrivant
la branche J. Je m'occuperai seulement ici des deux rameaux placés vers l'extrémité de cette branche. Le rameau
destiné à son prolongement a été taillé un peu long et
sur un œil placé devant, afin d'obtenir plus d'accroissement ; l'autre partie, qui lui est inférieure, a été disposée
pour une branche à fruit. Avant de quitter cette branche,
je ferai remarquer un peu au-dessus de sa naissance, et sur
la mère branche, une entaille qui a été faite dans l'intention de faire passer plus de sève à son profit. Cette pratique ne doit être employée que dans des cas extraordinaires ; cependant on obtient de bons résultats, surtout
lorsque l'on incise les écorces des branches dont on veut
faciliter le développement.

La sous-mère branche L paraît être dans un bon état de
végétation, ainsi que toutes ses branches secondaires. Je
ferai remarquer que plusieurs branches à fruit placées à la
partie basse et en dessus ont déjà subi des opérations assez
fortes pour empêcher leur trop grand développement. Ceci
sera commun à toutes celles de ce genre, dans quelque sens
qu'elles soient placées, parce que l'on doit veiller à ce

qu'elles soient aussi courtes que possible (*). Néanmoins
on remarque près de la sixième taille une branche secondaire inférieure, qui, comme on peut le voir, a été retranchée sur deux branches à fruit; l'une d'elles semble se
porter à bois, ce qui est l'effet du retranchement : il faut
alors faire porter autant de fruits à cette branche que cela
est possible; c'est pourquoi le rameau qui s'est développé
restera sans être taillé, à l'exception de l'œil terminal, qui
sera éborgné, puisqu'il n'est pas à fruit. On aura aussi
grand soin de pincer les bourgeons latéraux, qui pourraient se développer trop vigoureusement vers la partie de
son extrémité. Cette branche se chargera alors de beaucoup de fruits, mais elle ne restera dans cet état que momentanément, parce que, ayant été affaiblie par cette grande
production, on pourra en faire le rapprochement sans
danger. Si cette branche occupait une place plus aérée, ce
résultat serait incertain, en ce que les bourgeons
pourraient pousser plus vigoureusement. Il faudrait donc
être très attentif au moment de leur développement pour
les pincer très-soigneusement. Le reste des opérations sur
ces sortes de branches n'ayant rien de remarquable, occupons-nous de celles qui conviennent au rameau destiné à
prolonger la branche L. On voit que ce rameau a été obtenu d'un œil supérieur : dès lors il en est résulté un petit coude, ce qui est aussi la cause de l'affaiblissement du

---

(*) Pour remplir ce but, je ferai remarquer que plusieurs bourgeons
échappés des bourses, ou de quelques productions de même nature,
ont été pincés de la manière que j'ai indiquée à l'article du *pincement,*
ou cassés par le procédé du prétendu ébourgeonnage, trop répandu,
ainsi que je l'ai déjà dit. La différence de ces deux opérations ne peut
se reconnaître, à cause de la petitesse des figures; mais le lecteur sentira, sans doute, l'importance de la première, avant même de l'avoir
mise en pratique.

rameau destiné à la création de la branche secondaire **M** ;
mais, comme cette branche serait un peu près de celle **N**,
on en fera le sacrifice en la taillant sur le premier œil,
avec la précaution de faire la coupe un peu près de cet
œil, afin de l'éventer assez. La séve destinée à ce rameau
passera au profit de celui **L**, qui est taillé très-court, afin de
créer un rameau dans une position nécessaire à la formation d'une branche secondaire, en remplacement de
celle **M**.

La branche **N** est assez bien développée ; mais le rameau
destiné à son prolongement est resté en arrière. Pour faciliter sa croissance, nous le laissons sans être taillé. Il est
vrai que l'on s'expose à ce que plusieurs de ces yeux restent latents ou s'éteignent totalement ; mais, comme la
onzième taille sur le rameau **L** est assez rapprochée de la
dixième, nous avons lieu d'espérer de bons résultats. Nous
supposons ici que la sous-mère branche aurait éprouvé
quelque avarie dans le voisinage de la dixième taille ou
au-dessus, et que cette avarie lui retire la facilité de se
prolonger dans la proportion voulue comparativement aux
autres. Dans ce cas, il faudrait effectuer le rapprochement
sur la neuvième taille, et relever la branche **N**, qui bientôt
réparerait le dommage. Pour cela, il faudrait la diriger
selon les principes que j'ai indiqués en pareille circonstance, et, si l'on tenait à la parfaite uniformité de l'arbre,
on ferait subir à la branche correspondante sur l'autre aile
les modifications en rapport à celles que je viens d'indiquer.

On voit que la branche **O** est restée entière à l'époque
de la deuxième taille, ce qui fait que le point de départ du
rameau terminal ne forme aucun coude. On remarque
qu'elle a produit un rameau que l'on a taillé assez court,

dans l'intention de fortifier les boutons et les yeux qui se trouvent sur cette branche. Le petit rameau supérieur qui succède au terminal a été oublié et devrait être cassé près de son insertion.

La branche P est un exemple de la troisième taille. On voit qu'elle a été taillée très-long la première année, et assez court la seconde, sans doute pour remédier à la première. La troisième a été d'une longueur moyenne et établie sur un œil en dessous, qui probablement avait déjà éprouvé quelque avarie lors du pincement, ce qui fait que l'on a été contraint de choisir pour son remplacement le bourgeon le plus convenable à cet effet. Malheureusement, sa position n'est pas agréable, ce que l'on aurait pu éviter en rapprochant sur le petit rameau qui lui est inférieur, et en donnant à celui-ci une direction propre à continuer cette branche; mais alors on courrait le risque de faire éprouver à cette branche un retard que l'on ne pourrait souvent réparer qu'en faisant la réforme d'une assez grande quantité de branches à fruit, ce qu'il faut éviter quant à présent. On voit que trois de ces branches seulement ont éprouvé un petit rapprochement. Le rameau destiné au prolongement de cette branche a été taillé sur un œil en dessous ; celui qui lui succède est directement en dessus : il est urgent que cet œil soit éborgné, car, dans le cas où le premier viendrait à éprouver quelque avarie, on ne pourrait pas tirer parti du dernier, parce qu'il formerait coude sur coude. Avant de quitter cette branche, je ferai aussi remarquer que son extrémité et le petit rameau qui y est joint sont marqués pour la réforme; il eût été imprudent de les réserver au prolongement de cette même branche, parce que leurs écorces ont peu de souplesse et ne permettent pas à la séve une libre circulation ; le mal est même trop prononcé pour que des incisions aient pu y porter remède.

Je ne dirai rien de la branche Q, ses opérations étant semblables à celles de la branche J.

Passons aux branches R et S. C'est particulièrement sur les branches de cette nature qu'il importe beaucoup de diminuer la longueur des branches à fruit dont elles sont garnies, afin de pouvoir les maintenir en santé ; aussi on remarque qu'il leur a été fait beaucoup de réformes en ce genre : de plus, on a supprimé une branche de ramification, dans le but de fournir de la sève pour aider au développement de la branche R. Cette réforme pourra paraître étrange aux yeux de quelques personnes, d'autant plus qu'elle est arrivée au point de donner beaucoup de fruits ; mais je répondrai par le proverbe *qui trop embrasse mal étreint.* On aurait pu, il est vrai, obtenir de cette branche une grande quantité de fruits ; mais cette production aurait altéré la vigueur de la branche qui lui donne l'existence. On voit sur la branche S, dans le voisinage de la sixième taille, une opération à peu près semblable, qui eut lieu dans les années précédentes. Le reste des opérations n'a rien de particulier, ce qui me dispense d'entrer dans de plus longs détails.

Il reste à dire quelque chose de la branche secondaire supérieure, qui, comme je l'ai indiqué pour le pêcher, doit être élevée d'après des principes applicables à la mère branche. Je ferai seulement remarquer que cette branche a été, pendant les quatre premières années, une branche à fruit, en raison de son peu d'étendue, ce qui est démontré par le rapprochement des plaies qui se trouvent à sa base ; depuis cette époque seulement, elle a pris réellement le caractère de branche secondaire. Les branches de ramification BCD, et la branche secondaire elle-même, sont pourvues d'une infinité de petites branches à fruit et de rameaux propres à le devenir, ce qui est important à leur égard, parce que, étant vigoureuses, il est bon de se servir de toutes ces petites productions pour les affaiblir.

Lorsque les arbres de ce genre ont été mal taillés, et que les branches à fruit sont devenues chancreuses et forment des têtes de saule, comme cela se rencontre dans beaucoup de jardins, on fait le recepage de toutes les branches à 32 cent. (1 pied) ou environ de la greffe. Dans ce cas, et d'aussi bonne heure que possible, il faut surveiller les bourgeons inattendus, et réformer ceux qui sont mal placés. Les autres seront palissés avec soin à des distances de 11 à 16 cent. (4 à 6 pouces). Il sera aussi important de pincer au fur et à mesure les faux bourgeons qui pourraient se développer, ce qui dispense d'en faire le cassement au mois d'août, comme cela se pratique assez généralement.

Lors de la taille qui suivra ces opérations, on aura soin de ne couper que l'excédant de quelques rameaux qui auraient dépassé ceux qui composent l'ensemble de l'arbre ; puis leur espacement sera vérifié, et, s'il existe de la confusion parmi eux, on y remédiera au moyen de quelque réforme faite parmi les moins utiles. A l'aide de ces différents moyens, les arbres prendront en peu de temps un grand développement, et seront abondamment pourvus de boutons à la troisième taille. Alors on taillera d'une manière convenable à leur vigueur, et qui aura pour but de retenir la séve au centre de l'arbre ; mais en combinant cette taille de façon à ne pas faire développer les petits dards, qui seront alors en très-grande quantité, et seulement à leur donner assez de forces pour se couronner par un bouton et former des branches à fruit. Lorsque des arbres de ce

genre, bien tenus, tombent à l'état des premiers, on devra
être moins rigide sur leur amputation ; dès lors il sera plus
convenable de conserver leur mère branche , et de surveiller l'apparition des bourgeons qui s'en développeront
en dessus et en dessous, afin de les espacer, et les soigner
de manière à ce qu'ils remplacent en peu de temps toutes
les branches secondaires, ce qui se fera facilement en ne
taillant que l'extrémité des plus fortes pendant les deux
premières années : il est important de réformer d'aussi
bonne heure que possible tout bourgeon étranger à cette
disposition ; le reste des opérations *présentes et à venir* est
conforme à ce qui a été dit dans le cours de cet ouvrage.

§ VI. — Taille en éventail sur pommier.

La taille du pommier étant en tout point conforme à
celle du poirier, je n'entrerai dans aucun détail, me contentant de renvoyer à ce que j'ai dit dans le paragraphe
précédent. La seule différence qui distingue les opérations
nécessaires de ces deux espèces d'arbres, c'est que le pommier ne doit pas être soumis au recepage, dont il ne s'ac-
commode aucunement. Si, pour ce genre d'arbres, le désagrément que je viens de citer pour les branches à fruit du
poirier se manifestait, on les ravalerait rez branches charpentières, desquelles il sortira beaucoup de bourgeons,
dont on cherchera à faire de nouvelles branches à fruit
par les procédés indiqués pour les poiriers.

SECTION II. — CONDUITE DE LA VIGNE DANS LES JARDINS.

Avant de parler de la taille de la vigne pour les espèces
exclusivement consacrées à fournir le raisin de table , je

ferai quelques observations sur sa plantation et son exposition , qui varient beaucoup en raison de la nature des terres dans lesquelles on la cultive.

Si les terres sont de nature forte , compacte , humide et froide , les vignes que l'on cultivera le long des murs, dans le nord et le centre de la France et dans les pays étrangers placés à la même latitude , devront avoir des chaperons très-saillants et exposés au soleil levant , et graduellement jusqu'à celui du sud-ouest; les plates-bandes destinées à cette culture devront offrir une pente assez rapide pour que les eaux pluviales ne puissent y séjourner que peu de temps. La plantation de ces vignes devra être faite aussi près des murs que possible, afin que les racines puissent courir le long, et très-souvent s'implanter dans les fondations, ce qui fait qu'elles y seront plus sainement. Cette position influera sur la bonne qualité du raisin, qui, dans des terres de cette nature, sera ordinairement aqueux et d'une médiocre saveur, toutes les fois que l'on négligera de faire ce que nous venons d'indiquer.

Si , au contraire , les terres sont légères , friables et chaudes , la vigne sera moins exigeante sur son exposition. Dans cette sorte de terrain , la plantation demande plus de soins , parce qu'elle devra être faite à un mètre 50 cent. (4 pieds) du mur , et plus, si les localités le permettent , afin que les racines puissent aller chercher les sucs nourriciers à de très-grandes distances , et supporter ainsi beaucoup mieux la sécheresse qui peut régner le long de ces murs pendant l'été. Lorsque les localités le permettent, on peut, pour éviter cette sécheresse, planter derrière la

muraille, et on se contentera de faire passer la tige de chaque
pied de ses vignes par-dessus, pour les cultiver en sens opposé à la plantation. Lorsque des issues ou barbacanes auront été pratiquées au pied du mur, on y fera passer ces
mêmes tiges, ce qui est préférable; mais l'on ne peut admettre cette plantation comme faisant partie de la culture,
en ce qu'elle n'est applicable que dans quelques localités
privilégiées.

La distance qui doit exister entre chaque pied de vigne
ne peut être déterminée qu'après s'être rendu compte de
la nature des terres, de la hauteur des murs et de l'emploi
auquel on les destine. Lorsque enfin on a déterminé la
distance voulue par rapport aux localités, on procédera à
la plantation qui se fera dans des fossettes longitudinales,
d'une profondeur de 32 cent. (1 pied) terme moyen,
c'est-à-dire que pour les terres normales et un peu
humides 27 cent. (10 pouces) sont suffisants; mais
36 cent. (13 pouces) sont nécessaires dans les terres légères et brûlantes. En plantant, on couchera non-seulement
la partie enracinée, mais encore une partie du sarment qui
sera dirigé vers le mur et relevé à l'endroit que l'on aura
déterminé. Si ces sarments, ainsi plantés, dépassaient plus
que deux yeux au-dessus du niveau du sol, on en retran-
cherait l'excédant, et, si les localités le permettent, on fera,
avec la terre de leur voisinage, un petit auget de 5 à 8 cent.
(3 pouces) au plus de profondeur, que l'on remplira de
grand fumier, afin d'empêcher les terres de se calciner et
d'être desséchées par l'ardeur du soleil.

Après avoir ainsi planté et retranché ces vignes, on
surveillera les bourgeons sortant des deux yeux dont il
vient d'être parlé, et qui devront être maintenus par des
supports au fur et à mesure qu'ils se développeront. Pen-

dant les deux ou trois premières années, ces jeunes vignes devront être généralement taillées à deux yeux sur un seul sarment le plus vigoureux et le plus rapproché du sol, afin qu'au bout de ce temps elles puissent donner des pousses assez longues pour atteindre la muraille. Jusque-là on se gardera de réformer ni feuilles ni faux bourgeons, afin que ces productions puissent exciter le développement des racines. Ce n'est que du moment où l'on verra que les bourgeons pourront prendre l'accroissement nécessaire pour arriver facilement au mur, que l'on débarrassera les faux bourgeons, afin que la séve qu'ils absorbaient puisse passer au profit de l'extrémité du bourgeon conservé.

Au printemps qui suivra cette opération, on pratiquera des fossettes de la largeur d'un fer de bêche et de la profondeur que nous avons déjà indiquée pour la plantation ; on y couchera les sarments dont l'extrémité sera redressée le long du mur et taillée sur deux ou trois yeux hors du sol. Tous ceux qui seront pour être enterrés devront être annulés soit avec la serpette ou tout simplement avec les ongles : quoique cette opération ne soit pas de rigueur pour les couchages des vignes que l'on tient à multiplier, on obtiendra toujours de bons effets pour le cas où je le recommande, en ce que cette réforme force toute la séve contenue dans le sarment à se porter au bénéfice des deux ou trois yeux réservés dont il vient d'être parlé. C'est après cette disposition que l'on doit placer ce sarment dans la fossette, puis recouvert soit avec la terre du sol, si elle est de bonne nature, soit avec une terre rapportée. Souvent l'on jette sur ces sarments du bon fumier de vache, bien consommé, qui active singulièrement la végétation, mais qui nuit un peu à la qualité du raisin. Mais, comme on a pour but, dans le commencement d'une plantation, d'obtenir surtout du bois, cette pratique peut être employée sans inconvénient. Seulement je recommande de ne point mettre de fumier trop près de la muraille, afin de ne pas exciter le développement des racines dans cette partie, parce qu'elles y sont plus exposées à l'influence de la sécheresse. Après une telle opération, les vignes doivent donner des sarments de la longueur de 5 à 6 mètres; dès lors il faut appliquer la taille que je vais décrire.

§ II. — De la taille de la vigne dans les jardins.

La taille la plus avantageuse pour les vignes cultivées dans les jardins est, sans contredit, celle avec laquelle on forme des cordons, soit qu'on en établisse sur toute la hauteur de la muraille, soit que l'on se contente d'en former un sous le chaperon (*). Dans ce dernier cas, le cordon doit être établi de 48 à 54 cent. (18 à 20 pouces) au-dessous de la partie saillante de la muraille. Si, au contraire, celle-ci est uniquement consacrée à ce genre de culture, le premier cordon régnera à 16 centimètres (6 pouces) au-dessus du niveau du sol; les autres que l'on établira en dessus devront être espacés de 54 à 65 cent. (20 à 24 pouces) dans les terres légères, et de 75 à 80 cent. dans les terres humides, parce

(*) Butret condamne cette méthode. Voyez sa brochure. Néanmoins j'en recommanderai l'usage toutes les fois que les murs seront assez élevés. Le palissage de la vigne, devant être pratiqué bien avant celui du pêcher, ne peut, par conséquent, pas lui nuire. Je regarde même cette pratique comme très-avantageuse pendant l'été, en ce que les feuilles et bourgeons d'une vigne bien soignée, ne devant pas dépasser la largeur des chaperons, pourront en tenir lieu pendant cette saison.

que , dans ces derniers, on ne devra pas laisser les bourgeons d'un cordon passer sur un autre, à moins qu'il n'y
ait nécessité absolue, et cela pour ne pas intercepter l'influence solaire, si utile dans cette circonstance. Cette
action du soleil est moins nécessaire dans les terres brûlantes, où l'on a quelquefois besoin d'un peu d'ombre
pour favoriser le développement des fruits.

Forme des cordons, planche 4, figure 2. — Après avoir
disposé les sarments de façon à créer les cordons qui devront être inclinés horizontalement et sans faire de coude,
afin d'éviter les ruptures, on procédera à la première
taille, qui consiste à retrancher pour le moins les trois
quarts de la longueur de ces sarments, afin que tous les
yeux placés sur la partie réservée puissent se développer
avec force et donner naissance à des bourgeons vigoureux
qui, pour l'ordinaire, seront garnis d'une bonne quantité de fruits.

Le bourgeon de l'extrémité de chaque cordon, ou, à son
défaut, celui qui lui succède, sera palissé de manière à le
continuer, sans faire le moins de coude possible. Les
autres seront palissés verticalement, et, s'il existe un
cordon au-dessus de celui-ci, ces bourgeons seront tranchés à quelques centimètres au-dessous du point où ils
voudraient le traverser, et sans attendre l'époque de
la floraison, comme cela se pratique trop souvent.
D'après des expériences comparatives, j'ai trouvé que
ce procédé influait avantageusement sur la grosseur des
grappes et l'avancement de la fleur ; c'est pourquoi je conseille de faire cette réforme de bonne heure, surtout sur
les vignes vigoureuses et dans les années pluvieuses. On
devra, en outre, faire la réforme des vrilles et faux bourgeons au fur et à mesure qu'ils se développeront, afin

d'éviter une confusion de feuilles que ces derniers occasionneraient; l'extraction de ceux-ci se fait en les tirant de haut en bas, ce qui les fera rompre à leur naissance; on devra agir en sens inverse pour retrancher les vrilles; il est même souvent prudent de se servir des ongles pour les couper à 3 ou 6 centimètres (1 ou 2 pouces) de leur naissance; celles qui se développent sur les grappes doivent être retranchées sans retard, autrement elles les exciteraient à s'étioler, au point de les voir quelquefois passer elles-mêmes à l'état de vrilles, ce qui fait dire aux cultivateurs que les vrilles connues ainsi sous le nom de *cornes* mangent les grappes et donnent lieu à la coulure : la réforme prématurée de celles qui se développent spontanément sur les bourgeons produira toujours d'excellents effets, en ce que, d'une part, elles n'ont pas le temps de s'entrelacer après tous les corps qu'elles rencontrent, ce qui entraverait le palissage, et que, de l'autre, elles empêchent l'étiolement de ces mêmes bourgeons; avantage immense pour les grappes, en ce qu'elles ne sont généralement bien constituées que sur ceux dont les nœuds sont peu éloignés les uns des autres.

Deuxième taille. — Cette taille devra toujours être proportionnée à la vigueur des individus, tant pour les sarments destinés au prolongement du cordon que pour ceux qui croisent verticalement; et si quelques-uns de ces derniers n'avaient pas pris le développement désiré, ce qui prouverait que la première taille aurait été faite outre mesure, on devra, dans celle-ci, être plus réservé sur le prolongement du cordon, afin de ne pas commettre les mêmes erreurs; car, dans ce genre de végétal, il vaut mieux forcer la sève à se porter du centre à l'extrémité que de l'extrémité au centre.

Les sarments les plus vigoureux, qui se trouvent placés verticalement sur le cordon, devront être taillés exclusivement sur les deux premiers yeux, en comprenant celui qui se trouve sur la couronne ou talon, de sorte que, après avoir opéré ces différents sarments, leur longueur ne doit pas dépasser celle de 3 centimètres 1 pouce. Quelques personnes pourront être étonnées d'une taille aussi courte; mais, lorsqu'elles l'auront pratiquée deux années de suite, elles en reconnaîtront l'efficacité. Les sarments faibles qui auront un peu plus que la grosseur d'un tuyau de plume seront taillés sur le premier œil, de sorte qu'ils sembleront n'avoir conservé que leur couronne (*). Tous ceux qui auraient poussé en dessous et qu'on aurait conservés pour leurs fruits, ainsi que ceux qui se trouveraient sur la tige, seront réformés, à moins que leur conservation ne parût d'une nécessité absolue.

On est convenu de donner le nom de *broches* à tous les sarments qui ont subi la taille et qui se trouvent placés en dessus du cordon. Chacune de ces broches donne le plus ordinairement naissance à deux bourgeons que l'on palisse et traite comme je l'ai indiqué à la première taille.

Troisième taille. — Je ne répéterai pas ici ce qui concerne le sarment chargé de prolonger l'extrémité du cordon, pas plus que ceux qui ont poussé dessus, puisqu'il faut leur appliquer les principes posés précédemment pour la première et la seconde taille. La troisième taille s'applique aux broches. Comme on a pu le remarquer, elles n'ont encore subi qu'une opération dont les résultats sont

(*) Quant au cordon planche 4, figure 2, il ne faut pas s'arrêter à l'inspection des broches, qui ont été dessinées d'après une échelle qui les représente beaucoup plus grandes que je le recommande par le texte.

deux sarments (voyez *pl. 4*). Le plus éloigné du cordon sera réformé avec une portion de l'ancienne broche, de manière que la partie réformée ressemble un peu à une crosse, ce qui lui a valu le nom de *crossette*. L'autre sarment sera réservé et taillé à deux yeux, pour former une nouvelle broche que l'on traitera de la même manière. Alors il existera entre cette broche et le cordon une espèce de tête de saule (à laquelle on donne le nom de *courson*) peu apparente d'abord, mais qui, par une taille mal raisonnée, pourrait prendre une certaine élévation. Ce serait un inconvénient, parce qu'il sortirait sur ces parties une infinité de bourgeons inattendus qu'il faudrait réformer à l'époque de l'ébourgeonnage. Les sous-bourgeons qui sortent sur les broches et à l'empatement des bourgeons principaux (*) devront aussi être réformés, à moins qu'il y ait nécessité d'augmenter les récoltes. Les différents ébourgeonnages se font lorsque les grappes sont apparentes ; on opère simplement avec les doigts et sans efforts, à moins qu'on ne néglige de les faire à cette époque, ce qui serait préjudiciable à la vigne, surtout si elle n'était pas très-vigoureuse. Quoiqu'il soit de règle générale de réformer les différents bourgeons dont je viens de parler, particulièrement ceux qui se développent sur les coursons, cependant, s'il arrivait que l'un de ceux-ci prît un accroissement démesuré, et qu'à sa base il se trouvât un bourgeon, *ce qui n'est pas rare*, on conserverait ce dernier pour pouvoir, à l'époque de la taille, réformer le vieux courson, qui serait à l'instant remplacé par une nouvelle

---

(*) Ces sortes de productions ne sont pas apparentes à l'époque de la taille, parce qu'elles font corps avec les yeux dont l'enveloppe les recouvre encore.

broche. C'est ainsi que l'on agira sur des vieux ceps et cordons qui auraient été mal traités.

Il arrive aussi une époque où les cordons eux-mêmes sont épuisés. Cette époque varie singulièrement en raison de la nature des terres et de la quantité des engrais qu'elles ont reçus. Quel que soit cet état d'épuisement, il est rare qu'il ne reste pas encore quelques ressources, ce qui est annoncé par des productions vigoureuses qui partent du pied du cep. On profite de ces nouveaux jets pour remplacer le vieux cordon qu'on supprime, ce qui donne encore d'excellents résultats. Si l'on craint le mauvais état des racines, on couche en terre les nouveaux sarments, en leur faisant décrire un demi-cercle ou un cercle entier, afin de les éloigner du mur autant que possible, en cherchant seulement à ramener leur extrémité vers la muraille. A l'aide de ce moyen et de quelques engrais, on peut complétement rétablir un cordon en peu de temps. Dans quelque position que l'on cultive la vigne sous cette forme, soit le long d'un treillage à l'air libre ou adaptée à des tonnelles ou berceaux, les principes sont les mêmes. On donne encore à la vigne une forme en espalier, en maintenant sa tige verticale et en la laissant se garnir dans toute sa longueur, à droite et à gauche, de coursons et de broches. Cette forme convient aux vignes plantées près d'un mur de peu de hauteur à une exposition chaude. Les principes pour cette taille sont les mêmes que ceux que je viens de décrire.

Dans quelques jardins situés à des positions chaudes et sur des terres brûlantes, on cultive la vigne, à l'air libre, conduite sous la forme d'une quenouille soutenue par un échalas, sur lequel viennent s'attacher tous les bourgeons sortant des coursons. On est convenu de donner à ces

12

vignes le nom de ceps. Cette culture ne peut être mise en
usage que dans la situation que je viens d'indiquer, et
encore, dans le nord et le centre de la France, les récoltes
sont assez infructueuses et la qualité du raisin médiocre.
Du reste, les principes de la taille sont les mêmes que pour
les cordons.

On cultive également la vigne propre aux raisins de table
en la tenant en massif peu éloigné des murs exposés au
midi. La forme la plus ordinaire que l'on donne à chaque
pied, planté à une distance assez irrégulière, consiste
dans l'établissement de quatre à cinq coursons sur le
tronc, qui est peu élevé du sol ; ces coursons devront toujours être établis de manière à ce qu'ils s'éloignent du
centre, afin que par leur ensemble ils puissent former un
cul-de-lampe dont ce mode de culture a pris le nom. Lorsque
ces vignes sont très-vigoureuses, on peut conserver deux
ou trois sarments des plus élevés sur les coursons ; on
donne à ces sarments le nom de *ventelles*. Pour cet effet,
on les taillera à environ un mètre de leur insertion, et lors
de l'ascension de la sève, on les courbera en anse de panier
en fixant leur extrémité dans le sol, afin d'en répartir la
sève plus uniformément ; ce qui fera donner beaucoup de
fruits et diminuera l'extrême vigueur du cep qui les alimente. Après la récolte, ou à l'époque de la taille suivante,
on fera la réforme de ces parties pour faire place à de
semblables si les ceps sont encore assez vigoureux ; dans
quelques localités, on conserve ces ventelles une année de
plus ; dès lors on retranche tous les sarments latéraux, à
l'exception des deux placés à l'extrémité, qui sont, pour
l'ordinaire, les plus vigoureux ; ceux-ci sont assez généralement retranchés à 32 cent. (1 pied) de leur naissance,
afin de pouvoir immédiatement en enterrer la moitié, ac-

compagnée d'une partie du vieux bois dont l'ensemble produit environ un mètre de longueur : les parties enterrées, prenant racines, servent à la nourriture d'une abondante récolte ; après quoi ces parties sont arrachées et livrées au commerce sous le titre de *chevelures*. Le reste des opérations est conforme à ce que j'ai dit plus haut. Au surplus, cette culture, extrêmement simple, convient plutôt au vigneron qu'au jardinier.

Je termine ici ce que j'avais à dire sur les opérations de la taille appliquée à la vigne dans les jardins. Je n'ai pas cru devoir augmenter son article de faits curieux et intéressants sous le rapport de son histoire, que j'aurais pu emprunter à des auteurs anciens et modernes. J'ai préféré me renfermer dans ce qui est purement pratique.

SECTION III. — TAILLE EN VASE.

Cette taille varie beaucoup en raison de la nature et de la vigueur des arbres, ce qui fait qu'elle est souvent mal établie par beaucoup de jardiniers, qui taillent tout d'après les mêmes principes, tandis que chaque arbre exige un raisonnement particulier. C'est pour cela que nous croyons utile d'examiner ces arbres sous quatre modes de culture tout différents ; il est vrai qu'ils offrent encore entre eux quelques petites modifications qui varient selon qu'ils sont plus ou moins vigoureux ; mais il m'a paru suffisant de les désigner sous les quatre titres ci-après pour connaître les manières d'opérer selon la vigueur de chacun d'eux.

§ I. — Taille en vase sans le besoin de support.

C'est plus particulièrement sur des pommiers greffés sur

paradis ou douçain que cette taille est établie ; on la rencontre assez généralement dans les jardins modernes comme
étant la plus propre à former des massifs d'un grand produit. Ces arbres acquièrent à peine la hauteur de 65 à
130 cent. (2 à 4 pieds), ce qui varie un peu en raison de
la nature du sol ; aussi choisit-on les paradis pour les terres
fortes et substantielles, et les douçains pour celles qui sont
maigres ou peu argileuses. Dans ce cas, ils ne dépasseront
pas la hauteur indiquée ci-dessus, ce qui les dispensera de
tout l'appareil dont les arbres plus élevés soumis à cette
taille ne peuvent se passer.

Les paradis et douçains sont envoyés des pépinières
ayant déjà éprouvé la suppression de la tige de 16 à 22 cent.
(6 à 8 pouces) au-dessus de la greffe. Les rameaux qui ont
poussé sur cette tige sont très-irrégulièrement placés ; il
importe alors de régulariser la forme qu'ils doivent avoir :
pour y parvenir, on choisira trois ou quatre de ces rameaux ;
et, comme il est rare qu'ils aient le même volume, et jamais placés à égale hauteur sur le tronc, ils devront éprouver des modifications que la taille leur fera subir, afin que
par leur ensemble ils puissent représenter un vase, mais
qui ne pourra, cette première année, avoir une bien
grande dimension, tant en largeur qu'en hauteur, puisque la partie réservée des plus forts rameaux ne pourra
être taillée au-dessus de 16 à 17 cent. (6 pouces) en prenant toutefois la précaution de faire cette opération sur un
œil terminal dérivant de gauche à droite, ou de droite à
gauche du vase et qu'il soit suivi d'un autre placé en sens
opposé, afin qu'en se développant l'un et l'autre ils puissent
former, dans la partie circulaire de ce vase, une espèce de
fourche, à qui on a donné le nom de *bifurcation*. (Voyez
pl. 6, *fig.* 4). Quant aux plus faibles, on les taillera de ma-

nière à les faire concourir à la régularité de ce gobelet, mais sans les bifurquer ; à cet effet, l'un des yeux, placé à l'extérieur et quelquefois même à l'intérieur de ce vase, sera préféré, à moins qu'il n'y ait nécessité de reporter la continuation de cette branche à droite ou à gauche de la partie circulaire : lorsque, à l'avenir, ces branches auront pris un volume égal à celui des plus fortes, on n'en fera point de différence.

La deuxième taille devra être pratiquée d'après les principes que j'ai développés pour la première. Si, par suite de cette seconde opération, la plus grande partie des rameaux destinés au prolongement de chaque branche circulaire avaient acquis la longueur de 65 cent. (2 pieds) ou environ, on pourrait les tailler à 14 ou 16 cent. (5 à 6 pouces), afin que l'œil terminal de chaque rameau et celui qui le suit pussent se développer avec vigueur pour être propres à continuer la charpente. Tous yeux restants, qui se trouveront sur les rameaux, seront destinés à produire de petits dards ou brindilles.

Les rameaux avec lesquels on veut former des bifurcations devront être taillés de moitié moins long, terme moyen (voyez *pl.* 6, *fig.* 3, lettres A B et E F), afin d'éviter des *cornes* (*) ; ce n'est qu'à leur deuxième taille que l'on devra les mettre en équilibre avec les autres branches. (Voyez D G, mêmes planche et figure.) (**)

A la troisième taille on devra vérifier la seconde, et si quelques-unes des branches circulaires étaient bifurquées dans

(*) Si toutefois je peux me servir de l'expression de Butret.
(**) Je ferai remarquer que cette figure ne présente qu'un quart de vase : j'ai préféré retrancher les trois autres parties, n'étant propres qu'à mettre de la confusion et nécessiter des répétitions inutiles.

un sens opposé, ou si elles étaient trop multipliées, il faudrait les réformer. Il est prudent de pincer les bourgeons qui donnent lieu à de telles productions, ce qui évite de fortes plaies toujours nuisibles. C'est ce qui a été observé au-dessous des rameaux **D, G.**

Si, à l'époque de cette troisième taille, la vigueur s'est maintenue dans les proportions indiquées pour la deuxième, on agira pour celle-là d'après les principes établis pour celle-ci. Il n'en sera pas de même lors de la quatrième, parce qu'à cette époque les arbres dont nous nous occupons devront être munis d'une assez grande quantité de boutons, ce qui oblige à tailler plus court, afin de maintenir la sève qui doit les alimenter. Il serait prudent, dès cette époque, de faire la réforme de quelques brindilles placées sur les branches circulaires de nature faible, afin de leur donner la faculté de se mettre en équilibre avec les plus fortes.

La cinquième taille sera faite dans le but que j'ai indiqué ici, et les suivantes également. Mais il arrive une époque plus ou moins reculée où ces arbres ne poussent que dans des proportions peu considérables, en raison de leur âge, de la nature des terres et de la quantité de fruits qu'ils portent chaque année. Dès lors on devra considérablement diminuer les branches à fruit, en cherchant à ce que l'extrémité des branches circulaires puisse donner des rameaux vigoureux, afin de raviver ces arbres. Voyez ce que j'ai dit, à ce sujet, à l'article *Déchargement*.

Les proportions que j'ai données pour la vigueur de ces arbres sont généralement le terme moyen ; il s'en rencontre où elle est plus ou moins dominante, ce qui fait varier les principes que j'ai posés. Si les arbres se sont développés plus vigoureusement que je ne l'ai indiqué, ils

devront être taillés plus long ; si, au contraire, ils n'ont
poussé que faiblement, ils seront, par cette raison, taillés
plus court, en empêchant également l'accroissement d'une
trop grande quantité de branches à fruit.

§ II. — Taille en vase au moyen de supports et de cerceaux.

C'est généralement pour les arbres vigoureux du genre
à pepin, greffés sur franc, que ce second mode de taille est
établi. On appelle franc tout arbre arrivé à un certain état
de domesticité, soit qu'il soit le produit de boutures, dra-
geons, œilletons, marcottes ou semis. Ce dernier moyen
est bien supérieur aux autres, en ce qu'il donne des sujets
bien plus vigoureux ; aussi les pépiniéristes l'emploient ils
avec beaucoup de succès. On appelle quelquefois aussi les
francs du nom de sauvageons ; cependant ceux-ci s'en distinguent par leurs feuilles petites, leur bois mince et le
plus souvent armé d'aiguillons, tandis que les francs ont
pour l'ordinaire les feuilles larges, charnues, les rameaux
gros portant peu ou point d'épines. C'est surtout dans le
genre du poirier où ce caractère est plus constant, et où il
est le plus important de faire la distinction de ces deux
variétés, parce que les francs doivent être réservés pour recevoir les espèces les plus difficiles à se mettre à fruit. Les
sauvageons peuvent recevoir les autres espèces, et notamment celles que l'on cultive à haute tige dans les vergers.

Ces précautions, quoique importantes, sont généralement négligées par nos pépiniéristes les plus instruits. Ils
greffent indistinctement, parce qu'il est assez difficile de
distinguer si telle espèce a été greffée sur franc ou sauva-
geon (*). Il en résulte que, parmi ces arbres plantés pêle-

(*) Néanmoins, lorsque ces arbres sont arrachés, on peut, jusqu'à un

mêle, ceux greffés sur franc donnent des fruits abondamment et d'un beau volume, tandis que les autres se font attendre longtemps, et n'en donnent que peu et petits ; encore sont-ils souvent galeux ou pierreux. Ceci est commun à toutes les espèces ; c'est pourquoi, presque généralement, on a adopté les pommiers greffés sur paradis et douçain, et les premiers sur cognassier. Mais, je le dirai avec connaissance de cause, pour les terres maigres, peu substantielles ou impropres à la nature de ces deux genres d'arbres, les francs doivent être préférés ; les poiriers surtout auront un avantage immense sur ceux greffés sur cognassier même planté dans un bon sol ; si cependant les terres étaient trop substantielles, argileuses ou peu profondes, les cognassiers seront d'un meilleur emploi.

Pour le genre pommier, les arbres greffés sur franc poussent dans des proportions plus considérables que ceux greffés sur paradis ou douçain. Néanmoins les deuxième et troisième tailles devront être établies comme pour les paradis ; mais lorsqu'un certain nombre de bifurcations seront formées, et que l'embonpoint de toutes les parties en annoncera la vigueur, les rameaux destinés à prolonger les différentes branches circulaires pourront être taillés de 32 à 42 cent. (12 à 15 pouces), avec la précaution de leur faire obtenir, par leur ensemble, autant de régularité qu'il est possible (voyez pl. 6, fig. 3). Les rameaux destinés à la formation des nouvelles bifurcations devront être taillés comme nous l'avons dit pour les paradis. Si les autres rameaux ont été pincés, on sera dispensé d'en faire la réforme, en évitant également des plaies considérables.

certain point, juger de leurs qualités, parce que les racines des francs sont plus charnues et se rompent plus facilement que celles des sauvageons.

Alors on se contentera de casser quelques-uns de ces rameaux qui n'auront pas subi l'opération du pincement, et qui auraient trop de volume pour être considérés comme brindilles.

On voit, d'après ce qui vient d'être dit, que des supports et des cerceaux sont indispensables pour le maintien de ces branches et leur espacement, qui doit être de 11 à 16 cent. (4 à 6 pouces); quant à celles des cerceaux, le terme moyen est de 32 centimètres. L'évasement doit aussi se pratiquer au fur et à mesure que les arbres prennent de l'accroissement, ce qui ne peut avoir lieu sans les moyens dont je viens de parler.

Il nous importe maintenant de faire l'application de la quatrième taille sur ce même arbre. On voit que le rameau A a été taillé sur deux yeux placés dans la partie circulaire et propres à donner naissance à une nouvelle bifurcation, mais en sens opposé à la lettre B. Cette précaution devra être prise, autant que possible, pour toutes les branches qui auront la même destination, de sorte que les bifurcations se trouvent alternativement à droite et à gauche, et à des distances qui ne peuvent être déterminées que par le besoin des branches circulaires.

Les bourgeons qui se développeraient trop vigoureusement au-dessous de la bifurcation proposée, et qui pourraient nuire à son accroissement, seront pincés et donneront le résultat que l'on peut remarquer au-dessous de la bifurcation B.

Le rameau C, comme on peut le voir, est très-vigoureux; c'est pourquoi j'ai cherché à en obtenir une bifurcation avec la précaution indiquée plus haut. Le reste des opérations n'a rien de particulier.

La lettre D désigne une branche produite par une bifurcation, laquelle a développé un rameau très-vigoureux qui a été taillé de manière à le mettre en correspondance avec les rameaux les plus vigoureux, mais sans chercher à le bifurquer. Cette bifurcation serait ridicule et inconvenante, parce qu'elle se trouverait à la même hauteur que celle qui lui est préparée sur le rameau C. Ce soin est de rigueur pour toute autre partie.

La lettre F n'exigeant pas d'autre opération que la lettre C et la lettre G étant aussi en rapport avec D, je me dispenserai d'entrer dans de plus grands détails.

On remarque ici que chacun de ces rameaux n'est pas taillé en raison de sa force, comme le recommandent quelques auteurs, mais seulement en raison de sa destination particulière. Dans la supposition qu'un des arbres soumis à cette forme viendrait à s'emporter dans l'une de ses parties, il faudrait que les rameaux de cette partie fussent taillés très-court, multiplier autant que possible les branches à fruit, qui, par leur produit, absorberont la surabondance de séve. Le contraire devra être fait sur le côté faible, c'est-à-dire que les rameaux destinés à l'accroissement de la charpente seront taillés très-long, si même on ne trouve pas convenable de les laisser entiers. Les branches à fruit seront taillées très-court, afin que leurs produits soient peu considérables.

Tout ce que je viens de dire à l'égard des pommiers est également applicable aux poiriers, pruniers, abricotiers, etc.

Quoique la forme en vase avec des supports soit très-gracieuse, elle est presque généralement rejetée et remplacée avec raison par des pyramides ou des éventails. Néanmoins on en rencontre encore dans les jardins plusieurs greffés sur franc. Trop souvent ils sont taillés si

court, qu'ils n'offrent, pour ainsi dire, que des nœuds et
des plaies considérables. De telles opérations leur retirent
la faculté de donner des fruits, parce que la réforme annuelle des rameaux vigoureux détermine les dards et brindilles peu nombreux à se transformer en branches à bois, ce
qui engage les mauvais porteurs de serpette à faire de nouvelles réformes qui multiplient encore les plaies. Si une main
habile ne vient pas au secours de ces arbres, leur vigueur se
ralentit, la sève refuse d'arriver à l'extrémité des branches
circulaires, par l'effet des plaies qui y sont multipliées, et
bientôt ils n'offrent plus que le triste assemblage de chicots dégoûtants. Les propriétaires sont réduits à en ordon-
ner l'arrachage, qui a lieu sans qu'ils aient obtenu autre
chose que des fruits verts et de mauvaise qualité. Tel est
l'état de beaucoup d'arbres que l'on m'invite souvent à
rétablir. Si ce sont des pommiers, mes premiers soins sont
de débarrasser l'intérieur d'une foule de rameaux et branches, auxquels succèdent des têtes de saule. Les rameaux
formés dans l'intervalle des vieilles branches y sont maintenus, malgré la confusion qu'ils forment, en disposant
les plus forts à la formation d'une nouvelle charpente.
Dans ce but, on les taille extrêmement long, et quelques-
uns pas du tout, ce qui a lieu pour les plus faibles, afin de
régulariser une nouvelle couronne.

Lors du pincement, il sera prudent de visiter l'ensemble
de ces arbres et pincer tous les bourgeons vigoureux mal
placés. La seconde taille sera faite d'après les principes de
la première.

À l'époque de la troisième taille, ces arbres devront être
pourvus d'une très-grande quantité de boutons, et, si le
temps est favorable pendant la floraison, ils se trouveront
rétablis et en état de donner une très-grande quantité de

fruits. Alors les rameaux destinés au prolongement des branches circulaires devront être taillés beaucoup plus court, afin que la séve puisse mieux alimenter les fruits.

A la quatrième taille, on commencera à débrouiller la confusion que j'ai indiquée comme régnant dans les rameaux à l'époque de la première taille ; et si, lors de cette opération, il se rencontre quelque vieille branche de la charpente morte ou mourante, il faut en faire la réforme seulement à cette époque, parce que les fortes plaies sont très-pernicieuses aux pommiers, surtout faites à des branches dont le tissu est encore très-dilaté : elles le sont beaucoup moins aux poiriers ; c'est pourquoi, sur des arbres de cette nature, on peut effectuer le recepage afin d'obtenir une forme plus régulière, à moins que l'état de l'arbre ne permette de le réparer entièrement sans recourir à ce moyen.

§ III. — Taille en vase à branches croisées.

Lorsque les arbres soumis à la forme dont nous venons de parler plus haut auront une vigueur extraordinaire, on pourra croiser les branches ou rameaux destinés à la création de la charpente. Pour cela, la moitié des branches sera inclinée à droite, et l'autre moitié à gauche, en leur faisant décrire un angle de 45 degrés ou environ. La plupart des rameaux destinés au prolongement de ces branches ne seront point taillés, excepté les plus vigoureux, que l'on devra bifurquer en sens inférieur, afin de multiplier ces branches au fur et à mesure que le vase prendra de l'étendue.

Les vases ainsi croisés peuvent aisément se passer de

support ; cependant quelques cerceaux de distance en distance seront nécessaires pour la plus parfaite régularité.

§ IV. — Taille en vase-quenouille.

Quoique ce mode de taille soit peu usité dans les jardins,
on peut le mettre à exécution, afin de se dispenser de
croiser les branches et rameaux trop vigoureux, comme
nous venons de l'indiquer dans le paragraphe précédent.

Ce mode consiste à conserver un rameau près l'assemblage des branches charpentières, et aussi verticalement
que possible sur le tronc, ce qui est commun sur ces arbres;
à son défaut, on emploie une greffe placée en cheville,
qui bientôt s'emparera d'une très-grande quantité de séve,
ce qui diminuera la vigueur des branches circulaires du
vase et les mettra à fruit en peu de temps. Cette greffe ou
ce rameau sera traité comme pour obtenir une pyramide;
mais la tige sera dénuée de branches à sa base, afin de ne
pas obstruer l'air destiné à la vie du vase. Je dois prévenir
le lecteur qu'à une certaine époque la séve peut abandon-
ner le vase pour se porter totalement à la pyramide : l'un
et l'autre se trouvant alors en état de donner des fruits,
on est le maître de choisir entre les deux. On peut, au
reste, par quelques traits de scie pratiqués près de l'insertion de la tige de la pyramide, maintenir l'équilibre assez
longtemps. Il y a bien encore un moyen qui consiste à
tailler la pyramide très-court et très-tard; mais alors cette
partie ne donne souvent pas de fruits.

SECTION IV. — DE LA TAILLE EN PYRAMIDE.

Cette forme est, sans contredit, la plus naturelle à une

infinité d'arbres. On a souvent confondu la pyramide avec
la quenouille, parce que les pépiniéristes nous envoient
des arbres sous cette dernière forme, et, dans cet état,
il faut une main habile pour leur faire prendre celle de
pyramide. Un auteur moderne a prétendu que cette forme
n'était guère propre qu'à donner du bois. Cette assertion
est facile à combattre, puisqu'avec du bois on peut avoir
du fruit à volonté ; d'ailleurs, les succès que l'on obtient
dans quelques jardins, pendant un très-grand nombre
d'années, prouvent assez la bonté de cette forme.

Le même auteur prétend que la forme de quenouille
est la plus propre à donner des fruits. J'avoue que les arbres qui sont ainsi taillés donneront plus de fruits, les
cinq, six ou sept premières années, que sous la forme de
pyramide ; mais, après ce temps, ils vont toujours en dépérissant, et font dire, avec raison, que les quenouilles
ne durent pas, et cela parce qu'elles sont épuisées de fruits
avant d'être en état d'en soutenir les produits. Si, au
contraire, on soumet les arbres à la pyramide, moins
productive d'abord, on en est bien dédommagé ensuite,
parce que l'on n'a pas le désagrément de voir périr les
arbres au moment d'en obtenir des jouissances. Ce n'est,
en effet, qu'à la sixième ou huitième année que l'on doit
attendre d'une pyramide des produits abondants qui se
succéderont pendant trente ou quarante ans. D'après cela,
il me semble que les pyramides doivent être préférées ;
c'est pourquoi je vais indiquer tout ce qui a rapport à
cette taille ; je m'occuperai ensuite des quenouilles, et
m'efforcerai de détruire les mauvais procédés employés
pour les conduire.

§ I. — De la taille en pyramide sur poirier.

Cet arbre se présente assez volontiers sous cette forme
dans la nature, et, pour peu que l'art lui apporte son secours , on obtient des résultats aussi flatteurs qu'utiles.

Nous allons examiner les figures des planches 5 et 6 à
l'occasion desquelles je développerai les connaissances
indispensables pour obtenir cette forme.

Remarquons d'abord deux jeunes arbres, planche 5,
figures 7 et 8, qui sont le résultat de sujets greffés en
écusson. On voit que ces greffes ont poussé d'à peu près
1 mètre 67 cent. (5 pieds), ce qui est le terme moyen dans
les pépinières. Les deux rameaux ont à peu près la même
vigueur sans avoir la même configuration. L'un d'eux,
figure 7, est muni d'une infinité de faux rameaux, ce qui
n'existe pas sur la figure 8. Tous les fois que de semblables
productions se trouvent placées sur des rameaux destinés
à créer ou à prolonger une tige, on devra les utiliser pour
donner naissance aux branches latérales, qui seront taillées
de manière à commencer la pyramide ; de sorte que plus ces
productions seront éloignées de l'œil terminal combiné,
plus elles devront être taillées long : leur plus ou moins de
force n'aura aucune influence sur cette opération ; tout
dépend de leur position. On voit, par exemple, deux de ces
faux rameaux qui sont restés sans être taillés, dans l'espoir
de les faire développer. A l'aide des suppressions que l'on
devra faire sur toutes les autres parties, on y parviendra
facilement.

On remarque, dans le voisinage de la suppression faite
sur le rameau principal, trois petits faux rameaux qui ont
le caractère de dards ; ceux-ci sont taillés d'autant plus

court qu'ils se rapprochent davantage de l'œil terminal
combiné. Il n'eût pas été prudent de conserver ces dards
dans toute leur intégrité, en ce que l'œil terminal fixe de
chacun d'eux, à cause de leur position, les aurait mis
dans le cas de se développer avec beaucoup trop de force,
comparativement aux autres productions placées en
dessous (*).

Première taille. — Elle doit toujours être plus ou moins
longue, en raison de la vigueur des individus que l'on
veut soumettre à cette forme; toutes les fois que les yeux
placés à la base des rameaux sont bien constitués, et qu'ils
diffèrent peu de ceux qui se trouvent dans le voisinage
de l'œil terminal combiné, on peut tailler ces rameaux vers
la moitié de leur longueur (voyez pl. 5, fig. 8); si, par
extraordinaire, les yeux placés à la base de ces rameaux
étaient plus volumineux que tous les autres, on taillerait
un peu plus long, sans jamais dépasser le dernier tiers.
Cette circonstance, toute favorable qu'elle est, ne se présente que très-rarement; et il est plus ordinaire de réduire
ces rameaux au premier tiers, à cause de la petitesse des
yeux que l'on rencontre à leur base. Dans tout état de
cause, il vaudra beaucoup mieux tailler un peu plus court
que trop long, parce qu'il est toujours plus facile de faire
passer l'excédant de la séve du bas vers l'extrémité que
de cette partie vers le bas, toutefois, cependant, que les
arbres sont jeunes et à l'état de formation, car le contraire
arrive presque toujours dans les arbres vieux et qui ont
préalablement été mal soignés. Toujours l'œil terminal

(*) Tout ce qui vient d'être dit sur les faux rameaux destinés à créer
des branches latérales ne doit être considéré que comme accessoire;
c'est pourquoi je l'ai placé en dehors de la première taille sur l'arbre,
figure 7.

combiné sera choisi parmi ceux qui sont les plus convenables pour continuer la tige (*). Ceci n'a pas été fait exactement dans l'arbre qui est représenté, car il aurait fallu prendre l'œil qui est au-dessous; mais, étant trop faible pour remplir cette fonction, on eût été contraint d'opérer sur le quatrième, ce qui aurait rendu la taille trop courte, en ce qu'elle serait diminuée de 14 à 16 cent. (5 à 6 pouces).

Deuxième taille. — Avant de traiter de cette taille, je dois faire remarquer les résultats de la première sur deux individus de même force, où ces résultats n'ont pas été semblables, ainsi que l'indiquent les figures 9 et 10 de la planche 5. On voit, figure 9, trois rameaux latéraux, A, B, C, placés dans le voisinage de la taille, dont le volume est en disproportion avec ceux du même genre placés au-dessous. Cette disproportion est l'effet de la négligence lors du pincement. A cette époque, il eût été nécessaire de pincer ces productions d'après les principes que j'ai établis, et l'on aurait eu un résultat semblable à celui de la figure 10. Dès lors, les opérations de ces deux arbres ne doivent plus être en rapport, quoiqu'ils aient la même vigueur, et qu'ils tendent au même but ; c'est pourquoi je vais dire ce qu'il faut faire pour chacun d'eux, en commençant par la figure 9.

Considérant le besoin du développement des rameaux et des yeux placés à la base de la tige, la seconde taille sera établie à 16 cent. (6 pouces) ou environ de la pre-

(*) Si, lors de cette première opération et de celles qui doivent se succéder chaque année, on se trouve forcé de se servir d'un dard à la place d'un de ces yeux, on ne devra pas s'en faire un scrupule toutes les fois qu'ils n'auront pas une longueur au delà de 6 cent. ; il en sera de même pour la continuation des branches latérales

mière, sur un œil disposé à maintenir la perpendicularité
de la tige. Si cet œil paraissait un peu trop volumineux,
on pourrait, par l'opération de la taille, en faire l'éventage
(voyez pl. 1, fig. 10), afin de suspendre son trop de développement. Mais il faut être circonspect dans de telles
opérations, afin de ne pas s'exposer à la perte de cet œil,
que l'on ne remplacerait que très-difficilement. Il vaudrait mieux, pour quelqu'un de peu exercé, s'assurer
de son développement; et, lorsque son bourgeon aurait
pris un caractère trop prononcé, il serait pincé par
son extrémité, ce qui le retarderait au profit de la masse.

Les rameaux inférieurs à celui dont je viens de parler
sont taillés de la manière suivante : le rameau A sera dé-
monté totalement en enlevant toute la couronne ou empâtement qui se trouve dessous et dessus, afin qu'il ne
forme aucune nodosité le long de la tige dans le sens de la
coupe; néanmoins il devra en rester une petite portion
des deux côtés, afin qu'il puisse en sortir quelques faibles
bourgeons incapables de dominer les autres, ce qui pourrait arriver si ce rameau conservait sa couronne (*). Si,
dans la position qu'il occupe, ce rameau n'avait que la
dimension de celui D, on pourrait le retrancher en lui
conservant sa couronne, et, s'il avait le volume de celui E,
on pourrait le tailler sur le premier œil. Le rameau B,
étant un peu éloigné de la taille, devra être retranché, en
lui conservant une faible portion de sa couronne, c'est-à-
dire que cette couronne devra être un peu éventée. Le
rameau C, étant encore plus éloigné et plus faible que les

(*) Une foule de cultivateurs, qui ne connaissent aucunement le résultat de leurs opérations, taillent de semblables rameaux à deux, trois
et quatre yeux, comme je le ferai remarquer à l'article *quenouille*, ce
qui est un défaut très-grave.

précédents, sera taillé sur le premier œil avec la précaution de l'éventer un peu. Le rameau D sera taillé à 5 cent. (2 pouces) ou environ, ce qui lui donnera l'avantage d'avoir deux ou trois yeux, afin de le maintenir dans l'état d'équilibre où il se trouve. Le rameau E est encore taillé plus long sur un œil supérieur, afin qu'il puisse augmenter plus sûrement la vigueur de cette branche. Il est vrai que le bourgeon qui se développera dans cette position pourra s'élever perpendiculairement ou à peu de distance de la tige; mais, à l'époque de la seconde opération, il aura rempli son but, et on pourra rabattre sur le rameau qui se sera développé de l'œil que l'on voit placé inférieurement.

L'autre petit rameau, placé au-dessous de tous ceux que nous venons de passer en revue, a le caractère de brindille un peu grasse par son extrémité, ce qui donne l'espoir qu'en le laissant entier il se développera avec assez de force pour se mettre en équilibre avec tous les autres. Si l'on craignait de ne pas obtenir un succès complet, on pratiquerait, le long de la tige et en dessous de ce rameau, deux ou trois incisions longitudinales qui viendraient aboutir sur la couronne de ce rameau, ce qui détendrait les écorces et donnerait la facilité à la sève de s'y porter abondamment. Si c'est une branche faible dont on veuille aider le développement, les incisions devront y être pratiquées de manière à ce qu'elles communiquent sur celles dont je viens de parler. On peut joindre à ces différents moyens celui qui a été annoncé dans les *Annales de la Société d'horticulture*, nos 7 et 8, par M. Oscar Leclerc, aujourd'hui professeur de culture au Conservatoire royal des arts

et métiers, qui dit avoir conçu et pratiqué cette méthode
dans une de ses propriétés de Maine-et-Loire.

Ce savant, plein de modestie, pouvait, à juste titre, dé-
clarer que cette ingénieuse idée lui était déjà venue lors
de nos leçons particulières dans les écoles d'agriculture,
fondées par son vénérable oncle A. Thoüin, au jardin des
plantes. Cette opération consiste à faire des entailles dans
l'épaisseur de l'aubier au-dessous des yeux latents (voyez
pl. 5, fig. 9). Le même procédé peut être mis en usage
pour des branches et rameaux faibles dont on veut rendre
la réussite plu certaine (*).

Cette pratique, peu connue et peu employée pour des
pyramides bien tenues, est, pour ainsi dire, indispensable
pour des quenouilles qu'une main habile sera chargée de
réparer. Cette opération a pour but de retenir la séve mon-
tante au profit de chaque branche que l'on veut développer, dans une proportion combinée d'après l'étendue des
entailles, qui, en pareil cas, devront être plus larges que
profondes, afin de ne pas exposer la tige à être rompue par
les vents. Je dirai, en terminant, que les différentes opérations indiquées doivent être rigoureusement faites dans
l'espoir de faire développer les deux petits dards placés au
bas de l'arbre et de leur faire produire deux bonnes branches utiles à son organisation.

Passons à la deuxième taille, figure 10. J'ai déjà fait
remarquer sur cet arbre l'importance du pincement, qui
aide à la répartition égale de la séve dans les différents

(*) Il y a un principe important à observer dans les pyramides, c'est
que les branches latérales tournées du côté du nord poussent toujours
moins que celles qui regardent le midi. Il faut tenir compte de cet
effet dans la formation de ces branches.

rameaux latéraux. Le rameau terminal a été taillé beaucoup plus long que dans l'exemple précédent ; néanmoins
il a fallu tenir compte des observations que j'ai faites relativement à l'état des yeux ; et cette taille a été combinée
pour que tous les yeux latéraux qui s'y rencontrent puissent se développer et former des rameaux semblables à
ceux qui ont résulté de la première taille.

Les différents rameaux sont taillés d'après les formes
prescrites, puisque leur ensemble forme une pyramide
aussi régulière que possible. Je n'entrerai pas dans des détails pour chacun d'eux, parce que je répéterais ce que
j'ai dit pour la figure 9.

La théorie qui dirige dans la conduite de ces rameaux
a pour but important de créer des branches latérales au
fur et à mesure qu'ils se développent sur la tige, de les
espacer à des distances jugées convenables, afin qu'elles ne
forment aucune confusion durable, et de faire en sorte que
ces branches conservent entre elles et la tige un équilibre
parfait. Cette théorie sera expliquée à mesure que nous
nous occuperons d'arbres plus avancés en âge ; mais, avant
de quitter cet exemple, je ferai remarquer la position des
yeux destinés au prolongement de ces différentes branches.

En général, les yeux placés en dessous devront être
préférés, à moins de circonstances particulières que j'ai
expliquées en parlant du rameau E, figure 9. Il est encore
un autre cas qui empêche l'observation de cette règle :
c'est lorsqu'il sera nécessaire de bifurquer une branche, ou
de l'éloigner d'une de ses voisines pour la rapprocher
d'une autre. Ceci se pratiquera en taillant sur l'un des
côtés, qui sera désigné par le besoin. Les bifurcations devront toujours être établies sur les branches les plus vigou-

reuses, avec l'attention qu'elles les partagent de droite à gauche, et *vice versâ :* il est, toutefois, beaucoup de cas où il est nécessaire de les établir en dessous , mais jamais en dessus, parce que la création d'une branche, dans ce sens, ferait périr tôt ou tard celle qui lui aurait donné naissance.

Il est beaucoup d'arbres de l'âge de ceux qui nous occupent qui sont plus ou moins forts que ceux que j'ai figurés; les principes des opérations qu'ils exigent sont les mêmes, sauf les modifications nécessitées par la vigueur des individus.

Troisième taille, figure 11. — Cet arbre est le résultat de la deuxième taille. (Voyez la figure 10, pour comparer avec celle-ci.)

La branche n° 1 est restée sans être taillée ; on en voit les résultats. Celle n° 2 a été taillée de 14 à 16 centimètres (5 à 6 pouces) ; on voit qu'elle a donné naissance à trois rameaux. Celui qui est destiné à la continuation de cette branche devra être taillé vers le quatrième œil en raison du sens où on peut l'observer , considération à laquelle pourtant il ne faut pas toujours s'arrêter sans un examen bien approfondi. Après s'être rendu compte de l'œil le plus favorablement placé selon les principes que j'ai expliqués à la seconde taille, on se présentera en face de cette branche en portant la main gauche au-dessous de la partie que l'on veut opérer, le pouce placé en arc-boutant sous l'œil ; le taillant de la serpette sera porté sur l'endroit même où doit se faire l'opération, en lui faisant prendre la direction que l'on veut donner à la plaie ; et, par un tour de main habile et vigoureux , l'amputation sera faite. Ensuite on réformera totalement le rameau placé en dessus de la branche, en conservant toutefois un peu de couronne du côté qui offrira le plus d'espoir de donner un dard ou brindille qui, devenu branche à fruit, ne formera aucune confusion.

Le troisième rameau sera conservé pour former une bifurcation ; on le taillera sur le troisième œil, comme étant le plus propre à la continuer.

La branche n° 3 ne diffère de celle n° 2 que parce que le rameau destiné à la continuer sera taillé sur le cinquième œil. Le rameau qui existe à la base de cette branche sera conservé entier dans le but d'en faire une branche à fruit.

Le n° 4 représente une brindille de deux années, qui, comme on peut le voir figure 10, avait été disposée à la formation d'une bonne branche latérale. Mais l'œil terminal a été avarié ou détruit, ce qui l'a empêché de remplir le but proposé; et, comme elle est réduite à l'état de branche à fruit, il serait difficile de la faire changer d'état sans opérer des suppressions considérables sur toutes les autres branches de son voisinage.

Le n° 5 représente une branche en avant qui ne permet pas de déterminer la longueur des deux rameaux vigoureux dont elle est munie, et que l'on disposera de manière à former une bifurcation. L'autre petit rameau formant un dard sera conservé précieusement, afin d'en faire une branche à fruit.

Le n° 6 porte deux rameaux. Celui qui termine la branche sera probablement taillé sur le quatrième œil, ce que je ne peux déterminer positivement, parce qu'il se trouve peu apparent. Le rameau supérieur sera traité comme celui du même genre placé sur la branche n° 2.

Le n° 7 désigne une branche terminée par un rameau dont on n'a pu fixer le point où il doit être taillé, parce que plusieurs yeux sont masqués par la position. On remarque que la première taille de cette branche a été établie à 8 cent. (3 pouces) ou environ , ce qui a conservé deux yeux , le terminal étant un peu faible, comparativement au second ; mais, lorsque ce dernier s'est développé, on l'a pincé de façon à le maintenir, pour ainsi dire, dans un état d'*inertie*.

La branche n° 8 est en rapport avec celle du n° 5, mais vue plus en face ; on remarque, lors de son premier développement représenté au numéro correspondant, figure 10, combien elle était peu volumineuse ; mais la position rapprochée de la première taille lui a permis de prendre un très-grand développement ; c'est ce qui oblige quelquefois à pincer ces productions , afin qu'elles ne prennent que les dimensions propres à la formation des branches latérales , sans menacer l'existence de la tige.

La branche n° 9, dont l'insertion est à peine apparente, porte un rameau de 81 cent. (2 pieds 6 pouces) de longueur ou environ ; il sera taillé sur le cinquième œil, afin de le mettre en concordance avec ceux qui sont opérés. Le reste des opérations est tout à fait semblable à ce qui a été dit pour la première et la deuxième taille. D'après les principes que je viens de poser, j'ai cru pouvoir me dispenser de donner des figures de la quatrième et de la cinquième aille ; seulement il m'a paru nécessaire de donner les résultats de cette dernière et les dispositions de la sixième taille.

On voit que les différentes tailles sur la tige de l'arbre représenté planche 6, figure 1, n'ont pas été faites dans une égale proportion, puisque la seconde et la troisième sont assez rapprochées de la première. Il est probable que cette première avait été un peu trop allongée, ou que sa vigueur paraissait ralentie lors de cette opération. On remarque que cet arbre a donné des fruits, puisqu'il est déjà muni de quelques bourses : c'est par cette même raison que les branches à fruit commencent à se multiplier. Sur un arbre de cette vigueur, il est bon d'en avoir un assez grand nombre, dussent-elles former un peu confusion, afin d'arrêter un peu son développement. C'est surtout dans sa partie supérieure que l'on doit chercher à les multiplier, parce qu'elle en est le moins pourvue. La partie inférieure en est suffisamment garnie : plusieurs des branches latérales de cette partie sont même arrivées au point où il est prudent de diminuer le nombre de leurs boutons, afin de ne pas trop les fatiguer ; on y parviendra en réformant quelques-unes de ces branches à fruit.

C'est ainsi que les réformes se feront successivement, soit en partie, soit en totalité, à mesure qu'une branche ou l'arbre lui-même s'affaiblira. On remarque sur cet arbre les différentes tailles des branches latérales qui ont été faites dans la longueur de 16 à 22 cent. (six à huit pouces); néanmoins, pour des arbres plus vigoureux, la taille devra être faite beaucoup plus long, ce qui pourra être fixé à la moitié des rameaux toutes les fois qu'ils seront dans une position convenable à l'organisation de la pyramide. Il est rare que l'on soit contraint à leur donner un plus grand développement pour les faire rapporter ; cependant je me suis vu quelquefois forcé d'arquer quelques rameaux propres à la formation ou à la continuation des branches latérales.

Cette méthode, que je n'admets que dans des cas rares pour les arbres extrêmement vigoureux et rétifs, devra être attentivement observée, attendu que des branches ainsi arquées se chargent d'une très-grande quantité de fruits, qui bientôt diminueront l'extrême vigueur de l'ar-

bre. Mais il ne faut pas attendre qu'il soit trop affaibli
pour réformer ces parties. Le moment est convenable lorsqu'il s'est formé une quantité suffisante de branches à
fruit sur d'autres parties que celles dont nous venons de
parler. Cette méthode, préconisée par Cadet de Vaux, ne
donne aucune garantie contre l'appauvrissement des arbres
ainsi traités; ce qui arrive instantanément. Si toutefois
les terres sont profondes et riches, les arbres pourront se
soutenir plus longtemps, mais il faudra admettre les conséquences que je viens d'expliquer; autrement, les branches
arquées mettront la confusion dans d'autres branches aussi
utiles aux progrès des fruits, qui, dès lors, seront sans
couleur, peu savoureux et malsains.

Lorsque les différents arbres dont j'ai parlé jusqu'alors
seront suffisamment pourvus de branches à fruit, on devra
les tailler beaucoup plus court que je ne l'ai indiqué. Il
arrive même une époque où l'on est contraint de diminuer
la longueur des branches latérales dans des proportions
assez considérables, afin de concentrer la séve au profit
des branches à fruit, dont on ne conserve qu'un petit
nombre, surtout sur les arbres qui arrivent à l'état de
caducité.

Dans cet état de choses, il est souvent prudent, pour
les genres poirier, abricotier et prunier, de ravaler toutes
les branches latérales sur leur couronne, afin qu'il sorte
de ces parties des bourgeons vigoureux, qui, lors de leur
apparition, seront choisis et espacés en faisant la réforme
de tous ceux mal placés susceptibles d'être nuisibles à
l'organisation d'une nouvelle charpente : au printemps
qui suivra cette opération, ces rameaux seront taillés très-
long, afin de rétablir les pyramides, et de les mettre en état
de donner d'abondantes récoltes en peu de temps.

On n'attend pas toujours, pour faire cette opération, que les arbres soient arrivés à l'état de caducité. Cette époque est souvent indiquée, dans les poiriers, par la présence de plusieurs rameaux qui sont les produits des yeux inattendus qui se développent le long de la tige. Néanmoins, quand la plus grande partie des branches latérales sont encore en bon état, on se contentera seulement d'utiliser les nouveaux rameaux qui seront convenables pour le remplacement des branches appauvries ou sur le point de le devenir; on les remplacera successivement et toujours avec avantage, parce que du jeune bois vaut mieux que du vieux. Il arrive aussi quelquefois que tout ce que je viens de dire ne peut servir de base pour déterminer à faire le ravalement des branches latérales, en ce qu'il n'est pas rare de voir des arbres du genre poirier, plantés dans des terres un peu froides, à des situations humides, qui, quoique jeunes encore, vigoureux et bien traités, sont attaqués d'une foule de chancres qui affectent d'autant plus les branches à fruit qu'elles sont plus noueuses, plus petites et plus délicates, ce qui les met hors d'état de produire des fruits ; dès lors le ravalement des branches latérales est indispensable. On aura ensuite le plus grand soin de gratter toutes les parties affectées et les corps étrangers qui se rencontrent sur la tige, susceptibles d'y retenir de l'humidité, toujours funeste à tous les arbres pendant le cours des mauvaises saisons. Cette opération sera suivie d'un engluage de chaux éteinte avec de la lessive, dans laquelle l'on aura fait dissoudre un peu de savon noir, afin de détruire les plantes parasites, et les portions chancreuses, dont la plus grande partie est attribuée à des piqûres d'insectes. (Pour les proportions de ce mélange, voyez le cinquième chapitre de la troisième par-

tic.) Les terrains secs, brûlants, et les expositions chaudes,
produisent une autre maladie connue sous le nom de *tigre*,
qui, sans être aussi apparente, partage tous les désagréments de la précédente, si elle n'est pas plus nuisible encore. Les moyens de s'opposer à cette maladie sont les
mêmes que ceux que j'ai indiqués plus haut.

Avant de quitter la pyramide, planche 6, je ferai remarquer la branche A, qui, parce qu'on a négligé le pincement du bourgeon, forme un rameau dans le voisinage
de la dernière taille : on voit combien le rameau terminal
en a souffert; l'état de décrépitude où il se trouve, joint
à celui du bout de branche qui l'alimente, laquelle offre
une espèce de retrait qui empêche la libre circulation de
la séve, indique un mal trop grand pour espérer son rétablissement en réformant le rameau supérieur. Cette opération ne ferait qu'empirer le mal par la plaie énorme que
nécessiterait cette réforme. Il vaut donc mieux faire l'opération qui a été indiquée planche 4, à l'extrémité de la
branche et au bas du rameau P. Mais ici on n'a pas la ressource de pouvoir maintenir ce rameau à la place jugée
convenable; ce n'est qu'à l'aide d'un petit appareil que
l'on y parviendra, mais non sans peine. A l'exception de
cette branche, toutes les autres opérations n'offrent rien
de particulier.

On peut également juger, par ce que j'ai dit, des opérations qui auront lieu sur les arbres plus avancés en âge
et plus ou moins vigoureux, ce qui me dispense de donner
d'autres figures.

Lors de la création de ces arbres, je me suis arrêté sur
les différents moyens de contraindre la séve à développer
les branches latérales; mais il arrive quelquefois que, pour
avoir donné trop d'extension à ces branches, elles finissent

par s'emparer d'une trop grande quantité de séve, ce qui rompt bientôt l'équilibre qui doit exister entre la tige et elles. Pour atteindre ce but, il faut beaucoup de prévoyance; c'est pourquoi il ne faut pas attendre que le mal soit trop grand pour le réparer, ce qui serait d'autant plus difficile que les vaisseaux séveux seraient trop ouverts dans une partie, tandis qu'ils seraient presque desséchés dans l'autre.

Supposons que l'arbre que j'ai figuré planche 6, figure 1, vienne à s'affaiblir dans sa partie supérieure, et que le rameau terminal n'ait poussé que dans la proportion de 22 à 25 centimètres (huit à neuf pouces); supposons encore que les rameaux terminaux de chaque branche latérale aient poussé dans les proportions que la figure représente, lesquelles offriraient une grande différence; dès lors il faudrait trouver les moyens de rétablir l'équilibre. Si on en croyait quelques auteurs, il faudrait *tailler la partie faible très-court et la partie forte très-long;* en le faisant, on aurait bientôt une désorganisation complète. C'est parce qu'elles ont été traitées ainsi que l'on voit quelques pyramides et beaucoup de quenouilles couronnées dès l'âge de huit à dix ans, qui n'offrent dans les jardins qu'un aspect dégoûtant. Pour garantir ces arbres d'un tel désastre, il faut tailler la partie forte très-court et le rameau destiné à prolonger la tige très-long, si même on ne le laisse entier, en incisant alors les écorces de la tige au-dessous de ce rameau pour laisser un libre cours à la séve.

Si l'affaiblissement de l'arbre avait lieu dans la partie inférieure, il faudrait se servir des mêmes principes, mais appliqués en sens inverse.

§ II. — De la taille en pyramide sur pommier.

Le pommier se prête assez volontiers à cette forme; elle est toutefois moins employée à son égard que pour le poirier, quoiqu'elle réussisse aussi bien. Il faut observer toutefois que le pommier ne souffre que difficilement les grandes amputations, ce qui s'oppose à l'emploi du recepage des branches latérales, ainsi que je l'ai indiqué pour le poirier. La conduite des pommiers en pyramide exige donc encore plus de soins que pour les poiriers, surtout pour maintenir un égal équilibre de la séve, qui, dans de certaines espèces, a une tendance à se porter abondamment dans les branches latérales, aux dépens du prolongement de la tige. Il faut donc, en créant ces branches, s'efforcer de rendre la tige dominante. Cette condition sera facilement obtenue par les moyens que j'ai indiqués dans le paragraphe précédent. Toutefois, celui de tous qui doit être d'un emploi plus répété est, sans contredit, le pincement, qui évite les fortes plaies sur la tige. Si l'on était contraint à y faire des amputations, bientôt les plaies se multiplieraient, entraveraient le libre cours de la séve et empêcheraient le développement des rameaux placés à l'extrémité de cette tige; la langueur qui en serait la suite rendrait son prolongement impossible.

Supposons que l'arbre, planche 6, figure 2, soit un pommier, les opérations qu'il a subies feraient craindre que la tige ne fût éventée, et que l'œil destiné à son prolongement ne donnât des résultats fâcheux (*).

Néanmoins, pour ce genre d'arbres, on ne pourrait

(*) Cet inconvénient n'est pas à craindre pour le poirier.

employer d'autres moyens, puisque celui indiqué est le seul capable de déterminer sûrement la sortie des rameaux vigoureux à la base de la pyramide ; et d'autant plus que les entailles, que j'ai également conseillées en pareil cas, peuvent produire les mêmes inconvénients, surtout si elles sont trop multipliées.

§ III. — De la taille en pyramide sur abricotier.

Les précautions que j'ai recommandées pour la formation des pommiers pyramidaux devront être encore plus strictement observées pour les arbres à fruit à noyau, et surtout pour l'abricotier. Il n'y a, pour ainsi dire, que le pincement qui puisse donner le moyen d'obtenir des pyramides avec ce genre d'arbres. Si, dans leur jeunesse, on les expose à recevoir de fortes plaies, on court risque que la gomme se mette sur la tige, y produise des chancres, et par suite la perte de l'arbre.

Le seul moyen d'éviter ce désastre est de pincer avec soin les bourgeons latéraux ; puis ceux qui se développeront sur les branches du même nom n'en seront pas exempts toutes les fois qu'ils paraîtront attirer trop de séve dans leurs diverses parties. Cette opération aidera le développement du bourgeon destiné à prolonger la tige, et, lorsqu'il est devenu rameau à bois, il sera taillé très-long ou conservé entier, selon les circonstances et par les raisons que j'ai déjà données en parlant des poiriers près de se couronner. Cependant il arrive une époque où ces arbres prennent ce caractère, parce que la nature cherche toujours à reprendre ses formes. Alors les branches latérales auront pris une très-grande dimension et seront, en général, dénuées de rameaux et de branches à fruit dans

les deux premiers tiers de leur longueur. Il faudra profiter
de ce que ces arbres seront fatigués par une trop grande
production de fruits, ou choisir une année où les gelées
printanières auront détruit tous les boutons avant ou après
la floraison, pour faire le ravalement de toutes les branches
latérales. A la fin de l'année, elles seront remplacées par
des rameaux disposés à donner des fruits abondants.
Quoique cette forme soit très-avantageuse, tant pour les
produits que pour l'agrément de ces arbres, on devra
cependant préférer celle en têtard, en ce qu'elle se rapproche davantage de sa forme naturelle; puis les couver-
tures que l'on est souvent obligé d'employer se placent
avec beaucoup plus de facilité.

§ IV. — Taille en pyramide sur prunier.

Le prunier offre les mêmes désagréments que l'abricotier; il est cependant moins difficile dans sa formation, et
les branches latérales se maintiennent beaucoup plus longtemps sans qu'on soit obligé de les ravaler. Ces arbres,
quoique d'une élégance et d'une beauté à ravir, lors de
leur floraison, ne peuvent pourtant guère conserver cette
forme intacte plus de dix ou douze années, en ce qu'ils ont,
comme l'abricotier, le défaut de se dégarnir de rameaux
et *branches* à fruit dans leur intérieur, ce qui contribue à
donner des récoltes moins abondantes que s'ils étaient
sous la forme en têtard, à laquelle je conseille de donner
la préférence.

SECTION V. — DE LA TAILLE EN QUENOUILLE.

Je ne fais pas connaître les principes de cette taille dans

l'intention de les faire adopter, mais bien pour en indiquer les mauvais effets, et m'efforcer de la faire proscrire.
Cela n'est pas facile auprès d'un grand nombre de pépiniéristes qui, par une ancienne routine, s'obstinent à conserver cette forme, qui a pour eux l'avantage de servir leurs
intérêts. Il n'en sera sans doute pas de même auprès de mes
confrères et d'une foule d'amateurs qui conviennent déjà
des inconvénients de cette espèce de taille.

Pour mieux faire comprendre les dangers de cette méthode, j'ai figuré, planche 6, figure 2, une quenouille sortant des mains d'un pépiniériste. Cette figure représente un
arbre de trois ans, âge auquel ces commerçants les livrent.
Cet arbre est une crassane, espèce très-vigoureuse qui, comme
on peut le voir, a des rameaux très-étendus dans sa partie
supérieure, tandis que dans l'inférieure ils sont très-courts
et la plupart couronnés par des boutons. Ces petits rameaux sont souvent rompus par le transport; ceux qui
échappent sont disposés à prendre le caractère de branches
à fruit. La plantation vient exciter encore cette abondante
fructification prématurée. Il paraît tout naturel de conserver tous ces boutons, dont la grande quantité de fleurs
suffit pour énerver le jeune arbre dont les racines peuvent
à peine fournir à ses premiers besoins; et, comme les parties qui se mettent à fruit ne rendent rien aux racines,
qu'au contraire elles absorbent beaucoup de séve, il en résulte un appauvrissement complet que les feuilles ne peuvent pas réparer. Elles sont d'ailleurs rares sur de tels
arbres en comparaison des fruits, ce qui fait dire avec admiration aux propriétaires que leurs arbres portent plus
de fruits que de feuilles. Mais un tel état ne peut durer
longtemps; les feuilles servent à la respiration des végétaux; ce sont elles aussi qui aspirent dans l'atmosphère le

14

gaz nécessaire à la nutrition des racines, et l'on peut dire avec raison que, pour les végétaux ligneux, il n'y a point de végétation durable sans le secours des feuilles. On peut donc conclure que ces arbres, qui n'en sont pourvus que d'une petite quantité, ne pousseront qu'en proportion de ce nombre ; c'est pourquoi ils vont toujours en dépérissant, à moins que, plantés dans une terre de prédilection et dans une atmosphère humide, la nature ne fasse plus que l'art ; alors ils prennent de l'accroissement. Mais encore, s'ils sont dirigés par une main inhabile, ils ne produisent que pendant les premières années, parce qu'ils sont bientôt mutilés par la serpette ou le sécateur (*), qui les retient dans des bornes trop limitées. Dès lors, tous les dards ou brindilles prennent l e caractère de branches à bois que l'on casse et mutile de nouveau sans en obtenir aucun succès.

J'ai cru devoir faire ce tableau exact de la conduite des quenouilles, ce que le lecteur pourra vérifier en parcourant les jardins où il s'en trouve, afin de dégoûter de cette forme. Cependant, en soumettant les quenouilles à la forme en pyramide, on peut en obtenir des produits considérables en fruits, dont on est même étonné en en faisant la cueillette. Voyons par quels moyens on peut restaurer ces quenouilles.

Le besoin de changer la forme des quenouilles se fait

(*) Instrument à la mode et qui fait honte aux jardiniers qui s'en servent pour faire les opérations de la taille, en ce qu'il mutile les plaies et souvent les yeux sur lesquels on fonde ses espérances. Cet instrument n'est vraiment admissible que pour la taille de la vigne et de quelques arbrisseaux épineux sur lesquels cette coupe, se faisant éloignée de l'œil, n'exige pas le recouvrement des plaies faites par son action.

sentir dès le moment de la plantation. La première opération consiste à retrancher toutes les branches et rameaux
vigoureux placés à l'extrémité de cette quenouille, comme
l'indique la figure 2, planche 6. Il y a lieu de penser que,
sur la couronne de chacune de ces branches, il sortira des
bourgeons assez vigoureux pour appeler la séve dans ces
parties. Si quelques-uns y croissent avec trop de vigueur,
comparativement à ceux des parties faibles, il faudra avoir
soin de réformer les plus forts aussitôt qu'ils paraîtront; les
plus faibles seront conservés en nombre suffisant à la création des nouvelles branches; plusieurs de ces bourgeons
seront pincés très-sévèrement aussitôt qu'ils auront acquis
la longueur de 5 à 8 cent. (2 à 4 pouces) à peu près pour
n'avoir plus rien à craindre de leur trop de végétation.

Tous les boutons qui se rencontreront sur cette quenouille devront être retranchés lors de leur épanouisse-
ment, sans attendre l'époque de la floraison. Lors de cette
opération, on aura le plus grand soin à ce que le pédoncule de chaque fleur reste attaché à l'extrémité du rameau
qui, dans cet état, prend un caractère boursouflé, connu
sous le nom de bourse; celle-ci prendra d'autant plus de
volume que cette opération sera faite à temps opportun:
c'est alors qu'elle sera en état de développer un ou deux
bons bourgeons, dont le choix, fait à la taille, déterminera
le développement d'une branche vers ce point. Cette pratique est bien préférable à celle par laquelle on réforme le
bouton encore recouvert de ses écailles avec la prétention
d'assurer le développement des bourgeons sur la partie du
rameau conservée intacte; ce qui a lieu quelquefois, mais
toujours tardivement, puis ces bourgeons sont tellement
faibles et multipliés que l'on court risque de mal remplir
le but proposé.

Si, à l'époque de la seconde taille de ces arbres, on leur trouve de la vigueur, on pourra leur laisser quelques boutons sur les parties les plus fortes, ce qui aidera à équilibrer la séve. Au fur et à mesure que ces arbres prendront de la force, on en augmentera le produit ; et, lorsqu'il sera proportionné à la vigueur des individus, leur durée égalera celle des pyramides dont ils ne différeront plus alors.

C'est ainsi qu'on peut rétablir les quenouilles qui n'auront subi que les mauvaises opérations des pépiniéristes ; mais, si ce sont des arbres plus âgés et mutilés par un jardinier maladroit , et qui soient couverts de têtes de saule, le seul moyen à employer est de ravaler toutes les branches latérales ; ensuite on les traitera d'après les principes que j'ai indiqués en parlant du ravalement des vieilles pyramides.

CHAPITRE TROISIÈME.

Des tailles anciennes et hétéroclites.

§ I. — Résumé de la taille à la Quintinye, à la Montmorency et à
la Montreuil.

Parmi les différents modes de tailles que le célèbre
professeur André Thoüin a réunis dans l'école d'agriculture du jardin du roi sous cette dénomination, je men-
tionnerai tous ceux qui m'ont paru pouvoir être de quelque avantage aux cultivateurs, et utiles à leurs médita-
tions. Quant aux tailles qui sont connues sous la dénomination de taille à la *Quintinye*, à la *Montmorency*, à la
Montreuil, cette dernière, qui n'est rien moins qu'une
amélioration des deux précédentes, a été préconisée par
une foule d'auteurs, qui n'ont pas craint d'avancer que
la méthode de Montreuil était préférable à toutes celles
connues. Cependant, il faut convenir, avec M. le comte
Lelieur de Ville-sur-Arce (*), que les cultivateurs de ce
pays n'ont rien gagné depuis plus d'un siècle. Les éloges
qu'en ont faits l'abbé Roger Schabol, Leberriays, de
Comble, Butret, etc., ont pu être mérités lors de l'apparition de ces divers écrivains ; mais l'école nouvelle les a
dépassés pour longtemps : cependant, depuis quelques
années, on remarque un certain nombre de jeunes gens

(*) Voyez sa *Pomone française*, publiée en 1816, page 248.

qui ont amélioré le système de leurs pères. Espérons que les connaissances de physiologie végétale qu'ils acquièrent chaque jour et dont ils sentent toutes les conséquences rétabliront la réputation d'un pays qui servit de régulateur à une foule de cultivateurs et d'auteurs distingués du dernier siècle.

§ II. — Taille en éventail à la Sieulle, sur pêcher.

Je dois prévenir le lecteur que, pour avoir quelques résultats satisfaisants de cette taille, il est indispensable d'avoir des arbres plantés dans une terre des plus propres à la culture de cet arbre. La théorie en est simple et facile à comprendre : elle consiste, lors du printemps qui suit la plantation, à étêter les arbres à 11 ou 16 cent. (4 ou 6 pouces) au-dessus de la greffe, puis on admettra tous les principes que j'ai développés lors de la taille moderne en V ouvert. A la seconde année, on aura les deux rameaux propres à la formation des deux ailes : ces rameaux ne devront pas être taillés par leur extrémité, condition qui devra se perpétuer, chaque année, sur le rameau qui viendra successivement s'établir à l'extrémité des branches mères ; celles-ci, en s'allongeant, prendront la forme d'une large arête de poisson. Les opérations qu'il y aura à faire pour obtenir ce résultat ont été suffisamment décrites dans le cours de cet ouvrage pour me dispenser d'en faire la répétition. Quoique cette taille soit vicieuse par rapport au vide immense qu'elle laisse sur les murailles où on l'établit, l'auteur, en la professant, n'a pas moins jeté de très-grandes lumières sur l'art de cultiver le pêcher et autres arbres, puisqu'il prouve, d'une manière incontestable, que, loin d'affaiblir des rameaux vigoureux en se

dispensant de les tailler, cela n'a servi qu'à augmenter la
vigueur des branches qui s'en est suivie. J'en appelle ici
à témoin une foule de curieux et amateurs de pêchers qui
ont vu, dans les superbes jardins de M. le duc de Choiseul,
à Vaux-Praslin, près Melun, des pêchers traités par cette méthode, et dont plusieurs avaient une envergure de 26 mètres
(78 pieds) ou environ (*). Ces branches n'auraient été rac-
courcies qu'autant que quelques accidents auraient eu lieu à
l'extrémité des rameaux destinés au prolongement de chacune d'elles. Ces faits, assez rares, sont loin de prouver
que l'on ait taillé court ; du reste, l'inspection que j'en
ai faite en 1817 m'a mis à même de juger de cette assertion (**), aucune plaie n'était apparente sur les mères
branches, il fallait avoir l'œil exercé pour y reconnaître
quelques opérations. J'ai dit plus haut que ces branches
avaient été établies en forme d'arête de poisson, assez
bien garnies de branches coursonnes ; cependant quelques
petits membres inférieurs y avaient été pratiqués par le
même procédé, mais généralement maigres, en ce que
la séve les négligeait pour se porter aux extrémités des
mères branches. J'ai aussi remarqué que le pincement et

(*) Je doute fort que nos anciens auteurs, et quelques modernes qui
les ont copiés, trouvent ici leur compte, eux qui veulent que tailler
une branche longue soit un moyen de l'affaiblir, ce qui est vrai pour
celles qui sont languissantes ou démesurément chargées de fruits.
Cette définition laisse un grand problème à résoudre, puisqu'il arrive
constamment le contraire pour les branches et rameaux forts ou plus
faibles que ceux qui sont parallèles. (Voyez *branches et rameaux
forts*.)

(**) Cependant j'ai appris, depuis, que ces branches ont été réduites
au régime de toutes les autres, aussitôt que les rameaux de prolonge·
ment sont devenus assez faibles pour prendre le caractère que j'ai
indiqué comme étant à fruit du troisième ordre.

l'éborgnage à sec étaient mis en grande vigueur par ce
cultivateur distingué, qui faisait de ce dernier principe
une espèce de mystère, quoiqu'il n'en soit pas l'inven-
teur, comme il a plu à M. du Petit-Thouars de le publier
avec beaucoup d'emphase, ignorant sans doute que cette
méthode est en usage depuis plus de soixante ans chez les
cultivateurs de Montreuil, et autres non moins habiles,
qui la mettent en pratique sur des rameaux à fruit taillés
extrêmement long, à cause du manque de fleurs à leur
base, et nous sommes surpris, avec M. le comte Lelieur,
que Butret et Roger Schabol ne parlent pas de cette opération. (Voyez *éborgnage*.)

§ III. — Taille en demi-éventail ou en espalier oblique.

C'est chez M. Noisette, cultivateur distingué de la capitale, que j'ai vu le plus grand nombre d'arbres soumis
à cette forme. Pour s'en faire une idée frappante, il suffit
de se représenter la moitié d'un arbre conduit en V ouvert;
pour parvenir à ce but, lors de la plantation, on aura
soin d'incliner la tige de chaque arbre du côté où viennent
les rayons les plus directs du soleil, afin d'éviter leur action perpendiculaire sur les grosses branches et le tronc ;
lors de la taille, cette tige devra être traitée, chaque année, comme le serait une mère branche conduite en V. On
comprend que, par un tel mode, chaque arbre se trouve
n'avoir qu'un point de départ, ce qui constitue la branche
mère, et lui fait prendre le double du volume qu'elle aurait pris étant conduite de la manière ordinaire. On comprend également que cette grosseur leur retire de la souplesse et les met souvent dans l'impossibilité de pouvoir
être abaissées selon le besoin. Je dois aussi prévenir que

la partie supérieure de ces branches est beaucoup plus su-
jette au développement des gourmands et plus difficile
à mâter que celle sur des branches d'une autre dimension.
Il y a également de l'inconvénient dans l'extrême longueur
des branches mères, quoiqu'il soit facile de les imbriquer
les unes sur les autres pendant quelques années ; mais
bientôt tout l'espace se trouve pris, et la confusion vient
régner au milieu de vos plus belles jouissances. Sans être
partisan de cette taille, je dirai que l'idée est ingénieuse
et admissible pour les terres maigres et peu substantielles,
et si, lors de la plantation de ces arbres, on pouvait juger
de leur vigueur, on pourrait, par cela même, en fixer
l'espace, et, sans espérer des jouissances aussi agréa-
bles que celles que l'on éprouve en face d'un arbre bien
conduit en V ouvert, on pourrait en obtenir les mêmes
produits.

§ IV. — Taille en éventail-palmette.

Les arbres soumis à cette taille sont ordinairement
des quenouilles, des poiriers et pommiers dont on a
supprimé le canal directeur de la séve, à 1 mètre et
plus de l'insertion de la greffe. Elles sont plantées
contre un mur, sur lequel on fixe toutes les branches qui
croissent à droite et à gauche de la tige. Les opérations
qui leur sont applicables sont simples, puisqu'elles consistent à les espacer entre elles de 11 à 16 cent. (4 à 6 pouces) (*), et à les incliner horizontalement pour la plupart.
De tels arbres partagent tous les désavantages des que-

(*) Ce qui est trop rapproché pour le bien-être des branches à
fruit.

nouilles, en ce que, d'une part, les branches placées à leur base restent faibles et disposées à donner beaucoup de fruit dans les premières années, et celles de la partie supérieure, au contraire, sont trop fortes, puisque toute la séve s'y porte. Les cultivateurs qui se piquent de quelques connaissances profitent de leur vigueur, et ne se contentent pas de les laisser à l'angle que j'ai indiqué; ils leur font décrire une portion de cercle vers la terre, ce qui les met infailliblement à fruit. Mais il se développe alors des rameaux très-vigoureux en dessus et près de l'insertion de ces branches, ce qui les fait périr après quelques années de produit, quoique l'on cherche à éviter ce désastre en inclinant ces rameaux de bonne heure; mais, arrivés à leur tour à l'état de branches productives, ils sont aussi détruits par de semblables rameaux.

On voit, par ce court exposé, que la séve et les fruits sont très-mal répartis sur ces arbres; mais cette forme plaît à quelques propriétaires, en ce que ces arbres donnent, comme les quenouilles, des jouissances rapides, mais peu durables. Dix années d'existence sont souvent trop dans les terres médiocres, et si, comme je l'ai dit pour les quenouilles, il se trouve de ces arbres plantés dans de bonnes terres, ils finissent par s'emporter. Dans ce cas, le jardinier, même instruit, est souvent contraint de mutiler ou d'entasser les branches dans la partie supérieure, en ne pouvant trouver à les placer. Ce mode de taille, quoique vicieux le long des murs, peut être employé avec quelques succès pour garnir promptement des berceaux, en prenant toutefois la précaution de faire décrire une pente de 45 degrés à toutes les branches latérales qui sortent à droite et à gauche de la tige, dont le tout doit être attaché au treillage composant la tonnelle.

§ V. — Taille en éventail-queue-de-paon.

Cette taille est une amélioration de la précédente ; sa
formation a lieu au moyen de jeunes quenouilles de deux
à trois années de greffage, dont la première taille a pour
but de retrancher la tige à 32 ou 40 cent. (12 à 15 pouces) au-dessus de la greffe, puis on fera le choix des bourgeons qui se développeront à droite et à gauche le long de
la tige, en les espaçant de 16 à 18 cent. (6 à 7 pouces)
l'un de l'autre, et palissés d'abord à un angle peu incliné :
ceux qui se développeront devant et derrière seront retranchés aussitôt leur apparition ; le terminal devra être
pincé avec soin, afin de l'empêcher de prendre du développement. A la deuxième taille, ce rameau sera taillé très-
court sur un œil derrière, si la chose est possible ; les rameaux latéraux seront taillés et placés de manière à cor-
respondre avec le terminal , afin de présenter dans leur
ensemble la figure d'une queue de paon. Pour cet effet ,
les rameaux du bas de l'arbre seront taillés très-long.

Ce qui vient d'être dit de la deuxième taille devra être
rigoureusement observé pendant les années suivantes, en
veillant à ce que chacune des branches latérales soit inclinée au fur et à mesure des besoins. On voit que cette taille
demande peu de théorie et doit être préférée aux palmettes;
car, en suivant exactement ce que je viens de prescrire,
la sève se portera difficilement au centre de la partie supérieure, ce que l'on ne peut éviter dans les palmettes. Le
reste des opérations présentes et futures se rattache aux
principes développés dans le cours de cet ouvrage.

§ VI. — Taille en éventail à la Forsyth.

Quelques personnes ont regardé cette taille comme de
nouvelle invention ; mais des recherches assez récentes
prouvent, au contraire, qu'elle est très-anciennement connue, puisque Legendre, curé d'Hénonville, en parle dans
un traité publié, à Paris, en 1684. Lorsque j'étais jeune
homme, mon père me fit une simple analyse de cette
forme, et me dit que plusieurs de ses confrères la lui
avaient décrite sous le nom de taille à la *per omnia*, par
rapport aux branches charpentières placées horizontalement, à l'imitation du prêtre à l'autel, ayant les bras ouverts, prononçant ces mots ; on lui a aussi donné, par
erreur, divers autres noms, comme en *éventail-candélabre
étagé*, en *éventail-girandole étagé*, et *à la du Petit-Thouars*.
Cette taille, qui est exclusivement affectée pour les pêchers, est généralement rejetée par la difficulté d'avoir des
murailles d'au moins 6 mètres (18 pieds) de hauteur pour
les y recevoir. Son peu de durée est aussi une des causes
qui l'ont fait rejeter ; car il est rare de voir des pêchers
soumis à cette forme qui puissent la conserver plus de huit
à dix années, époque où ils sont arrivés à l'état de caducité, et à laquelle il ne faut plus espérer d'en obtenir des
produits.

La théorie de cette taille consiste à planter, dans une
terre substantielle et profonde, des jeunes sujets d'une année de greffe. Lors du printemps, chaque tige devra être
étêtée à 25 cent. (8 ou 10 pouces), terme moyen, au-dessus
de la greffe, et sur un œil propre à la continuer dans sa
perpendicularité ; les bourgeons qui en sortiront devant et
derrière seront ébourgeonnés d'aussi bonne heure que

possible; ceux à droite et à gauche seront réservés et palissés sans trop les déranger de l'angle d'inclinaison qu'ils occupent naturellement : par suite de ce travail, on devra admettre les conséquences que nous avons développées en décrivant les principes d'équilibrer la séve. A la seconde taille, on aura soin de ne pas retrancher l'extrémité du rameau, qui doit continuer la flèche, puis on choisira deux latéraux des plus forts et aussi correspondants que possible, on les fixera horizontalement pour ne plus les changer de cette position; ce qui formera le premier étage. Ils devront également rester dans toute leur longueur, afin de conserver l'œil terminal, qui donnera, à son tour, un nouveau rameau qui, à l'avenir, sera traité de même. Quant au rameau qui doit prolonger la tige dont nous venons de parler, s'il a poussé avec vigueur, comme de 1 mètre et demi à 2 mètres (5 à 6 pieds), et qu'il soit muni de faux rameaux, on en choisira deux correspondants distancés d'à peu près 65 cent. (2 pieds) du premier étage, afin que ceux-ci forment le second. *Cette distance de 65 cent. est celle adoptée pour tous les étages que l'on établira à l'avenir.* Quand les arbres poussent avec une vigueur extraordinaire, et que le même cas des faux rameaux se présente, on en dirige deux autres avec lesquels on établit le troisième; autrement, on attend leur développement. Tous les autres rameaux seront indistinctement taillés assez court pour former plus tard des branches coursonnes dont les opérations futures ne différeront en rien; ce qui me dispense d'entrer dans de plus longs détails à leur sujet. Lors des opérations d'été qui auront lieu par suite de cette seconde taille, elles devront être en rapport avec celles de la première, et ainsi de suite pour les années subséquentes; la troisième taille se fera d'après les

principes développés dans la seconde : il en sera de même
pour la quatrième, la cinquième, etc. On voit que, par cette
espèce de taille, on peut amener les arbres à donner une
très-grande quantité de fruits en peu d'années, mais toujours aux dépens de leur longévité ; on peut aussi remarquer qu'elle n'est admissible que dans quelques localités
particulières, encore est-elle toujours très-précaire par
rapport à la conservation de la tige ; ce qui donne à la séve
une direction verticale qui, par cela même, abandonne les
branches horizontales pour se porter à l'extrémité de la
flèche, qui, à son tour, ne tarde pas à dépasser les murs les
plus élevés. Cette taille a reçu diverses modifications qui
ont toutes pour but de prolonger l'existence de ces arbres
et de pouvoir les cultiver le long des murs moins élevés :
nous croyons utile d'en donner une simple analyse.

§ VII. — Deuxième mode de la taille à la Forsyth.

Ce second mode ne diffère en rien du premier sous le
rapport de la plantation et de la première taille ; la seconde
en diffère essentiellement en ce que, si le rameau destiné
à continuer la flèche est vigoureux, *ce qui est assez général*, il sera taillé à 1 mètre (3 pieds) ou environ, mais toujours avec une combinaison telle que l'œil terminal soit
capable de continuer son prolongement sans former de
coude ; puis deux autres yeux au-dessous, et aussi rapprochés que possible de lui, seront en état de donner naissance à deux branches charpentières opposées et aussi en
rapport de vigueur que les circonstances le permettront :
cette opération sera répétée successivement d'année en
année ; il s'ensuivra de là que ces branches se trouveront
placées sur la tige à des distances à peu près égales ; lors
de leur jeunesse, elles devront être traitées avec soin, afin

qu'elles puissent, s'il est possible, prendre de l'ascendance sur la flèche. C'est à cet effet qu'elles ne devront être abaissées que graduellement et dans des proportions à peu près égales à celles qu'emploie la nature; les diverses opérations qu'il y aura à faire à ces branches par suite de leur âge sont tout à fait en rapport avec les principes que j'ai développés dans le cours de cet ouvrage; il en est de même pour les branches adhérentes et coadhérentes. Quoique ce mode ne soit pas sans inconvénient, il est préférable au premier et peut être mis en usage dans quelques localités pour garnir provisoirement, et en peu d'années, l'intervalle des arbres du même genre, soumis à la taille moderne en V ouvert, dont l'existence est infiniment plus assurée.

§ VIII. — Troisième mode de la taille à la Forsyth.

Ce troisième mode est aussi en usage dans quelques jardins; il ne diffère de celui qui vient d'être décrit qu'en ce que, au lieu d'une tige, il y en a deux distancées entre elles d'environ 27 cent. (10 pouces), ce qui donne par leur ensemble la forme d'un U (*). J'ai vu, dans le superbe jardin de M. Boursault, chaussée d'Antin, à Paris, des pêchers de huit années soumis à cette forme sur une muraille de

(*) M. Fanon nous a décrit ce mode de taille dans un ouvrage publié en 1807, et dont j'ai reproduit une figure planche 7, figure 1. Cet auteur recommande cette forme comme très-propre à mettre promptement à fruit les pommiers et poiriers; il ne la conseille nullement pour les arbres à fruit à noyau, en ce qu'il la considère comme de peu de durée. M. Bengy de Puyvallée est d'un avis diamétralement opposé dans un *mémoire* lu à la Société d'agriculture du département du Cher, publié à Bourges en 1841. Ce mode, auquel il a fait quelques modifications et qu'il a appliqué à la culture du pêcher, paraît lui donner les meilleurs résultats.

6 mètres (18 pieds). Ces arbres étaient d'une beauté à ravir et répondaient parfaitement à toutes les magnificences d'un établissement auquel l'habileté de mon confrère, M. David, n'a pas peu contribué(*). Pour parvenir au but désiré, lors de la première taille, on coupera la tige à 11 ou 16 cent (4 ou 6 pouces) au-dessus de la greffe, sur deux yeux, dont l'un aura la direction à droite et l'autre à gauche. Les bourgeons qui s'en développeront donneront naissance aux deux tiges dont nous venons de parler. Ces bourgeons devront être amenés graduellement, pendant la durée de leur pousse, à une inclinaison de 45 degrés. Cet angle ne devrait avoir lieu sur chacune d'elles que dans la longueur de 16 à 20 cent. (6 à 7 pouces) prise dans la partie la plus rapprochée du tronc; puis le reste devra être relevé aussi perpendiculairement que possible, ce qui donnera la forme indiquée. Si, à la seconde taille, ces deux tiges sont vigoureuses, elles seront taillées dans des proportions égales d'environ 11 cent. (4 pouces) de leur coude, en choisissant sur chacune d'elles un œil propre à les continuer aussi droites que possible; puis il est extrêmement important qu'à peu de distance de ces yeux il se trouve, sur chaque tige, un autre œil qui, lors de leur développement, donnera naissance aux deux premières branches charpentières. Si, par suite de cette opération, l'arbre continue de pousser avec vigueur, la troisième taille sera pratiquée sur chaque tige à environ 50 cent. (1 pied et demi), mais toujours d'après des combinaisons semblables à la seconde ; la quatrième, la cinquième, etc., seront traitées comme il vient d'être dit plus haut. Si l'arbre pousse faiblement, comme de 65 à 90 cent. pour les plus forts rameaux, on attendra que la tige soit assez

(*) Ce beau jardin est détruit de fond en comble, et livré à des spéculations sous le rapport de l'utilité publique.

forte pour donner naissance à une autre série de branches
charpentières, ce qui se fait rarement attendre plus d'une
année ; dans ce cas, le prolongement de la tige se fera
dans des proportions beaucoup moindres que dans les
exemples précédents. Quant au reste des opérations à faire
sur ces arbres, nous devons nous dispenser d'en parler,
en ce qu'ils ont été suffisamment développés en parlant
du second mode, duquel celui-ci ne diffère que par la
forme, qui demande plus de savoir et plus d'assiduité.

§ IX. — De la taille en U, par M. Bengy de Puyvallée.

Cette taille offre quelque différence de celle que nous venons de décrire : dans celle-ci, l'U doit avoir une largeur de
65 cent. (2 pieds), puis cet intervalle doit être garni de branches coursonnes, que l'on aura soin de maintenir en santé ; il en sera de même de toutes celles qui se trouveront à
l'avenir sur toute la surface de l'arbre. Quant aux branches
horizontales (*) établies en dehors de l'U, elles devront
toujours être parallèles et distancées entre elles de 65
cent. (2 pieds) (**), ce qui donnera les avantages d'en éta-

(*) Il serait mieux de donner à ces branches le nom de charpentières, en ce qu'il existe beaucoup de branches coursonnes qui ont une
direction horizontale ; du reste, les branches à qui l'auteur donne ce
nom ne doivent avoir cette direction qu'à la troisième ou quatrième
année.

(**) Au moment où j'ai publié la troisième édition de cet ouvrage, un
amateur très-distingué, M. Desmazières, est venu me proposer d'établir ces branches à 32 cent. (1 pied), et ne leur laisser de production
qu'en dessus, ce qui leur donnerait un peu l'aspect d'un cordon de
vigne. J'ai commencé à suivre cette idée nouvelle, mais de laquelle je
n'ai pas une très-bonne opinion, en ce que, la séve n'étant attirée
qu'en dessus, il se pourrait qu'un assez grand nombre de branches
coursonnes prissent beaucoup trop de développement, ce qui empê-
cherait le prolongement des charpentières ; cependant il ne faut pas

15

blir quatre sur des murs de 3 mètres. La formation
de ces branches aura lieu par suite des opérations dont
il va être parlé : la première taille a pour but d'étêter
l'arbre à 10 ou 12 cent. (4 ou 6 pouces) de la greffe,
sur deux yeux correspondants, pour en obtenir deux bourgeons dont les soins du palissage et autres travaux d'été
ne diffèrent en rien de ce que nous avons répété dans le
cours de cet ouvrage. Lors de la seconde taille, M. de Puyvallée conseille de couper ces rameaux à 49 cent. (18 pouces) de leur naissance, puis il les incline, au-dessous de
l'angle, de 45 degrés; puis tous les bourgeons qui se développent en dessus de ces branches seront pincés très-
rigoureusement et à plusieurs reprises; les autres seront
traités comme il est dit à l'article de l'ébourgeonnage et du
pincement, etc. A la troisième taille, l'auteur s'occupe du
prolongement de ces deux branches horizontales, qui pour
cela doivent être allongées de 65 cent. (2 pieds) et inclinées
davantage; puis, à l'exception d'un rameau choisi en dessus
de chacune de ces branches et à la distance de 32 cent. (1
pied) de la perpendicularité du tronc, tous les autres doivent
être taillés en coursons; les deux réservés dont nous venons
de parler, qui, par leur position, commencent à former
l'U, seront taillés à 32 cent. (1 pied) de long, et, pour qu'ils
ne prennent pas trop d'extension, tous les bourgeons qui
s'y développeront devront être pincés à diverses reprises,
afin qu'ils restent, selon l'expression de l'auteur, *à l'état
médiocre*. La quatrième taille est faite sur les branches
horizontales, dans une longueur à peu près égale à la
troisième ; puis, à cette époque, il leur fait prendre la po-

s'arrêter à une telle pensée, en ce qu'il n'y a que les faits qui donnent
le droit de juger : c'est à ces fins que j'engage les amateurs à en tenter
l'expérience.

sition du nom qu'il s'est trop pressé de leur donner, *comme horizontale*, c'est l'angle duquel elles ne doivent plus sortir; puis les rameaux qui viendront les prolonger, chaque année, devront toujours décrire une portion de cercle, afin que leurs extrémités regardent le ciel. Quant aux deux branches disposées à la formation de l'U, on se rappelle qu'elles ont été taillées, pour la première année, à 32 cent. (1 pied), pour la seconde elles le seront dans des proportions semblables, ce qui leur donnera 65 c. (2 pieds) d'élévation. C'est à ce point qu'il faut faire naître sur chacune d'elles une nouvelle branche horizontale; pour les obtenir, M. Bengy de Puyvallée emploie les mêmes procédés que moi, en voulant donner naissance à des branches sous-mères et secondaires inférieures; dès lors j'y renvoie mes lecteurs. Si, par suite de cette opération, les bourgeons disposés à prolonger l'U paraissaient vouloir pousser avec trop de vigueur, *ce qui est assez ordinaire*, on les pincerait comme il a été dit lors de leur première année, excepté uu bourgeon sur chaque aile, qui sera destiné à former les secondes branches horizontales; à cette précaution, on joindra celle de les tenir d'abord peu inclinées, en ce que ce n'est qu'à leur troisième taille qu'elles prendront l'angle horizontal; en attendant, elles seront traitées comme l'ont été les deux premières; il en sera de même pour toutes celles du même genre, qui doivent naître tous les deux ans, ce qui complétera la formation d'un tel arbre à la neuvième année. Quant aux branches coursonnes, établies sur toutes les parties de la charpente, elles ne diffèrent en rien des autres; dès lors il serait superflu de traiter plus longtemps cette matière. Je crois également inutile d'entrer dans de plus grands détails relatifs à cette méthode. Cette simple analyse suffit pour que le lecteur puisse

l'apprécier à sa juste valeur ; quant à moi, elle m'a paru
très-propre à prouver l'habileté de son auteur; et la peine
qu'il a prise à nous la développer prouve également une
longue suite d'expériences et une sagacité peu ordinaire.
Quelques-unes de ces connaissances sont longues à acquérir, les autres peu accessibles pour des intelligences ordinaires; puis la nécessité d'un pincement rigide et très-assidu
fait que ce mode de taille ne sera adopté que par quelques
amateurs, dont le temps et les connaissances pourront
être mis en rapport avec ceux de M. Bengy de Puyvallée.

§ X. — Taille en éventail-Fanon.

Cette taille, qui a aussi la forme d'un U, peut être mise
en usage avec succès pour des arbres vigoureux, des
genres poirier et pommier (voyez pl. 7, fig. 1). Cette
taille consiste à retrancher le canal direct de la séve, à
8 à 10 cent. (3 à 4 pouces) au-dessus de l'insertion de
la greffe, puis à établir ensuite deux rameaux qui parta-
geront le tronc en deux parties égales. Ces deux rameaux
seront maintenus perpendiculairement et distancés entre
eux de 16 cent. (6 pouces) ou environ.

A la première taille, ces rameaux seront opérés de manière à ce que les yeux terminaux combinés soient propres à continuer le prolongement des branches, sans former de coude désagréable. Les yeux destinés à la création
des deux premières branches latérales devront suivre les
yeux terminaux d'aussi près qu'il sera possible, et dans le
sens où sont placées ces branches. Si quelque circonstance
obligeait à laisser des yeux intermédiaires, ils devront être
éborgnés lors de la taille, ou au moins réformés pendant
le premier ébourgeonnage.

Les bourgeons réservés devront être palissés et rapprochés autant que possible de la perpendicularité. A la seconde taille, les deux rameaux destinés à la formation des deux premières branches latérales seront placés à l'angle où ils se trouvent (*), avec la précaution de les laisser dans toute leur étendue. Ce principe sera observé pour tous ceux de ce genre qui viendront successivement s'établir sur les mères branches, ce qui donnera aux arbres une étendue considérable en peu de temps.

La création des autres branches latérales s'obtiendra d'après les principes que j'ai développés pour les deux premières A. Quelquefois, lorsque les arbres sont très-vigoureux, l'on peut obtenir la création de deux de ces branches de chaque côté, comme on peut le voir par le résultat de la seconde taille aux lettres B C. Mais ce moyen ne doit être employé que dans quelques cas particuliers, comme celui d'une vigueur extraordinaire, et il vaut mieux s'en tenir au premier.

Lorsque les deux branches verticales seront arrivées à la hauteur des murs ou treillages sur lesquels elles sont palissées, les rameaux destinés à la continuation de ces branches seront courbés de manière à ce qu'ils ne diffèrent plus des branches latérales par leur extrémité. Ces deux branches seront greffées au point où elles se croisent par le procédé de la *greffe-Sylvain* (**), qui consiste en deux entailles correspondantes faites dans l'épaisseur de l'aubier.

(*) Ceci pourrait être modifié, parce qu'il serait avantageux de n'incliner ces branches qu'au fur et à mesure du besoin qui se ferait sentir lorsqu'elles seraient parvenues à la hauteur des murs ou du treillage sur lequel on les fixe.

(**) Ces deux dernières mesures ne sont pas de rigueur, en ce qu'il suffit de les courber dans le sens des autres pour qu'elles en remplissent toutes les conditions.

Les opérations des branches latérales sont extrêmement simples, en ce qu'elles ne devront éprouver aucun retranchement à leur extrémité; mais il faudra beaucoup de soins lors du pincement, afin d'opérer tous les bourgeons qui pourraient s'échapper de la partie supérieure et en avant. Sans cette précaution, on serait exposé à ce que plusieurs de ces bourgeons s'emparassent d'une partie de la séve propre à alimenter les bourgeons destinés au prolongement de chacune de ces branches; c'est ce qui est arrivé à la branche C. On remarquera sur cette figure que l'extrémité des rameaux destinés au prolongement de chaque branche a été relevée, afin d'y attirer la séve et les aider à prendre plus de développement.

Les arbres ainsi traités donneront abondamment des fruits. Quoique cette taille soit peu répandue, je la recommanderai comme étant d'une exécution facile, très-propre à éclairer les cultivateurs, et sur laquelle ils pourront réfléchir, puis remédier aux mauvais traitements de beaucoup d'arbres de ce genre traités sur d'autres formes.

§ XI. — Taille en éventail-candélabre.

Cette taille est, sans contredit, une des plus vicieuses, parce que la séve est arrêtée dans ses mouvements sans espoir d'obtenir des fruits abondants. Voyez la pl. 7, fig. 2. Toutes les branches secondaires sont placées à angle droit sur la mère branche, ce qui les expose à prendre un grand développement. Cette vigueur oblige à les tailler très-court; car si on laissait seulement une de ces branches pendant trois ans sans être taillée, elle s'emparerait de la plus grande partie des fluides séveux destinés à l'alimentation de l'arbre entier; et cependant on trouve des auteurs qui prétendent que, pour arrêter la vigueur d'une branche, il faut la tailler très-long. Je ne m'arrêterai pas à cette assertion, que je crois avoir victorieusement réfutée en traitant de l'équilibre de la végétation.

Je terminerai ici la description de cet arbre, parce que les opérations qui lui conviennent peuvent être parfaitement saisies par le lecteur, et que d'ailleurs je ne conseille pas d'employer cette taille.

SECTION II. — DES TAILLES ANCIENNES ET HÉTÉROCLITES A L'AIR LIBRE.

§ I. — Taille en tonnelle ou en espalier horizontal, de M. Noisette.

Les principes de cette taille ont un peu d'analogie avec celle de M. Cadet de Vaux : ils consistent à laisser une partie ou la totalité d'un arbre vigoureux sans être taillée, pour être ensuite fixée sur des treillages horizontalement placés dans son voisinage, et avec lesquels on établira des tonnelles ou berceaux auxquels l'on peut donner diverses formes ; ce qui jette, en passant, de l'agrément dans quelques jardins paysagistes. J'ai vu, chez notre célèbre horticulteur M. Noisette, des pommiers rainette de Canada qui avaient été traités par ce procédé et portaient des fruits magnifiques ; mais il ne suffit pas toujours d'avoir momentanément de beaux fruits sur des arbres, car une telle forme ne peut être de longue durée, en ce que l'on est indispensablement obligé de mutiler les branches, en rompant une partie de leurs fibres; pour les fixer subitement sur une ligne horizontale ; puis les bourgeons qui se développent spontanément sur la partie qui forme le coude contribuent également à leur perte : nos théoriciens, qui sont toujours prêts à argumenter, vous diront qu'il faut

réformer ces bourgeons au fur et à mesure qu'ils paraîtront vouloir se développer ; la nature ne sympathise nullement avec de semblables propositions, et, tel soin que
l'on y prenne, de nouveaux se développeront à côté des
premiers et ainsi de suite ; cette multitude de réformes occasionne des nodus qui, par leur nature, forment de nouvelles entraves au développement des branches que l'on
s'efforce de conserver : en dernière analyse, la réforme
que l'on est toujours forcé de faire pendant la présence
des feuilles nuit considérablement à la santé des arbres, ce
dont on a pu se convaincre par quelques dissertations an-
térieures à celle-ci.

§ II. — Taille en têtard.

Cette taille peut être appliquée à toute espèce d'arbres
fruitiers, mais c'est plus particulièrement pour les abricotiers, pruniers, cerisiers, pommiers et poiriers qu'elle
est réservée ; on la pratique sur des sauvageons propres à chacun des genres sur lesquels ils ont de l'affinité, en appliquant la greffe, en fente ou en écusson,
à environ 2 mètres du niveau du sol : ces arbres
sont connus de tous les cultivateurs sous la dénomination de *hautes tiges ;* on est dans l'usage de les planter
dans nos vergers agrestes ou à travers nos campagnes.

Les premières opérations applicables à ces arbres se font
comme pour la taille en vase ou gobelet, et se continuent
pendant le temps nécessaire pour être assuré que les branches charpentières ne pourront se nuire et former de la
confusion ; mais, comme les arbres soumis à cette forme
appartiennent à deux genres bien différents, nous dirons
que, pour ceux à noyau, tous les rameaux latéraux au-

dessous de trois à quatre pouces de longueur devront être
conservés dans leur entier; les autres seront réduits au
quart ou au tiers; si le temps est favorable, ces parties
donneront beaucoup de fruit; enfin, sous tels rapports de
vigueur qu'elles se trouvent l'année d'après, elles rentre-
ront dans la catégorie des branches coursonnes, et seront
traitées d'après les principes que j'en ai donnés. Quant à
celles destinées à continuer la charpente, elles seront taillées plus long comme de moitié pour les plus forts; cette
mesure donnera la longueur des plus faibles, de manière
à ce que le tout prenne une forme circulaire, mais peu régulière, afin qu'à l'avenir ces branches se trouvent éparses
sans confusion, et forment par leur ensemble une tête arrondie qui se rapproche de celle de sa nature; toutes ces
opérations ne sont de rigueur que pour l'abricotier et les
pêchers que l'on cultive à l'air libre dans quelques con-
trées de la France. Quant aux pruniers, cerisiers, pommiers, poiriers, on n'en fait l'application que pendant les
premières années; ils seront ensuite livrés à quelques opérations qui auront lieu en retranchant l'extrémité des
branches éparses qui paraîtraient prendre trop d'extension
aux dépens des plus faibles : il est vrai que, pour toutes, on
aura le plus grand soin de retrancher les parties mortes ou
mourantes, ou peu aérées, susceptibles de former de la
confusion ; puis on diminuera la longueur de celles qui seraient languissantes ou trop chargées de boutons, ensuite
on fera avec soin l'extraction des mousses, vieilles écorces,
et enfin de toutes les parties capables de retenir l'humidité, qui nuit autant à ces arbres que la gelée.

Toutes ces opérations se continueront chaque année,
autant que les branches charpentières conserveront de la
vigueur; mais il arrive une époque où l'on n'y voit plus que

de très-faibles branches et rameaux à fruit placés à leur
extrémité, ce qui prouve leur état languissant : assez
ordinairement, en cet état, on trouve des gourmands
près de leur naissance et à peu de distance du tronc, qui
semblent inviter le cultivateur à faire la réforme de cette
vieille charpente, ce qui doit se faire non pas au moment
de l'apparition des rameaux, mais bien lorsqu'ils sont devenus des branches assez volumineuses pour absorber la
sève des parties désignées à être retranchées ; ces nouvelles
branches seront traitées, chaque année, comme il a été dit
pour les premières.

§ III. —Taille à la Cadet de Vaux.

A entendre l'auteur de cette taille, il fallait jeter la
serpette à la ferraille, comme étant un instrument meur-
trier ; il suffisait, a-t-il dit, de courber les branches en demi-
cercle, soit concentriquement ou excentriquement, pour
avoir une très-grande quantité de fruit, ce qui est vrai.
Mais, si vous persistez dans ce système plus que le temps
nécessaire pour préparer les arbres à en donner, ce qui a
lieu à la deuxième ou troisième année, et si, à cette époque,
vous négligez de proportionner les boutons à la vigueur de
ces arbres, bientôt vous les voyez dépérir et mourir même,
lorsqu'ils sont placés sur un sol qui n'est pas précisément
propre à leur nature ; et, pour avoir négligé de vous être
bien servi d'une serpette, vous êtes obligé d'employer la
scie et la serpe pour faire la réforme des branches mortes
ou mourantes. J'ai connu quelques personnes qui ont
voulu adopter ce système, et qui n'ont pas été longtemps
à revenir de leur erreur. Cependant on peut admettre quelques-unes de ces opérations pour des faits que j'ai signalés

en finissant la description du mode de taille en pyramide sur poirier.

§ IV. — De la taille en cépée.

C'est plus particulièrement pour les groseilliers que cette forme est usitée ; mais sa formation n'est pas indifférente. Cette cépée est formée par l'ensemble des mères branches, que l'on multiplie au fur et à mesure que la souche prend davantage de force. On voit, par ce simple exposé, que nous ne pouvons pas en fixer le nombre ; néanmoins on peut conclure que, lors de la création de la cépée, on ne peut en établir que de trois à quatre ; et, pour celle qui sera la plus avancée en âge et arrivée à son plus grand développement, il est rare que l'on soit obligé d'en établir plus d'une douzaine : ces branches sont formées avec les rameaux les plus vigoureux qui se développent sur la souche. Pour cet effet, la première taille se fera environ une année après la plantation et toujours avant l'ascension de la sève : à cette époque, on coupera rez terre la première tige, ce qui donnera les rameaux dont nous venons de parler plus haut. A la deuxième taille, ces rameaux devront être espacés entre eux de manière à ce que les bourgeons et les fruits qui doivent y croître puissent jouir de tous les fluides aériformes ; cette considération prise, on retranchera complétement tous les autres susceptibles de former de la confusion, après quoi on réformera seulement l'extrémité des plus faibles qui auront été choisis pour cette charpente ; puis les plus forts seront retranchés à des hauteurs telles que le tout, par son ensemble, puisse avoir une forme arrondie : ainsi se terminent les opérations de la seconde taille. La troisième a pour but de maintenir cette char-

pente, en cherchant à donner aux branches qui la composent une plus grande extension. Pour cet effet, on choisira sur chacune d'elles un rameau des plus propres à les
prolonger, puis ils seront taillés dans des proportions telles
que, par leur ensemble, ils puissent élever la cépée d'un
tiers, ce qui est le maximum ; car il arrive des années sèches
ou une foule d'autres accidents qui ne permettent même
pas d'augmenter cette cépée, tant en hauteur qu'en nombre de branches. Nous quittons ces suppositions pour continuer les travaux de la troisième taille : nous arrivons
aux rameaux latéraux des branches charpentières ; tous
ceux qui auront plus de 14 cent. (5 pouces) devront être
retranchés à 3 à 6 cent. (1 ou 2 pouces) de leur insertion,
sans avoir égard à la coupe par rapport à la disposition de
l'œil terminal, autrement ce serait perdre un temps trop
en disproportion avec la valeur de ces arbrisseaux. Cela
fait, on s'occupera des rameaux qui se seraient accrus sur
la souche, et, s'ils ont pris de l'extension, il faudra profiter de quelques-uns des plus forts qui seront avantageusement placés pour augmenter le nombre des branches charpentières, ou même pour remplacer celles qui auraient
mauvaise grâce ou qui seraient affaiblies. L'opération de
ces rameaux rentre dans ce que nous avons dit plus haut,
en parlant de l'ensemble de la cépée : tous les autres
rameaux provenant de la souche doivent être réformés
aussi près qu'il est possible. Pour cet effet, on se sert
quelquefois d'un ciseau ou fermoir de menuiserie, armé
d'un long manche terminé par une béquille. Les détails
dans lesquels nous venons d'entrer nous tiennent lieu de
tout ce que nous pourrions dire pour les tailles qui doivent
se succéder. Il arrive une époque plus ou moins éloignée,
selon la nature des terres, où toutes les branches charpen-

tières deviennent mousseuses ou fatiguées par l'âge, où
des récoltes abondantes ne donnent plus que des rameaux
de la plus petite dimension : dans cet état, il ne faut pas
hésiter à en faire la réforme aussi près de terre que possible, pour être remplacées presque aussitôt par un certain
nombre de rameaux ; c'est ainsi que l'on rajeunira constamment les deux séries de groseilliers. Il est un autre
procédé de tailler ces arbrisseaux, et dont je me suis toujours bien trouvé toutes les fois qu'il a été question de les
cultiver sur des plates-bandes, et dans l'intervalle d'autres
arbres fruitiers de plus grande dimension, comme cela se
rencontre souvent ; ce procédé consiste à les élever sur
une tige de 16 à 24 cent. (6 à 9 pouces) seulement, afin
d'éviter leur courbure : pour obtenir cette tige, il faut
bouturer avec des rameaux de 43 à 54 cent. (16 à 20 pouces), et, pour éviter le développement continuel des bourgeons le long de cette tige et sur le collet des racines, il
faut, avant la plantation, éborgner avec soin tous les yeux
qui se trouveront dans les trois quarts de la bouture, en
ne conservant que ceux qui seront les plus rapprochés du
terminal, avec l'ensemble duquel on formera la charpente.
Le reste des opérations rentre, à quelques exceptions près,
dans celles que j'ai développées plus haut.

§ V. — Taille des framboisiers.

Cette taille est on ne peut pas plus simple : il suffit de
retrancher rez terre toutes les branches qui ont donné des
fruits, puis de réformer également les petits rameaux con-
trefaits et mal venants ; les autres sont réduits à peu près

à la moitié de leur hauteur ; le tout devra être fait avant
qu'aucune végétation se soit fait remarquer.

§ VI. — Taille des figuiers.

Cet arbre n'exige que le nettoyage de ses bois morts,
puis l'éborgnage de l'œil terminal des rameaux qui auront
plus de 16 cent. (6 pouces) de long : cette opération, qui
devra se faire immédiatement après les avoir découverts,
a pour but de faire bifurquer les branches et nouer les
fruits, qui, sans ce moyen, sont sujets à couler ou avorter.

TROISIEME PARTIE.

DE QUELQUES INSECTES ET MALADIES

QUI AFFECTENT LES ARBRES FRUITIERS, AVEC LES MOYENS DE LES EN GARANTIR.

—

§ I. — Du kermès.

Le kermès est connu de tous les cultivateurs sous la dénomination de punaise; il a aussi été décrit par quelques
auteurs sous le nom de gallinsecte : on sait combien il est
nuisible à la culture du pêcher et de la vigne en espalier.
Il m'a paru essentiel de signaler cet insecte sous divers caractères qui lui sont naturels, par rapport aux différents
âges où il est bon de le faire reconnaître; l'époque du premier printemps m'a paru être le moment le plus favorable
à cet examen : c'est alors que les plus anciens se font remarquer par leur forme , qui est quelquefois demi-
sphérique, mais plus souvent oblongue, et leur fixité
sur le vieux bois, du côté opposé à la lumière; lorsqu'ils en sont détachés, ils ressemblent assez à de petites
coquilles, dont les plus grandes offrent une largeur
de 6 à 7 millim. de long sur 5 de large. Lors de cet
examen, on remarque que ceux-ci sont complétement

morts : il n'en est pas de même de leurs petits, éclos par
milliers pendant l'été qui a précédé cette époque, et placés
sur du bois plus jeune, *les rameaux surtout*, où ils sont
presque imperceptibles par rapport à leur petitesse et à leur
couleur, qui se rapproche de celle de l'écorce ; mais, vus
de près, ils ont tous les caractères du squelette de leur
mère, et n'attendent que la fin de mai ou la première
quinzaine de juin pour en prendre promptement tout le
volume. Après cette époque, ces insectes se remplissent de
plus de 1,500 œufs de couleur rousse, de la grosseur de
tout petits grains de sablon : dans quelques-uns de ces
animalécules, les œufs sont entrelacés d'un réseau blanc
soyeux qui soulève la mère, en dépassant son volume de
beaucoup ; ce caractère donnerait à penser que c'est une
espèce distincte de l'autre, qui en est complétement privée.
L'époque de l'éclosion des petits varie selon les temps, les
expositions et la nature des arbres qui en sont infectés ;
néanmoins on peut regarder la fin de juin comme étant
le terme moyen : à cette époque, ces insectes se font remarquer sous une forme aplatie un peu oblongue, d'un
jaune pâle, et par une extrême petitesse ; ils sont munis
de six pattes presque imperceptibles ; dans cet état, ils
quittent leur mère, qui est mourante, et viennent se fixer
sous les feuilles, où ils restent tout l'été et une partie de
l'automne ; lors des premiers froids, ils viennent se placer
sur les rameaux et du bois plus vieux , où ils se tiennent
immobiles pendant tout le reste de leur existence, qui doit
se terminer comme celle de leur mère. Dans tout état de
choses, ils forment une espèce de crasse noire qui s'attache
à toutes les parties de l'arbre et aux divers corps qui les
avoisinent. La destruction de ces insectes se fait en février
et mars, au moyen d'une dissolution de chaux et de savon

noir (*), avec laquelle on enduira toutes les parties infectées. M. le comte Lelieur dit, dans sa *Pomone française*,
que le mois de mai est le moment le plus favorable à la
destruction de cet insecte, au moyen d'une brosse dure
que l'on fait mouvoir, de bas en haut, sur les parties qui
en sont infectées. Ce moyen est peu praticable, par rapport aux jeunes fruits, bourgeons et feuilles. Si, cependant, celui que j'ai indiqué plus haut avait été négligé, il
faudrait simplifier ce dernier en se servant des doigts, toujours moins scabreux que les brosses les mieux organisées
pour ce travail. A cette époque, la présence de ces insectes
est presque toujours dévoilée par les fourmis qui circulent
autour d'eux pour s'emparer des parties sucrées qu'ils sé-
crètent en assez grande abondance pendant leur accrois·
sement presque subit, dont j'ai parlé plus haut. Les arbres
plantés à des expositions où les pluies frappent difficilement en sont plus particulièrement affectés ; les années
sèches et chaudes sont également favorables aux progrès
de ces insectes.

§ II. — Du tigre (*acarus*) et ses variétés.

Le tigre est connu des cultivateurs sous trois formes différentes, de couleur grise ; le plus grand est allongé, assez
pointu par une de ses extrémités, placé longitudinalement
sur les branches, et fortement adhérent à l'écorce ; vu
dans cette position, il a un peu l'aspect d'une petite graine
de reine-marguerite, et, lorsqu'il est examiné en sens opposé, il a un peu la forme d'une petite nacelle ; les uns
sont vides ou paraissent à peu près tels, les autres, plus

(*) Voyez, ci-après, le paragraphe IV de la troisième partie.

remplis, sont sans doute vivants, en ce que, par la pression, ils laissent échapper une petite portion de matière
glaireuse, dont la couleur se confond avec celle de l'animal.

Cet insecte, comme les deux autres variétés dont il va
être parlé, occasionne de très-grands préjudices aux arbres qui en sont infestés, en ce qu'il suce et dessèche une
partie de leur écorce, ce qui les met dans l'impossibilité
de s'élargir lors des divers mouvements de la sève.

De la seconde espèce de tigre.

Cette espèce est de même couleur que la précédente, de
forme un peu variée, en ce que les uns sont légèrement
oblongs, les autres ronds et presque imperceptibles à l'œil
nu, très-aplatis sur l'écorce et fort adhérents : lorsqu'ils
en sont détachés et vus en masse, on croirait voir un amas
de menu son mêlé de poussière ; mais, vus séparément, ils
ressemblent à de petits coquillages. Il en est qui sont un
peu transparents : ce sont, sans doute, les morts. Les autres, plus rembrunis, recèlent un petit corps globuleux
très-fragile, de couleur jaune, transparente, presque in-
visible aux vues fatiguées. Lorsque ce petit corps est pressé
avec la pointe de la serpette ou autre, il laisse échapper
une substance de même couleur. Les pêchers ne sont pas
exempts de cet insecte ; les poiriers et pommiers surtout,
placés sur des terres brûlantes et à des expositions chaudes
et peu aérées, en sont plus souvent affectés : c'est pour
cette cause que les poiriers plantés dans une bonne terre,
à l'exposition du midi et au levant, y sont très-sujets.
Pendant le cours du mois de juillet ou au commencement
d'août, ces insectes donnent naissance à des myriades de
petites mouches à ailes rondes, de couleur grise, et comme

couvertes de poussière. Ces dernières s'attachent de préférence en dessous des feuilles, et en rongent le parenchyme, ce qui les fait dessécher en peu de jours. Par suite
de ce butinage, ces feuilles se trouvent enduites d'une li-
queur brune, gommeuse et sucrée, semblable à du cara-
mel. Je ne sais si elle est le produit d'une sécrétion acci-
dentelle causée par la présence de ces insectes ou un dépôt
de leurs déjections. Lorsque ceux-ci ont acquis tout leur
développement, *ce qui a lieu en peu de jours*, on les voit
rouler en masse dans le voisinage des branches, sur lesquelles ils viennent déposer leur larve, qui m'a paru n'a-
voir besoin que de trente à quarante jours pour prendre
la forme indiquée plus haut.

De la troisième espèce de tigre.

Cette troisième espèce n'est, pour ainsi dire, pas visible
à l'œil, en ce qu'elle semble faire corps avec les écorces
du vieux bois, sur lesquelles elle est fortement fixée ; cependant elle s'y fait remarquer par les petites cavités irré-
gulières que sa présence y occasionne : on la rencontre
également sur des parties plus régulières, comme y étant
fixée depuis moins de temps ; mais alors il faut encore la
regarder de plus près, en ce que sur ces divers points on
peut la prendre pour de la poussière agglomérée ou des
points de l'écorce ; ce n'est qu'en grattant ces parties avec
force que l'on y découvre de petites plaques blanches au
milieu desquelles on remarque de tout petits points d'un
carmin assez vif. Ces insectes sont quelquefois tellement
multipliés et entassés, qu'il est difficile de les reconnaître
séparément. Si l'on enlève légèrement l'épiderme des parties infestées, on y trouve l'écorce altérée à l'état de

meurtrissures, ce qui l'empêche de se dilater; celle qui est restée intacte semble prendre plus de volume que si le tout était resté à son état normal : ces deux contrastes occasionnent les petites irrégularités que j'ai signalées plus haut. Je n'ai aucune connaissance des moyens que la nature emploie pour la reproduction de cette troisième variété. Les poiriers et les pêchers sont très-sujets à en être infectés : les terres et les expositions que j'ai signalées comme étant les plus propres à la propagation de cet insecte sont tout à fait identiques avec ce que j'ai annoncé en parlant des autres espèces. Les moyens à employer pour détruire ces diverses espèces de tigres sont les mêmes que pour le kermès.

§ III. — Du puceron vert, sa variété de couleur brune, et le moyen de les détruire.

Ces deux variétés de pucerons sont généralement trop connues pour exiger une description; on sait également qu'ils sont très-nuisibles à la culture du pêcher : on les détruit au moyen de la fumée de tabac; mais il faut en faire l'application d'une manière plus exacte qu'on ne le fait journellement. Le moyen que j'ai toujours employé avec beaucoup de succès consiste à avoir un tissu de calicot ou autre, d'une assez grande étendue pour couvrir l'arbre sur lequel on veut opérer; avant l'étendage de cette pièce, on aura la précaution de la mouiller, afin qu'elle offre moins de passage à l'air, et, si l'on avait à craindre que sa pesanteur rompît quelques bourgeons, on interposerait quelques faibles perches, qui auraient pour but de tenir l'appareil un peu écarté; après quoi, on fait en sorte d'en rapprocher les extrémités aussi près du

mur que possible , afin d'empêcher la sortie de la fumée
qui sera introduite sous l'appareil à l'aide du soufflet fu-
migatoire connu pour l'usage des serres ; à son défaut ,
on se servira d'un tout petit fourneau garni d'une petite
quantité de charbon en pleine combustion ; après l'avoir
introduit sous la toile , on jettera la quantité de tabac
nécessaire pour entretenir la fumée trois à quatre minutes;
après quoi , on retirera l'appareil ; puis un arrosement
fait avec la pompe à main ou autre débarrassera les arbres
comme par enchantement. J'ai vu être obligé de répéter
cette opération quinze à vingt jours après; mais il est rare
que l'on soit obligé d'opérer une troisième fois pendant
le cours de la végétation. Les sécheresses printanières
sont très-propres à la propagation de ces insectes ; c'est
pourquoi des arrosements faits, le soir, sur les feuilles, au
moyen de la pompe à main, produiront d'excellents effets,
toutes les fois que l'on n'aura pas à craindre de gelées
blanches le lendemain. On peut aussi détruire la larve de
ces deux variétés de pucerons, pendant l'hiver, au moyen
de l'amalgame employé pour le kermès, etc. La difficulté est de la reconnaître, en ce qu'elle est d'une extrême
petitesse ; sa forme est presque ronde, de couleur noire
luisante : lorsque l'on y porte la pointe de la serpette ou
autre corps dur pour l'écraser, elle offre une espèce de ré-
sistance assez semblable à celle d'un grain de sablon ;
froissée avec la main , elle exhale une odeur extrèmement
fétide, et sa décomposition y dépose une couleur jaune
qui reste fixée à la peau pour quelques jours. Cette larve
se trouve généralement à la naissance et à l'extrémité
des rameaux ; dès lors on peut juger de la difficulté de
l'extraire des arbres ; mais, comme elle est presque toujours accompagnée de quelques autres, en faisant l'appli-

cation qui vient d'être prescrite, on détruit le tout ensemble, toutes les fois qu'aucune partie réservée par la taille n'en sera exceptée.

Il est un autre hémiptère qui a reçu le nom de puceron lanigère, sans doute par rapport à une espèce de duvet qui recouvre les parties de son corps les plus exposées au contact de la lumière ; il pourrait se faire que ce duvet, quoique plus court en hiver, fût propre à le garantir des plus grands froids, en ce que je l'ai vu résister à la température de 10 degrés, sans être obligé de se réfugier en terre, comme quelques naturalistes l'ont annoncé. Cet insecte a été figuré dans le second volume des *Transactions de la Société d'horticulture de Londres*, page 52. Si on en croit quelques relations de ce pays, il y aurait été introduit par des marchandises américaines avec lesquelles il aurait été transporté : on ne peut en préciser l'époque ; mais, selon Mosley, il n'y est connu que depuis 1787, et, s'il faut en croire la Société d'agriculture de Dinan, ce serait en 1812 où il aurait commencé à se faire remarquer dans l'ouest de la France ; aujourd'hui il se trouve répandu sur beaucoup d'autres points de ce même pays. On le reconnaît facilement à l'aspect de son duvet blanc, qui semble être fabriqué en commun, et forme des cordons soyeux en dessous des branches et rameaux sur lesquels ces insectes sont plus généralement agglomérés. Depuis une douzaine d'années et plus, on a fait de nombreuses recherches, pour reconnaître sa larve et savoir comme il se reproduit, ce dont on n'a rien de positif ; on n'est guère plus avancé sur les moyens de le détruire ; j'ai moi-même tenté divers procédés sans avoir eu de résultats satisfaisants : le premier fut les injections faites avec un lait de chaux saturé avec de la les-

sive ; le second a été de faire des fumigations avec diverses
substances caustiques et corrosives, soit séparées ou mêlées;
puis le troisième fut de profiter de l'absence des feuilles
pour flamboyer toutes les parties infestées , soit avec des
torches de paille mises en combustion, ou de la corde gou-
dronnée et saupoudrée de fleur de soufre , et enfin l'emploi de l'essence de térébenthine et de toutes les substances
huileuses. Ces dernières, quoique très-propres à faire périr
ces insectes à l'instant où ils en sont atteints , n'en sont
pas , pour cela, plus efficaces en ce qu'il est très-difficile
de joindre toutes les parties infestées; et, comme ce travail
doit se faire avant l'ascension de la séve, ceux qui en échappent se multiplient , au printemps, dans des proportions
telles , qu'à la fin de l'été cette opération est rendue
inutile.

On a récemment attribué aux fèves de marais la propriété de détruire ces insectes en semant cette légumineuse
dans le voisinage des pommiers infestés de ces animal-
cules, lesquels viennent, dit-on, vivre de préférence sur
ces plantes et en délivrent les arbres. Ce fait parut douteux
à M. Mirbel , professeur de culture ; c'est alors , par
les hautes inspirations de ce savant , que j'ai fait les expériences ci-après : pendant le cours de mars 1841, j'ai
semé lesdites fèves dans diverses localités du jardin du
roi, dans lequel les pommiers sont infestés de ces insectes;
les résultats de cette expérience permettent de réfuter l'assertion ci-dessus annoncée : du reste, un mauvais publiciste,
présent à ces expériences , a été de notre avis dans un article envoyé, après cette époque, à diverses feuilles périodi-
ques, dans lesquelles les rédacteurs ont cru utile d'en faire
l'insertion sous la garantie du nom de cet homme fantastique,
sans pudeur, accoutumé à déguiser son larcin sous un accou-

trement étranger, en citant des faits à lui, qui, par cela,
sont souvent dénués de fondement ; on peut en juger
par ce qu'il a ajouté à cette note honteuse, écrite dans la
Revue horticole de M. Audot, juin 1841 : *Quant à nous,
nous savons, par nos propres expériences, que, si l'on veut
empoisonner une pépinière de pucerons lanigères, c'est d'y
semer des fèves.* Ce peu de mots, mal posés, sont complétement faux ; leur auteur n'a rien expérimenté qui se rattache à ce fait ; du reste, le puceron lanigère, presque
identique au pommier, comme on va le voir, n'a rien
de commun avec celui que l'on rencontre quelquefois sur
les fèves ; donc ce dernier n'a pu, jusqu'à ce jour, et ne
pourra, dans aucun temps, engendrer le lanigère, ni aider
sa propagation.

Cet insecte affecte plus particulièrement le pommier,
pour lequel il est souvent mortel, par les lacérations et les
tumeurs qu'il occasionne sur un assez grand nombre de
surfaces ; on le rencontre quelquefois sur le poirier et diverses espèces d'épines, aliziers, sorbiers ; mais je n'ai pas
remarqué qu'il y fît des dommages sensibles, en ce qu'il
me parut n'y séjourner que pendant la montée de la sève ;
du reste, je n'y ai jamais vu les exostoses dont il vient
d'être parlé plus haut.

§ IV. — Composition propre à la destruction du kermès, des diverses
variétés de tigres et larve du puceron vert.

Prenez quatre litres d'eau ou de lessive, ce qui vaut
mieux, dans lesquels vous ferez dissoudre un demi-kilo.
de savon vert ou noir ; après quoi, on y jettera la quantité
de chaux vive nécessaire à faire une bouillie claire, semblable à celle dont se servent les badigeonneurs : ce mé-

lange sera employé immédiatement à l'aide d'une brosse
ou pinceau avec lequel on parcourra toutes les parties infectées, afin de les enduire complètement. Les huiles de
poisson et de lin remplissent le même but, mais la dépense en
est plus élevée, et l'application se fait avec moins de précision, en ce que la couleur de ce fluide est peu remarquable sur les parties où l'on en fait l'application, donc
le premier mode doit être préféré. Ce travail doit être fait
avant les premières traces de la végétation printanière,
autrement l'on courrait les risques de fatiguer les yeux
et boutons qui en seraient atteints : on peut aussi employer
ce mélange pour blanchir les fortes branches et les tiges
des gros arbres que l'on aurait récemment soumis à la
plantation et dont on redouterait la brûlure de leurs écorces. Le même expédient peut aussi être pratiqué sur des
plus gros arbres pour en détruire les insectes qui se réfugient dans les scissures des écorces, puis les mousses qui en
couvrent la masse et donnent à ces arbres un aspect hideux.
Quant à cette opération, nécessaire sur les grosses branches du pêcher et de l'abricotier, on devra préférer le
blanc de céruse, auquel on mêlera la quantité d'huile nécessaire pour en former une bougie un peu compacte, laquelle offre plus de solidité, afin d'éloigner plus sûrement l'humidité et l'action de la gelée sur ces parties.
Ces divers travaux sont généralement trop négligés en ce
que la mort occasionnée par les causes qui viennent d'être
signalées n'arrive que graduellement et d'une manière
presque insensible ; espérons qu'à l'avenir on saura mieux
apprécier ces opérations et que l'on ne verra plus autant
d'arbres malingres, et dont quelques cultivateurs se dou-
tent à peine de ce qui en est la cause.

§ V. — Moyen de détruire les fourmis.

Les fourmis accompagnent presque toujours les insectes dont nous venons de parler, soit pour s'emparer de leurs excréments, ou butiner leurs secrétions ou celles qu'ils occasionnent aux bourgeons et branches sur lesquels ils sont fixés. Avant l'apparition ou après la destruction de ceux-ci, les fourmis se trouvent errantes et un peu au dépourvu ; dès lors on devra profiter de cette circonstance pour préparer leur perte, en plaçant, à quelque distance du pied de chaque arbre, un tout petit tas de fumier à demi consumé, légèrement humide, sur lequel on dépose quelques fruits secs, ou, mieux, un petit morceau de sucre ; puis on recouvre le tout avec un moyen pot à fleurs : ces insectes ne tardent pas de venir s'amonceler sous le vase ; dès lors il est facile de les détruire, à l'aide d'une poignée de paille ou autre corps mis en combustion, avec lequel on les flamboie.

J'ai vu, dans un journal assez en crédit, un moyen indiqué comme étant des plus faciles d'éloigner ces insectes : *il consiste à enduire d'huile de poisson quelque faible partie d'un arbre infecté, ce qui les en chasse en quelques heures ; il en est de même pour un appartement, dans lequel il suffit de déposer de cette substance tenue dans un vase découvert.* Cette assertion est fausse. A cette occasion, je citerai un fait. Au mois de mars 1836, quelques morceaux de sucre se trouvaient par hasard dans un vase déposé dans une petite chaumière placée au milieu de notre école des arbres fruitiers, lorsqu'un jour je trouve ce vase envahi par ces insectes ; bientôt j'eus recours à la substance annoncée, avec laquelle j'enduis le vase, et une feuille de papier placée des-

sous ; les fourmis ne cessèrent de venir butiner le sucre.
Mais voulant donner suite au moyen que j'indique plus
haut, je plaçai mon appareil vis-à-vis une des faces exté-
rieures la plus chaude de cette petite hutte ; puis je retirai
le sucre qui était dans son intérieur : vingt - quatre
heures après, les fourmis étaient en pleine possession du
local favorable que je leur avais préparé.

J'ai aussi vu un ouvrage assez bien écrit, publié, en
1830, par M. Bengy de Puyvallée, dans lequel il donne,
comme un excellent moyen de détruire ces insectes, le
procédé suivant : *Lorsqu'on est assez heureux de trouver
leurs fourmilières, on prend un gros bâton pointu, que l'on
enfonce au milieu, et en agitant ce bâton dans le trou on en
détruit une bonne quantité.* Cette assertion n'est vraiment
propre qu'à donner du ridicule à l'auteur, en ce que ce
procédé est insuffisant, et qu'il n'y a que les enfants qui
le mettent quelquefois à exécution.

§ VI. — Maladie de la cloque et les moyens d'en préserver les
arbres.

A entendre quelques auteurs, la cloque serait transmise
par la greffe sur d'autres individus ; cette assertion est réfutée par des cultivateurs qui, après avoir vu leurs pêchers
affectés de cette maladie pendant un assez grand nombre
d'années, les ont successivement garantis par le soin des
abris. Cette maladie, qui affecte l'extrémité des jeunes
bourgeons et leurs feuilles naissantes non développées,
existe souvent dix et vingt jours et plus, avant qu'elle ne
soit visible à l'œil nu ; cependant avec un peu d'attention
on la reconnaît, notamment sur les feuilles, sous l'aspect
d'une teinte rouge purpurine : de nouvelles observations

m'ont fait connaître qu'un seul jour de froid humide suffit pour faire apparaître cette teinte rouge et que plus les
temps froids se continuent, plus elle se multiplie ; dès lors
cette maladie devient grave et quelquefois générale en ce
que cette couleur rouge bien prononcée est la cloque elle-
même et n'attendant plus que quelques jours de beau
temps pour la faire reconnaître sous cette forme crispée et
boursouflée qui donne suite à de petites pochettes dont
les unes sont disposées à recevoir des gouttelettes d'eau,
et les autres très-favorables à la propagation des pucerons
et autres hémiptères ; tous ces inconvénients, auxquels il
faut encore ajouter celui d'un emploi de sève perdue pour
les bourgeons utiles, doivent suffire pour faire disparaître
cette maladie aussitôt sa première apparition et ne pas attendre qu'elle soit sur le point de tomber comme on le pratique trop souvent. Dans le premier cas, cette opération
se fait avec les ongles, avec lesquels on retranche les jeunes
feuilles qui sont atteintes de la couleur rouge dont nous
avons parlé plus haut ; mais, si, par négligence ou défaut de
temps, on vient opérer lorsque la maladie s'est accrue et
que les feuilles sont devenues grandes, on les fera couler
légèrement entre les doigts, pour en extraire les parties
affectées ; il en sera de même pour celles que les pucerons
font recoquiller, en prenant toutefois la précaution de
froisser ces dernières dans les mains, afin d'aider à la destruction de ces insectes et à celle des fourmis qui les accompagnent, et dont le nombre de chacun augmente
d'autant plus que cette réforme sera négligée : quant aux
bourgeons atteints de cette maladie, on en fera l'extraction à la manière du pincement ; cette opération, faite de
bonne heure, déterminera le développement des yeux placés à leur base, qui, sans cette mesure, seraient prompte-

ment affectés de cette maladie, qui causerait la perte entière de ces bourgeons, ce qui occasionnerait souvent des
vides difficiles à réparer. Cette maladie, que j'ai toujours
attribuée à des changements de température trop subits,
accompagnés de pluies et de coups de vent froids, est la
cause pour laquelle je conseille les abris, comme étant le
seul moyen qui ait réussi jusqu'à ce jour : les auvents et les
toiles doivent être préférés et placés comme pour la garantie des fleurs. Quant à des affections de ce genre que l'on
rencontre sur quelques arbres plutôt que sur tels autres à
la même exposition, je les attribue à une végétation plus
ou moins active, à laquelle il faut ajouter les circonstances
atmosphériques que je viens de signaler, et qui agissent ici
comme les gelées printanières.

§ VII. — Maladie du pêcher sous le nom de grise.

Cette maladie n'est rien moins que la présence d'un insecte imperceptible à l'œil nu ; elle a été décrite par Linné
sous le nom de *tetranychus telarius*, et par Latreille sous
celui de *gamasus telarius*.

Ces insectes vivent sur des plantes économiques et d'agrément ; ils semblent préférer, dans le premier groupe, les
melons et les haricots ; dans les plantes d'agrément, on
peut mettre en première ligne les dahlias et les rosiers ;
beaucoup de grands arbres en sont aussi quelquefois très-
incommodés : le tilleul ordinaire, *tilia sylvestris*, semble être
un des premiers qui en soit atteint, et sur lequel ils se multiplient davantage. Dans les arbres fruitiers, le pêcher paraît être celui pour lequel ces insectes ont des préférences,
et sur lequel ils font parfois des ravages considérables en
rongeant le parenchyme de leurs feuilles, ce qui les fait

tomber spontanément après leur avoir fait prendre un aspect tout poudreux, puis parsemé de petits filaments semblables à des fils d'araignée, ce qui leur a valu ce nom adopté par quelques cultivateurs, mais plus généralement connu sous le nom de *grise*. C'est particulièrement pendant les temps de sécheresse que cet insecte se multiplie davantage; c'est à tel point que, par suite de celle de 1840, la moitié des pêchers de Montreuil perdirent la presque totalité de leurs feuilles, lesquelles ont considérablement contribué à la diminution de la récolte de cet arbre, en ce que le peu de fruits qui résistèrent à ce fléau ont été petits et de bien mauvaise qualité; puis les yeux propres au développement des boutons ont été mal constitués et peu favorables au produit des fleurs de l'année qui a suivi ce grave accident. J'ai vu, dans le même temps, des pêchers de plusieurs localités des environs de Paris avoir le même sort que ceux de Montreuil ; j'ai également remarqué que ceux qui avaient pour voisins un peu nombreux les végétaux que j'ai cités plus haut étaient atteints de ces insectes d'une manière remarquable comparativement à ceux qui en étaient éloignés. Mes propres expériences m'ont prouvé que le seul moyen de garantir les pêchers de ces insectes consiste dans les arrosements faits, le soir, à l'aide de la pompe à main, pour en étendre les eaux avec force sur les feuilles déjà atteintes, et sur les autres pour les en préserver par la douce fraîcheur des rosées qu'ils y attirent pendant la nuit, lesquelles sont redoutables à ces insectes et à beaucoup d'autres.

§ VIII. — Maladie du blanc ou meunier (uredo).

Cette maladie se fait remarquer sous l'aspect d'une cou·

leur blanche, farineuse, adhérente sur les diverses productions de l'année, sur lesquelles elle se trouve précédée
par de petits accidents assez en rapport aux dartres qui affectent la peau de l'homme, ce qui lui a fait donner le
surnom de *lèpre du pêcher*. Tous les moyens que j'ai employés jusqu'à ce jour m'ont été infructueux. Quelques auteurs conseillent de mouiller souvent les feuilles au moyen
de la pompe à main ; ce procédé ne m'a rien donné de
bien satisfaisant. Malgré mon soin assidu de couper les
parties affectées et de les jeter à l'écart, je n'ai obtenu aucun succès ; j'ai fait aussi diverses injections caustiques
sans résultat. J'ai souvent vu disparaître cette maladie par
suite de pluies abondantes, mais aussi reparaître avec plus
de véhémence quand les chaleurs avaient repris.

§ IX. — Maladie du rouge.

Le rouge est aussi une maladie dont les recherches sur
sa nature ont jusqu'à ce jour complétement échoué ; cependant j'ai remarqué que les terres brûlantes et les années
sèches donnent plus souvent lieu à cette maladie, d'où
l'on peut conclure qu'elle vient des racines, toutes les fois
qu'elles manquent d'humidité, ou qu'elle y arrive trop
précipitamment ; ce qui peut avoir lieu dans les terres
creuses et légères.

§ X. De la gomme.

La nécessité dans laquelle je me suis souvent trouvé
obligé de parler de cette maladie, pendant le cours de cet
ouvrage, me dispense d'en faire un article particulier, en
ce que ce serait une répétition de ce qui a été dit.

§ XI.— Des fumiers et de leur emploi.

Quelques auteurs ont prétendu que les fumiers employés
à l'engrais des terres dans lesquelles on cultive les pêchers
leur sont défavorables, en ce qu'ils font pousser les jeunes
arbres avec trop de vigueur, et retardent l'époque de leur
fructification, font naître des gourmands sur les vieux, et
leur occasionnent de la gomme. Ces assertions sont réfu-
tées par beaucoup d'observateurs ; du reste, quant aux
jeunes arbres, un cultivateur instruit ne se plaindra jamais
de leur trop de vigueur, en ce qu'il saura en profiter pour
leur faire prendre une très-grande étendue, ce qui lui
donnera la facilité d'en obtenir d'abondantes récoltes, ce
qui ne pourrait se faire sur des arbres faibles de même âge,
sans les exposer à prendre un état de caducité avant l'époque fixée par la nature. Les engrais bien administrés sont
également très-nécessaires aux vieux arbres, pour soutenir
leur vigueur ; c'est aussi un préjugé de croire qu'ils leur
occasionnent de la gomme. Je conviens que des fumures
copieuses et trop subitement appliquées à des arbres déjà
affaiblis par le défaut de parties nutritives peuvent tout à
coup leur faire prendre une vigueur capable d'effrayer un
ignorant toujours prêt à écourter ces arbres : une telle
opération peut, en effet, occasionner des dépôts ; mais une
main habile y remédie promptement par une taille proportionnée à cette vigueur. D'après ce qui vient d'être dit
des engrais pour les pêchers , on peut conclure qu'il est
important d'en faire le même usage pour tous les autres
arbres fruitiers. Tout le monde sait que les fumiers de va-
ches doivent être employés de préférence sur les terres légères, et les autres pour celles qui sont fortes et substantielles ; leur état de décomposition et l'époque de leur

emploi ne sont pas indifférents : c'est, en général, à l'automne et pendant le cours de l'hiver que ces fumiers, aux deux tiers consommés et tout fumants, devront être enterrés par un labour fait de manière à ne point endommager les racines. La quantité de ces engrais ne peut être désignée ici, en ce qu'elle doit varier selon la nature des terres sur lesquelles on en fait le dépôt, et qu'on les regarde comme superflus pour celles qui sont déjà riches et substantielles ; cependant il arrive une époque plus ou moins reculée, où il est essentiel de prévenir leur appauvrissement par des fumures peu copieuses et répétées au plus tard tous les trois ans : cette disposition est commune pour les terres maigres, en en faisant l'application immédiatement après la plantation et à des doses plus considérables ; mais tous ces soins deviendront inutiles, toutes les fois que l'on fera l'application du paillage dont nous allons parler.

§ XII. — Du paillage.

Cette opération se fait au moyen d'une couche de fumier de 3 à 6 cent. (1 à 3 pouces) d'épaisseur sur toute l'étendue des plates-bandes destinées à recevoir les racines des arbres que l'on y aura plantés ; son principal but est de retenir l'humidité du sol et d'empêcher les rayons solaires de les pénétrer subitement ; ce qui occasionnerait une végétation trop active et souvent peu durable par le manque d'humidité qui s'ensuivrait. Cette excellente pratique a aussi le précieux avantage de s'opposer à ce que les terres se tassent et se calcinent à leur superficie, inconvénients qui empêcheraient les fluides qu'elles contiennent de se mettre en équilibre avec ceux de l'atmosphère ; en dernière analyse, cette matière, en se décomposant, verse

17

dans le sol la quantité d'humus nécessaire au besoin des
végétaux. D'après ce que nous venons de parcourir, il est
facile de conclure que ce travail devrait être plus ou moins
retardé selon la nature des terres; celles qui sont légères
et brûlantes devront être recouvertes au plus tard à la fin
de mars, par une épaisseur de 3 cent. (1 pouce) au moins
de fumier de vache, qui n'aura reçu que la fermentation
nécessaire pour en détruire les insectes ou leurs larves, et
les graines des plantes adventices qui pourraient s'y rencontrer. Ce fumier, par sa nature peu consommé, prend
bientôt une couleur blanche qui contribuera également à
éloigner les rayons solaires; quant à celles qui sont com- '
pactes et froides, cette opération devra se faire avec des
fumiers de cheval à demi consommés, mais en différant
leur application jusqu'à la fin de mai ou à la première
quinzaine de juin, afin que la chaleur ait le temps de pénétrer ces sortes de terres : d'après cet exposé, on peut se
rendre compte du moment le plus opportun aux paillages
de celles qui tiennent le milieu entre les deux que nous
venons de signaler. Si ces terres étaient occupées par des
pêchers, le long des murs, à de bonnes expositions, et
qu'elles fussent, *contre l'avis de Butret*, couvertes de légumes à racines peu profondes et à tiges peu élevées,
je conseille leur culture pendant l'hiver et le printemps, par
rapport à la position favorable aux primeurs, puis l'amen-
dement des terres, et enfin la destruction des vers blancs et
autres insectes qui viennent se fixer aux pieds de ces divers produits, et qui par cela même garantissent ceux des
pêchers. Dans le cas où ces légumes n'auraient pas donné
leurs produits à l'époque qui vient d'être fixée, on retardera le paillage jusqu'à la fin du mois, époque où il n'est
plus permis de différer, sans nuire à la belle végétation

des pêchers ; cependant on peut encore sortir de cette règle en y cultivant, pendant l'été, quelques plantes délicates à tiges rampantes, telles que melons et autres, dont les soins exigent également un paillage et des arrosements copieux et multipliés pendant les grandes chaleurs.

§ XIII. — Des arrosements.

J'ai déjà eu occasion de signaler le bon effet des arrosements faits à l'aide de la pompe à main, pour faciliter la répartition des eaux qui doivent être jetées sur les feuilles des pêchers et autres arbres fruitiers, afin d'activer leur végétation, augmenter le grossissement de leurs fruits, diminuer et souvent faire disparaître les insectes qui les altèrent. Il faut faire ce travail plus particulièrement à la suite des jours de sécheresse où la chaleur aura fait monter le thermomètre au-dessus de 18 à 20 degrés centigrades, puis attendre que les rayons solaires soient en grande partie dissipés ; ce moment est le plus opportun pour tous les végétaux cultivés à l'air libre pendant la saison d'été, en ce que c'est une heure avant et après le coucher du soleil que la végétation est la plus active : donc, pendant ces heures, il importe beaucoup d'aider celle des arbres fruitiers et tous autres végétaux portant des fruits charnus, puisqu'il est également reconnu que leur grossissement est aussi plus sensible qu'à tout autre instant du jour et de la nuit (*). Quant aux arrosements à effectuer pour l'avantage des racines, on est plus indifférent sur l'instant de les faire ; l'importance est de prévoir l'extrême sécheresse des terres dans lesquelles elles se trouvent

(*) Ces observations, suivies et signalées depuis 1831, ont été prônées depuis par quelques savants à qui je les ai communiquées.

plongées, afin d'éviter que cette terre ne fasse une espèce
de fusion susceptible d'exciter une fermentation interne,
capable de causer des accidents graves, tels que la maladie
du rouge, et quelquefois la mort. Si on avait à craindre
de tels effets, on mouillerait les feuilles quelques heures
avant les racines. Il est également essentiel d'éviter que les
eaux n'arrivent trop subitement et en trop grande abondance
sur le collet de ces arbres et leurs grosses racines : pour les garantir de cet inconvénient, on fera avec la bêche une petite
tranchée circulaire à quelque distance de leur pied, en
ayant la précaution de jeter dessus une partie des terres
qui en sortiront, afin que les eaux versées dans cette rigole
puissent alimenter le dessous de cette butte d'une manière
lente. Quant aux grands arbres chargés de fruits, on
devra observer plus rigoureusement ce qui vient d'être dit
plus haut; mais, lorsqu'il est possible de jeter de l'eau à la
superficie du sol et à l'écart, ce travail rendra toujours
d'immenses services à la végétation.

Ici se termine la tâche que je me suis imposée. J'ai fait
tous mes efforts pour ne rien omettre de ce qui peut être
utile aux cultivateurs et amateurs d'arbres fruitiers. Le
succès déjà obtenu par les précédentes éditions me donne
le droit de juger que mes observations sur cet art important ont rempli le but que je me suis proposé, qui est de
rendre plus sûres et plus durables les jouissances des propriétaires, en même temps que la belle tenue de leurs arbres présentera partout un aspect qui annoncera leur
vigueur et fera honneur aux personnes qui en auront la
direction.

FIN.

LISTE

D'ARBRES FRUITIERS

à cultiver dans les jardins et vergers.

—————o—————

Dans ce choix d'espèces, il en est encore auxquelles on doit donner la préférence, par rapport à des causes qui vont être développées ci-après ; mais, avant tout, j'ai pensé qu'il était essentiel de signaler la qualité de chacune de ces variétés par un plus ou moins grand nombre d'astérisques : ainsi nous en mettrons une pour désigner la première qualité, deux pour la seconde, etc. Quant au signe propre à déterminer les proportions dans lesquelles ces variétés méritent d'être multipliées, on le trouvera au moyen de virgules, dont le nombre augmentera en proportion du besoin de la consommation, de la rusticité des arbres, de leur fertilité et de leur grosseur ; puis on ne devra pas être surpris de voir un certain nombre d'espèces de poires et de pommes de première qualité mûrissant pendant l'été, qui, pour cela, ne seront marquées que d'une ou deux virgules par rapport à leur peu de durée : il en sera souvent autrement pour celles de seconde qualité, mûrissant à la fin de l'hiver et pendant le cours du printemps, par rapport au petit nombre de bonnes espèces à livrer à la consommation, pendant cette dernière saison, et le temps qui est nécessaire pour que tous les fruits de chacune de ces variétés puissent acquérir leur parfaite maturité.

Quoique la liste que je présente soit déjà fort nombreuse, il se pourrait que quelques amateurs ne la trouvassent pas encore assez complète ; dans ce cas, ils voudront bien consulter le *Supplément de second choix* placé à la suite de chaque genre.

Nota. Le plus grand nombre d'espèces nouvelles que l'on trouve jointes à cette liste sont dues à la bienveillance de M. Jamin, pépiniériste et amateur très-distingué, rue de Buffon, 19, avec lequel nous faisons constamment des échanges, et chez lequel on trouve une des plus riches collections de ce genre.

	QUALITÉ.	MÉRITE DE MULTIPLICITÉ.	ÉPOQUE DE MATURITÉ.
ABRICOTIERS.			
Abricot much-much.	★	,,	Du 1 au 10 juillet.
— gros Saint-Jean, abdelouis Saint-Jean.	★	,,,	Du 5 au 20 juillet.
— gros alberge de Mongamet et de Tours.	★	,,,	Du 15 au 30 juillet.
— angoumois ou violet.	★	,,	id.
— commun.	★★	,,,,,,	Fin de juillet.
— de Hollande, amande-aveline. . . .	★★	,,	
— pêche ou de Nancy.	★	,,,,	id.
— pourret	★	,,,	Août.
SUPPLÉMENT DE SECOND CHOIX.			
— blanc hâtif musqué.	★★★		Du 1 au 15 juillet.
— de Portugal ou de Provence. . . .	★		Du 10 au 20 juillet.
— royal.	★		Fin de juillet.
— petit alberge.	★		id.
CERISIERS.			
Cerise, guigne hâtive à fruit noir. . . .	★★	,,	Du 10 au 20 mai.
— hâtive d'Angleterre.	★	,,,,,,	Du 20 au 30 mai.
— doucette, belle de Choisy ; de la Palingre ; de Vilaine.	★	,,,,	Fin de mai et juin.
— royale hâtive, royale Chéri-duc. . . .	★	,,,,	Juin.
— plus belle que Chéri-duc.	★	,,,,	
— de Montmorency, à la longue queue	★	,,,	id.
— guigne.	★	,,,	id.
— royale de Hollande ; de Portugal, griotte de Portugal.	★	,,,	Du 1 au 15 juillet.
— griotte d'Allemagne, griotte de Chaux ; du comte de Saint-Maur.	★	,,,	id.
— belle Audigeoise.	★	,,,	id.
— belle Châtenay magnifique.	★	,,,	Fin de juillet.
— reine Hortense.	★	,,,,,	id.
— mai duc, royale tardive.	★	,,,,,,	id.
— d'Espa.	★	,,,,	id.
— grosse cerise à ratafia.	★★★	,,	id.
Bigarreautier-cœuret ou cœur-de-poule	★★	,,	Fin de juin.
— Wellington.	★	,,	Du 1 au 15 juillet.

	QUALITÉ.	MÉRITE DE MULTIPLICITÉ.	ÉPOQUE DE MATURITÉ.
SUPPLÉMENT DE SECOND CHOIX.			
Cerisier nain hâtif, ou précoce de Montreuil.	*		Du 20 au 30 mai.
— de Montmorency, courte queue, gros gobet.	**		Juin.
— à gros fruit blanc ambré ou princesse.	**		*id.*
— quindoux de Provence.	**		Juillet.
— d'Eltonne.	*		*id.*
Cerisier de Prusse à gros fruit doux. .	***		Fin de juillet.
Bigarreautier à gros fruit rouge de Hollande.	**		Fin de juin.
PÊCHERS.			
Pêche petite mignonne, double de Troyes.	*	,,,	15 juillet.
— pourprée hâtive.	*	,,,	Du 1 au 15 août.
— Madeleine à petit fruit hâtif.	*	,,,	Du 10 au 20 août.
— grosse mignonne, ou grosse veloutée, ou incomparable.	*	,,,,,,	Du 15 au 30 août.
— Madeleine rouge ou de Courson, ou rouge paysanne.	*	,,,	Du 20 août au 10 sept.
— de Malte, ou belle de Paris.	*	,,,	*id.*
— Madeleine à petites fleurs, Madeleine rouge tardive.	*	,,,	*id.*
— Bellegarde, ou Galande, ou noire de Montreuil (Chevreuse par erreur).	*	,,,	*id.*
— grosse violette hâtive.	*	,,	*id.*
— belle Chevreuse.	*	,,,	*id.*
— nivette veloutée.	*	,,	Du 10 sept. au 10 oct.
— admirable ou belle de Vitry. . . .	**	,,	Mi-septembre et oct.
— Saint-Michel (nouvelle).	*	,,	Fin de septembre.
— bourdine Narbonne, Royale, belle de Tillemont.	**	,,	Octobre.
— admirable jaune, grosse jaune; de Burat; d'orange, sandalie hermaphrodite (abricotée par erreur). .	***	,,	*id.*

	QUALITÉ.	MÉRITE DE MULTIPLICITÉ.	ÉPOQUE DE MATURITÉ.
SUPPLÉMENT DE SECOND CHOIX.			
Pêche avant-pêche blanche.	**		Juillet.
— alberge jaune, Saint-Laurent jaune, petite rossane abricotée.	**		Du 1 au 20 août.
— Madeleine blanche.	*		Du 10 au 30 août.
— belle Beauce	**		Du 20 août au 10 sept.
— petite violette hâtive, violette d'Ange-villiers.	*		*id.*
— panachée.	*		*id.*
— chancelier	*		Fin de sept. et oct.
— teton-de-Vénus.	**		*id.*
— pourprée tardive.	**		Octobre.
— betterave cardinal de Furstemberg. .	***		*id.*
— de la Toussaint.	**		Fin d'octobre.

POIRIERS.

	QUALITÉ.	MÉRITE DE MULTIPLICITÉ.	ÉPOQUE DE MATURITÉ.
Poire amiré-joannet, poire Saint-Jean. .	**	,,	Mi-juin.
— doyenné d'été.	*	,,,	Juillet.
— Madeleine ou citron des Carmes. .	**	,,,	*id.*
— épargne beau présent, cueillette belle vierge, Saint-Samson, de la table des princes (cuisse-madame par erreur).	*	,,,,	Fin de juillet et août.
— grosse blanquette, gros roi Louis. .	**	,,	Août.
— jargonnelle, bellissime, figue d'été. .	***	,,	*id.*
— grise bonne, poire-aux-mouches, am-brette d'été, crapaudine, rude épée, de forêt, sucrée grise.	**	,,	*id.*
— bergamote d'été, milan blanc, franc-réal d'été, mouille-bouche d'été. .	**	,,,	*id.*
— épine rose, poire de rose, caillot-rosat, oignonet, poire d'oignon.	**	,,	*id.*
— Williams Bon-chrétien Wil. . . .	*	,,,,	Fin d'août.
— orange tulipée, aux mouches. . .	**	,,	*id.*
— épine d'été, bugiarda des Italiens, fondante musquée.	*	,,	*id.*
— bon-chrétien d'été, Gratioly. . . .	*	,,,	*id.*

	QUALITÉ.	MÉRITE DE MULTIPLICITÉ	ÉPOQUE DE MATURITÉ.
Poire belle de Bruxelles, belle d'août, grosse bergamote d'été.	**	,,,	Fin d'août et septem.
— bon-chrétien de Bruxelles, capucine.	*	,,,	Septembre.
— bergamote d'Angleterre	*	,,,,,,	id.
— Hurbanis.	*	,,,,	id.
— ananas.	*	,,	id.
— Wilhelmine, plomgastelle, beurré d'Amanlis, poire Delbart. . . .	*	,,,	id.
— belle et bonne de Hée.	*	,,,,,	
— duchesse d'Angoulême, Pézenas (poire de).	*	,,,,,	Septembre et octobre.
— duchesse de Berry.	*	,,	id.
— bonne Louise d'Avranches, et de Jersey (poire de).	*	,,,,	id.
— beurré de Beaumont.	*	,,,,,	id.
— beurré d'Angleterre	*	,,,	id.
— beurré de Mongeron.	*	,,,	id.
— beurré gris d'Amboise.	*	,,,,,	Fin de sept. et octob.
— Jalousie de Fontenay-Vendée. . .	*	,,,,,	Octobre.
— beurré moiré.	*	,,,,	
— calebasse Bosc.	*	,,,	id.
— beurré lucratif	*	,,,	id.
— au vin.	*	,,	Octobre et novembre.
— Saint-Michel archange.	*	,,,,	id.
— Besi-Lamotte.	*	,,	id.
— doyenné gris.	*	,,,,,	id.
— Colmar d'automne.	*	,,,	id.
— incomparable Hacon's.	*	,,,,	id.
— Charles d'Autriche; de l'empereur, médaille, Napoléon, liard, Bonaparte, belle caennaise (archiduc Charles par erreur).	*	,,,,,,	id.
— gloire de Cambrone.	*	,,,,	
— beurré magnifique, beurré royal, beurré d'Yel, beurré incomparable.	*	,,,,,	id.
— marquise.	*	,,,	id.
— Mortefontaine gain de M. Lefebvre, 1832.	*	,,,,	id.
— beurré d'Anjou	*	,,,	id.
— Marie-Louis d'Elcourt	*	,,,,	Novembre.
— de Louvain.	*	,,,,	id.
— beurré Picquery.	*	,,,,,,	Novembr. et décemb.
— fondante des Bois	*	,,,,	

	QUALITÉ.	MÉRITE DE MULTIPLICITÉ.	ÉPOQUE DE MATURITÉ.
Poire Louise de Prusse.	⋆	,,,,	*id.*
— passe-Colmar.	⋆	,,,,,,	Novembre à janvier.
— Colmar Nélis.	⋆	,,,,,,	Décembre et janvier.
— crassane.	⋆	,,,,,,,,,	Novembre à janvier.
— Benzard.	⋆	,,,,,,	*id.*
— bergamote d'Austrasie; jaminette sabine, pirolle, maroit.	⋆⋆	,,,	*id.*
— beurré d'Aremberg, beurré d'Hardenpont (beurré de Flandre par erreur).	⋆	,,,,,,,,,,	*id.*
— beurré d'Hardenpont de Cambron glou-morceau.	⋆	,,,,	*id.*
— délice d'Hardenpont.	⋆	,,,,	*id.*
— Léon-le-Clair de Van-Mons . . .	⋆	,,,,	*id.*
— Chaumontel.	⋆	,,,	*id.*
— Saint-Germain ou inconnue la Fare.	⋆	,,,,,,,,,,,	Novembre à mai.
— bonne de Malines ou Beurré. . .	⋆	,,,,	Décembre et janvier.
— royale d'hiver.		,,,	*id.*
— Colmar, gros mizet; Monié, belle et bonne.	⋆	,,,,	Décembre à février.
— doyenné d'hiver, bergamote de la Pentecôte.	⋆	,,,,,,,,,,	Décembre à juin.
— Beurré de fougère.	⋆	,,,	Hiver.
— Chaumontel belge nouveau.	⋆	,,,,	*id.*
— souveraine de printemps.	⋆⋆	,,,,,,	Fin d'hiver.
— bon-chrétien d'hiver.	⋆	,,,	Hiver et printemps.
— Turquin des Pyrénées.	⋆	,,,,	*id.*
— beurré de Noirchin.	⋆	,,,,	*id.*
— beurré Rans (de).	⋆	,,,,,	Fin d'hiver et print.
— beurré gris d'hiver, nouveau. . . .	⋆	,,,,,,,	*id.*
— belle de Thouars ou poire Saint-Marc.	⋆⋆	,,,,,	*id.*
— pater-noster.	⋆	,,,,,,	*id.*
— Sageret.	⋆	,,,,	*id.*
— fortunée.	⋆	,,,,,	Printemps et plus.
— beurré bronzé.	⋆	,,,,,,	*id.*
— Léon-le-Clair.	⋆	,,,,,,	*id.*
SUPPLÉMENT DE SECOND CHOIX.			
— hâtiveau, petit muscat Saint-Henri. .	⋆⋆		Mi-juin.
— blanquette à longue queue.	⋆⋆		Juillet.
— Longuette de Norkoulte.	⋆		*id.*

	QUALITÉ.	MÉRITE DE MULTIPLICITÉ.	ÉPOQUE DE MATURITÉ.
Poire vallée franche ou poire Liquet. .	★★		Août.
— à deux têtes ou à deux yeux. . . .	★★		id.
— Salviati.	★★		id.
— cuisse-madame (vraie).	★★		id.
— bon-chrétien d'été musqué. . . .	★		id.
— orange rouge.	★ ▲		id.
— sucrée noire.	★		id.
— Nyochy de Parme.	★		id.
— rouge de vierge.	★★		Fin d'août et septem.
— gros rousselet.	★		id.
— Payenchy.	★		id.
— forelle ou truite.	★		Septembre.
— rousselet de Reims.	★		Septembre et octobre.
— Besi de Montigny.	★		id.
— verte-longue d'Angers ou d'Anjou. .	★		id.
— beurré capiaumont beurré aurore. .	★		id.
— Marie-Louise.	★		id.
— Martine.	★		id.
— verte-longue, mouille-bouche ou coule-soif.	★		Fin de sept. et octob.
— doyenné blanc Saint-Michel, de limon, de neige ou de seigneur. .	★		id.
— doyenné Sieulle.	★		id.
— chat brûlé, pucelle de Saintonge. .	★		Octobre.
— bergamote Silvange.	★		id.
— sucrée verte.	★		id.
— beurré Bosc	★		id.
— d'abondance.	★		id.
— belle de Jersey.	★★		id.
— excellentissime.	★		id.
— messire-Jean.	★		id.
— curé, belle de Berry, bon papa, paternotte, Misive d'hiver, belle Audriane.	★★		Octobre et novembre.
— verte longue de la Mayenne. . . .	★★		id.
— Louise, bonne ancienne.	★★		id.
— archiduc Charles.	★		id.

	QUALITÉ.	MÉRITE DE MULTIPLICITÉ.	ÉPOQUE DE MATURITÉ.
Poire mansuète double.	**		Novembre.
— merveille d'hiver ou petit-oin . . .	*		id.
— bergamote de Soulers, de Bugi ou d'hiver, ou de Pâques	**		Décembre.
— Augère.	**		id.
— ambrette d'hiver (ou épine d'hiver par erreur).	*		id.
— virgouleuse ou chambrette.	*		Janvier à mars.
— Besi sans pareille.	*		id.
— angélique de Bordeaux.	**		Février à avril.
— bergamote de Hollande, Amoselle (bergamote d'Alençon).	*		Avril à juin.
POIRES PRÉFÉRÉES POUR COMPOTES.			
— frangipane.	*		Septembre et octobre.
— Saint-Lezin.	*	,	Octobre.
— Figue d'hiver.	*	,	Novembre.
— trésor d'amour.	**	,,	id.
— Gille-ô-gille; Agobert, garde-écorce.	**	,	id.
— gros râteau gris, de livre, présent royal de Naples.	**	,,	id.
— d'Hardenpont faux bon-chrétien (par erreur).	**	,,	id.
— bon-chrétien d'Espagne.	**	,,	Décembre.
— orange d'hiver.	**	,,	id.
— double-fleur.	*	,,	id.
— Martin-sec.	*	,,	id.
— belle de Brissac.	**	,,	id.
— franc-réal ou gros mizet.	*	,,,,	id.
— parfum d'hiver ou bouvard musqué.	*	,,	Décembre à février.
— Catillac.	**	,,,,	id.
— bellissime d'hiver ou de Bur. . . .	*	,,	Janvier.
— blanc-perlé ou blanc-perné. . . .	*	,,,,	Février et mars.
— d'Angora.	*	,,,,	id.
— Louis-Philippe.	*	,,	id.
— Angleterre d'hiver.	*	,,,	Mars et avril.
— mansuète ou solitaire, belle angevine royale d'Angleterre, très-grosse de Bruxelles, Bolivar	*	,,	id.
— Tarquin.	*	,,	Printemps.

	QUALITÉ.	MÉRITE DE MULTIPLICITÉ.	ÉPOQUE DE MATURITÉ.
Poire Chaptal ou beurré Chaptal. . . .	*	,,,	Mars et mai.
POMMIERS.			
Pomme taffetas des environs de Bruxelles ou transparentes de Russie, ou d'Astracan, ou de Moscovie. . .	*	,,	Juillet.
— haute bonté.	**	,	id.
— Calville rouge d'été, Madeleine. . .	*	,,	Août.
— cœur-de-pigeon, passe-rose, cousinelle.	*	,	id.
— rambour franc d'été, rambour rayé, ou de Notre-Dame.	**	,,	Septembre.
— reinette d'été.	**	,,	id.
— reinette d'Espagne ou large face pepin (par erreur).	**	,,	Octobre.
— reinette jaune hâtive.	**	,,	id.
— reinette rouge ou royale d'Angleterre (par erreur).	*	,,,	Novembre.
— malingre ou calville malingre d'Angleterre.	*	,,,	id,
— reinette blanche de Canada.	*	,,,,	Novembre à janvier.
— reinette grise de Canada.	*	,,,,,,	Décembre à février.
— belle du Havre.	*	,,,	id.
— King of the pepine, ou reine des reinettes	*	,,,	id.
— Gloria mundi très-grosse.	**	,,	id.
— reinette du roi.	*	,,,	id.
— Dowtoun nonpareille.	*	,,,	id.
— cadeau du général.	*	,,,	id.
— reinette ordinaire.	*	,,,,,,	Décembre à mars.
— reinette de Champagne.	*	,,,,	id.
— calville blanc d'hiver.	*	,,,,,,,,,,	Décembre à avril.
— rivière.	*	,,	id.
— reinette de Grandville, pomme-poire de Duhamel.	*	,,,,	Janvier à mai.
— reinette blanche, blanc dur.	*	,,,,,,,,,,	Février à mai.
— reinette très-tardive.	*	,,,,,,,,,	Mars à juin.
— très-grosse de Douay (très-nouvelle).	*	,,,	id.

	QUALITÉ.	MÉRITE DE MULTIPLICITÉ.	ÉPOQUE DE MATURITÉ.
SUPPLÉMENT DE SECOND CHOIX.			
Pomme gelée d'été.	**		Août.
— reinette panachée.	**		Août à septembre.
— calville rouge d'hiver.	**		Octobre.
— du Brabant, belle fleur.	**		id.
— pater-noster.	**		id.
— belle monstrueuse d'Amérique. . . .	**		id.
— reinette de coq.	**		id.
— reinette piquetée.	*		Octobre et novembre.
— reinette d'or, gol-pepin.	*		id.
— reinette verte.	*		Novembre et décemb.
— postophe d'hiver.	**		id.
— reinette de la Russie tempérée, reinette de Hongrie, belle de Senart, de Spitzemberg.	*		id.
— Alexandre.	*		id.
— reinette de Siékler ou pomme de Suisse rouge.	*		id.
— Boutigny.	*		id.
— reinette perle	*		id.
— Ostogath.	*		Novembre à avril.
— Saint-Germain (pomme de)	**		Décembre et janvier.
— princesse noble.	*		id.
— de jaunet.	*		id.
— francatu romain.	*		id.
— fenouillet rouge, Bardin.	**		id.
— châtaignier.	**		Janvier à mars.
— court-pendu plat.	*		id.
— mollet Suzanne.	*		id.
— Louis XVIII.	*		id.
— Borowiski.	*		id.
— belle Joséphine.	*		id.
— belle de Rome.	*		id.
— margile.	*		id.
— pepin gris de Cambray	*		Mars et avril.
— api gros, pomme rose.	*		id.
— malapiase.	*		id.

	QUALITÉ.	MÉRITE DE MULTIPLICITÉ.	ÉPOQUE DE MATURITÉ.
PRUNIERS.			
Prune jaune hâtive de Catalogue ou de Saint-Barnabé.	***	,	Du 1 au 10 juillet.
— noire hâtive de Saint-Jean ou de la Madeleine, ou de Rienzenslem. . .	***		Du 10 au 20 juillet.
— prune-pêche (surpasse-monsieur par erreur).	**	,,,	id.
— de Montfort.	**	,,,	id.
— dame Aubert violette (diaprée rouge par erreur).	**	,,	Mi-juillet.
— monsieur hâtif	**	,,	Fin de juillet.
— monsieur tardif.	**	,,	Du 1 au 10 août.
— grosse mirabelle double ou mirabelle de Metz, ou drap d'or.	*	,,,,	Du 10 au 20 août
— damas d'Italie.	**	,,	id.
— grosse reine-claude verte, bon abricot vert.	*	,,,,,,,,	Du 15 au 30 août.
— abricotée blanche.	**	,,	id.
— reine-claude violette.	*	,,,	Fin d'août.
— impériale jaune d'Allemagne ou prune-datte..	**	,,	id.
— Fellenberg.	*	,,,	Septembre.
— Coë.	*	,,,	id.
— Saint-Martin (ou monsieur tardif par erreur).	**	,,	Octobre.
SUPPLÉMENT DE SECOND CHOIX.			
— perdrigon blanc.	**		Août.
— mirabelle ordinaire.	*		id.
— damas violet.	**		id.
— damas blanc gros.	**		id.
— diaprée rouge, Rochecorbon. . . .	***		id.
— royale de Tours ou damas de Tours.	**		id.
— Hardy.	**		id.
— Suisse.	*		Septembre.
— damas gros noir tardif.	*,		id.
— Kœtche d'Italie.	**		id.

	QUALITÉ.	MÉRITE DE MULTIPLICITÉ.	ÉPOQUE DE MATURITÉ.
CHOIX DES ESPÈCES LES PLUS PROPRES A LA CONFECTION DES PRUNEAUX.			
Abricotée blanche.	★		
— virginale à gros fruit blanc ou dophyne satin.	★		
— gros damas blanc.	★		
— verte bonne de Rome ou coude-à-papa	★		
— Sainte-Catherine.	★		
— Agen (P. d') ou robe-de-sergent. . .	★		
— impériale ou prune d'Altesse.	★		
— Saint-Morin.	★		

18

VOCABULAIRE EXPLICATIF

DE

quelques termes employés dans cet ouvrage.

—

A.

AILE, moitié d'un arbre taillé en éventail.

AISSELLE, angle formé par une feuille avec un bourgeon, par un bourgeon avec un rameau, par un rameau avec une branche, et par celle-ci avec la tige, à leur point d'insertion.

ALUMINE, substance qui domine et constitue les sols argileux, connue aussi sous le nom de terre forte.

B.

BROCHE, partie du sarment réservée par la taille de la vigne (voy. *Sarment*).

BRULURE, partie des écorces oblitérée, fendue par l'action des rayons solaires, et offrant une couleur autre que celle naturelle à l'arbre.

C.

CALCAIRE, se dit d'un sol dans lequel la chaux domine.

CALORIQUE, principe de la chaleur.

CANDÉLABRE, taille qui donne aux arbres une forme imitant un candélabre.

CEP, pied de vigne dont la tige est coupée à peu de distance du sol et sur lequel sont établis plusieurs coursons.

CHARNU, état d'une branche, d'un rameau ou d'une bourse dont le tissu cellulaire est rempli d'une très-grande quantité de séve arrivée pour ainsi dire à l'état spongieux.

CHARPENTE : dans les arbres abandonnés à la nature, la charpente s'étend des branches qui occupent les quatre premiers rangs dans leur organisation ; dans ceux taillés en éventail, des branches mères, sous-mères, secondaires et de ramification ; dans les vases ou gobelets, des branches circulaires ; dans les pyramides et quenouilles, de la tige et des branches latérales.

CHEVELURE, jeunes pieds de vigne garnis d'une bonne quantité de racines.

CONTRE-ESPALIER, arbres taillés en éventail, palissés sur des treillages plus ou moins éloignés des murs.

CORDON ; on donne ce nom à une tige de vigne conduite horizontalement.

CORNE, bifurcation peu allongée, et dont les deux parties sont taillées de la même longueur.

COURONNE, base des rameaux et des branches, formant *empâtement*, sur la branche ou la tige qui les alimente. On entend également, par ce mot, l'ensemble des branches qui terminent les arbres taillés en gobelet.

COURSON, branche courte de la vigne attachée au cordon ou au cep, et chargée d'alimenter les sarments.

COURSONNE (branche), identique du courson.

D.

DÉNUDÉ, signifie privation, absence de l'objet dont il est question, soit l'œil, bouton, feuilles, rameaux, etc.

E.

ÉBORGNER, supprimer d'une manière quelconque les yeux ou gemmes inutiles.

ÉBOUTER, c'est retrancher l'extrémité seulement des bourgeons et rameaux.

ÉBOURGEONNER, c'est retrancher une quantité plus ou moins grande des bourgeons suivant le besoin.

ÉCAILLES, petites folioles avortées servant d'enveloppes aux yeux et boutons.

EMPATEMENT, se dit de la base d'un rameau ou d'une branche qui offre beaucoup de volume à son insertion sur la partie à laquelle elle vient se joindre.

ENTAILLES, plaies que l'on pratique sous différentes formes sur les parties d'arbres dont on veut détourner la séve.

ÉPAULÉ, se dit d'un arbre soumis à la taille en éventail dont l'une des ailes est épuisée ou retranchée.

ÉPUISEMENT, c'est l'état d'une branche ou d'un arbre incapable de donner des produits durables.

ÉVENTAIL, forme que l'on donne par la taille aux arbres palissés le long des murs ou sur des treillages.

ÉVENTER, c'est tailler assez près d'un œil pour qu'il y ait évaporation.

F.

FLÈCHE, extrémité supérieure d'un arbre taillé en pyramide et quenouille.

FRUCTIFÈRE, se dit d'un arbre ou d'une de ses parties propres à porter du fruit.

G.

GOURMAND : on appelle ainsi les branches et rameaux conformés de manière à absorber la séve utile à leurs voisins.

GRAS, se dit d'un rameau qui paraît un peu renflé et de bonne constitution.

GRÊLE, c'est le contraire de *gras*.

GROUPE, assemblage de plusieurs yeux ou boutons réunis en faisceau.

H.

HERBACÉE, partie tendre et molle d'un végétal dont les fibres sont peu serrées et n'ont rien de ligneux.

I.

INCISER, c'est fendre avec la serpette les écorces des arbres en différents sens.

INERTE, sans mouvement sensible.

INSERTION, lieu où naît une partie, où elle prend son point d'attache.

L.

LIGNEUX, qui est de mêmes nature et consistance que le bois.

M.

MATER, c'est s'efforcer d'arrêter la vigueur d'une branche ou d'un arbre par un moyen quelconque.

N.

NOEUD, partie renflée du sarment où sont attachés les feuilles, grappes, vrilles et yeux de la vigne.

NOUÉ, se dit du fruit ou de l'ovaire fécondé, lorsqu'il commence à prendre de l'accroissement.

O.

OBLITÉRÉ, se dit d'une branche ou d'un rameau qui perd de ses qualités vitales.

P.

PALMETTE, forme d'une taille qui offre la figure d'une main ouverte et dont les doigts sont écartés.

PÉDONCULE, partie attachée au fruit et lui servant de support; c'est ce qu'on nomme vulgairement la queue.

PÉTIOLE, support ou queue de la feuille.

R.

RAPPROCHER, c'est tailler sur le vieux bois sans supprimer la branche entièrement.

RAVALER, c'est amputer une branche à son insertion.

RECÉPER, c'est couper un arbre à peu de distance de son pied, ou à quelques pouces au-dessus du point de la greffe, lorsqu'il en est pourvu.

S.

SARMENT, c'est le bois de la vigne qui a produit les feuilles et les grappes dans l'année qui précède celle où l'on taille.

SÉPALE, foliole du calice.

Siliceuse, terre où le sable et les cailloux dominent.

Sous-bourgeon, production qui part du même point que le bourgeon.

Sous-œil, production placée à la base des yeux, et dont elle ne diffère que par sa faible structure, si toutefois elle est apparente.

T.

Talon, nom que quelques auteurs ont donné à la base des rameaux, et que j'ai désigné sous la dénomination de *couronne* ou *empâtement*.

Tête de saule, se dit d'une branche qui, par suite de cassements agglomérés les uns sur les autres, ressemble en quelque sorte à la tête d'un saule.

Tégument, ce qui enveloppe ou recouvre un organe.

Tige, axe central d'un arbre.

Trapu, expression triviale qui désigne un rameau bien constitué, gros et court.

Tronc, tige tronquée au point de départ des branches de premier ordre.

V.

Ventelle, sarment réservé presque en entier sur une vigne taillée en cul-de-lampe : ce nom lui vient de ce qu'il est exposé au vent.

FIN DU VOCABULAIRE EXPLICATIF.

TABLE DES MATIÈRES.

CHAPITRE II.

PRINCIPES GÉNÉRAUX.

DEUXIÈME PARTIE. — CONNAISSANCES PRATIQUES.

CHAPITRE PREMIER.

OPÉRATIONS PRÉPARATOIRES.

CHAPITRE II.

TAILLES MODERNES.

SECTION PREMIÈRE. — *Tailles en éventail.*

CHAPITRE III.

DES TAILLES ANCIENNES ET HÉTÉROCLITES.

SECTION PREMIÈRE.

SECTION II. — *Des tailles anciennes et hétéroclites à l'air libre.*

TROISIÈME PARTIE.

DE QUELQUES INSECTES ET MALADIES QUI AFFECTENT LES ARBRES FRUITIERS, ET LES MOYENS DE LES EN GARANTIR.

FIN DE LA TABLE.

1.ᵉ Taille

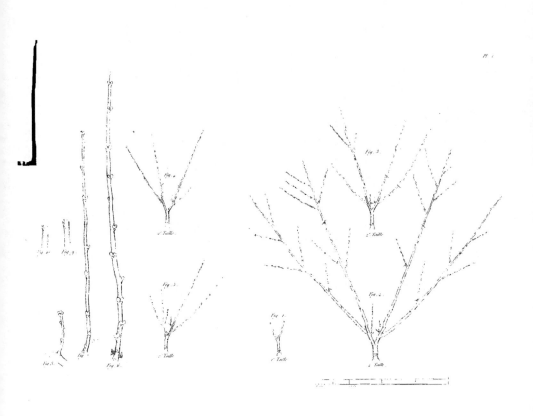

11.2.

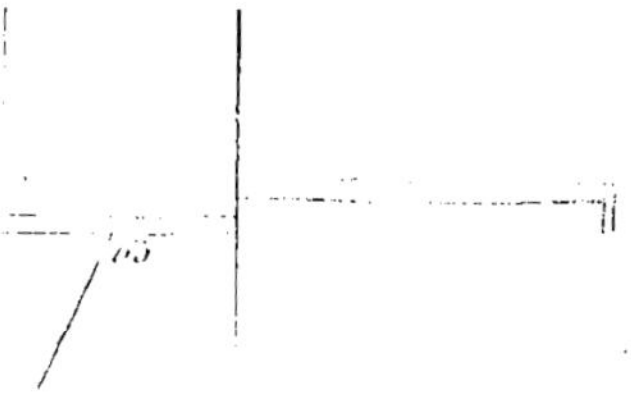

Pl. 3.

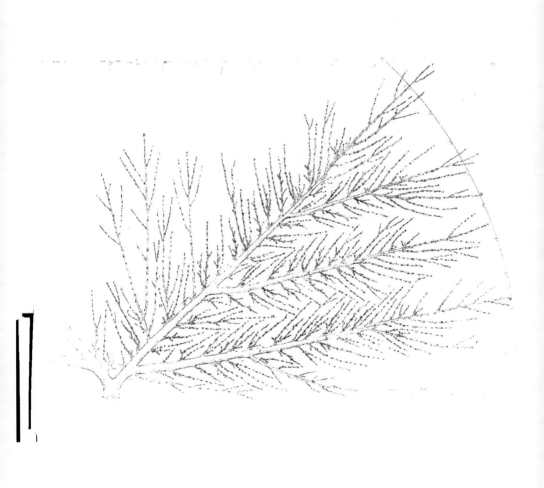

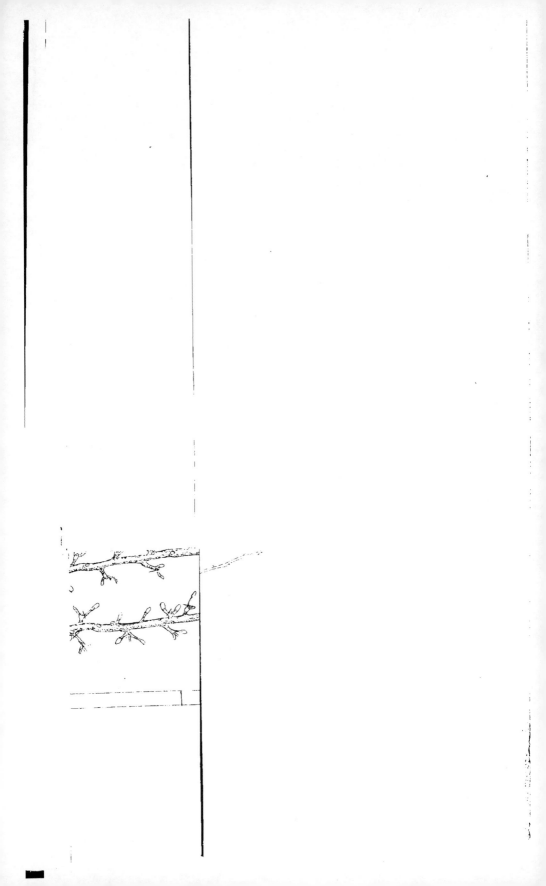

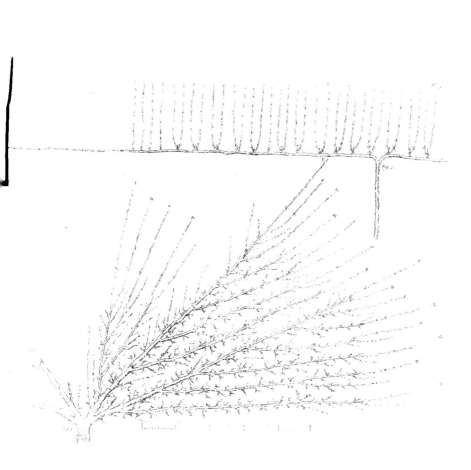

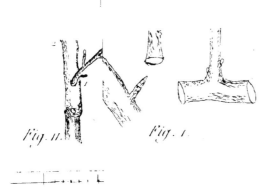

Fig. II.   *Fig. I.*

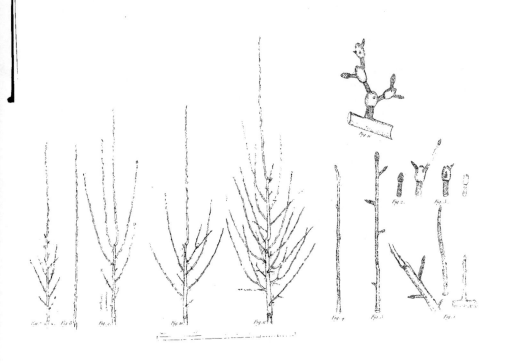

Pl. 6

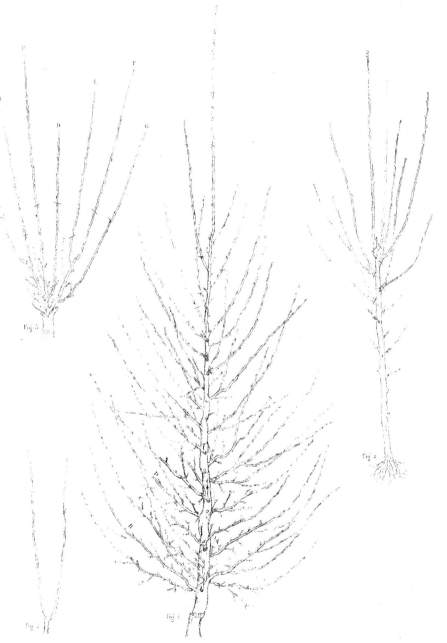

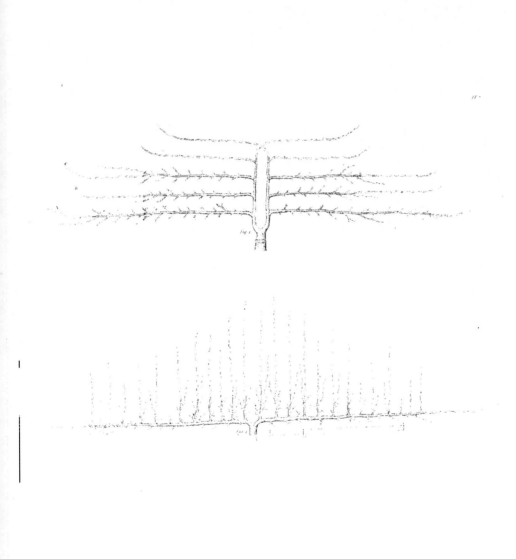

Imprimé en France
FROC032156060720
24426FR00011B/297